達賴喇嘛（The Dalai Lama）──著

項慧齡、廖本聖──譯

廖本聖──審定

達賴喇嘛禪修地圖

達賴喇嘛以最簡潔易懂的語言，

最清晰明瞭的邏輯，

說明禪修的步驟與方法。

Stages of Meditation

凡例

1. 本書的藏文羅馬轉寫，根據 Wylie 羅馬轉寫系統；梵文羅馬轉寫，則根據荻原雲來編纂《漢譯對照梵和大辭典》（東京：講談社，一九八七）的規定。
2. 斜體羅馬字母，表示書名。
3. 譯文中，圓括弧（ ）內的文字，表示譯者補充說明的文字。
4. 譯文中，方括弧〔 〕內的文字，表示譯者為使前後文義連貫所加的文字。

目錄

【導覽】

西藏第一部關於修道次第的著作

法鼓佛教學院西藏佛教組專任副教授
廖本聖

相信很多接觸過西藏佛教的人，對於格魯派宗喀巴大師的《菩提道次第廣論》（以下簡稱《廣論》）應該耳熟能詳。而對西藏佛教史略知一二的人就會知道《廣論》並不是西藏第一部說明修道次第的著作，其源頭應追溯自印度佛教學者阿底峽（Atīśa）尊者的《菩提道燈論》（*Byang chub lam gyi sgron ma*，以下簡稱《道燈》）及其《難語釋》（*dKa' 'grel*）。但從時間來看，即使是《道燈》也只是西藏佛教「後弘期」最早一部有關修道次第的論著而已。事實上，在朗達瑪王尚未毀佛之前的西藏佛教「前弘期」當中，第一部關於修道次第的論著，正是蓮華戒阿闍黎（ācārya Kamala-śīla，約七四〇～七九五）所造的《修習次第》（*bsGom pa'i rim pa*）三篇。而達賴喇嘛尊者所要闡釋的，就是《修習次第》三篇當中的中篇。關於本論作者蓮華戒的生平、著作、思想及本書各章的摘要內容，擬先做一重點說明如下：

一、《修習次第》的作者——蓮華戒阿闍黎

在覺囊派多羅那它（Tāra-nātha）的《印度佛教史》（*rGya gar chos 'byung*）中，僅提到蓮華戒與師利達磨波羅（Śrī Dharmapāla）王爲同時代的人，此外並沒有多做說明。而根據其他史料來看，他是印度那爛陀大學問寺大學者寂護（Śānta-rakṣita / Śānti-rakṣita，或譯爲「靜命」，約七二五～七八四）的高足，他之所以被迎請至西藏，主要是爲了繼續其師未竟的弘化事業。原因是當時年僅二十歲的藏王赤松德贊（七四二～七九七）決定以佛教爲國教，於是在西元七七一年派人迎請寂護及密教行者蓮花生入藏，並於札瑪這個地方，費時十二年（七七五～七八七），建立了模仿印度古寺歐登大布日（Odantapurī，意譯爲「飛行寺」）並揉合了印、藏、漢三地建築風格的桑耶寺，然後在敦喀爾地方（Don mkhar），由赤松德贊王親自主持，舉行一場佛教與苯教的辯論，結果由寂護、蓮花生、無垢友等爲首的佛教獲勝。由於藏王赤松德贊、寂護及蓮花生大師三人對西藏佛教的貢獻，因此被後人尊稱爲「師君三尊」。西元七七九年桑耶寺的大殿落成時，寂護自己擔任授戒和尙，並從那爛陀寺請來說一切有部（Sarvāsti-vādin）的僧侶十二名，嘗試剃度六位（一說七人）西藏貴族青年出家，這是西藏最

初的佛教出家人，也是西藏最初僧團的開始，西藏史書稱這六位出家人爲「六試人」。與此同時，藏王集合出身良好、天資聰穎的西藏青年學習梵文，並開始佛教的譯經事業。另一方面，赤松德贊王也命令以王妃爲首的高官大臣，在宣誓尊崇佛教的詔書上署名，這從建在桑耶寺前的碑文可以看出端倪。西元七八六年，敦煌（沙州）被西藏軍隊佔領，屬於荷澤神會一系的中國禪僧摩訶衍（即梵文 mahāyāna 的音譯，意爲「大乘」）被帶至西藏，並在桑耶寺宣說其「修無念、貫徹無作意，是證得菩提之捷徑」的教義。寂護從漢僧所宣說的教義當中得知中國佛教與印度佛教之間的差異，預言在他歿後將有中國佛教與印度系佛教中觀派的論諍。寂護過世以後，中國佛教與印度佛教之間的爭論愈演愈烈，迫使赤松德贊不得不下決心來解決這場佛教內部的爭鬥。於是遵照寂護的遺囑，派人去印度迎請蓮華戒；然後由赤松德贊主持，召集以蓮華戒爲首的印度佛教僧眾，以及以摩訶衍和尚爲首的中國佛教僧眾，在桑耶寺舉行辯論，此即著名的「桑耶法諍」或「拉薩法諍」。據說這場辯論從西元七九二～七九四年，進行了三年之久，最後由蓮華戒獲勝。

如果說寂護、蓮華戒師徒是印度佛教在西藏的開先河者，一點都不爲過。前者首先將印度佛教教理及僧團傳入西藏，確立了佛教成爲西藏國教的地位，因而被藏人尊稱爲「菩薩」，而不直呼其名諱；而後者則奠定了印度佛教——特別是中觀宗在西藏不可動搖的地位。

二、蓮華戒的著作

從一些近代的研究論文顯示，蓮華戒最最主要的四部著作的成書順序如下：《攝眞實論難語釋》（*Tattva-saṁgraha-pañjika*，僅存藏譯）、《中觀莊嚴論難語釋》（*Madhyamakālaṁkāra-pañjika*，梵典、藏譯俱存）、《修習次第》三篇、《中觀光明論》（*Madhyamakāloka*）。前二部是對其師的《攝眞實論》（*Tattva-saṁgraha*）及《中觀莊嚴論》（*Madhyamakālaṁkāra*）這二部著作所作的注釋，一般認爲是他尚在印度那爛陀寺時完成的著作。根據跋賽囊所著《跋協》（sBa bzhed，別名《桑耶寺詳誌》）的記載，《修習次第》三篇則是他在與摩訶衍和尚辯論之後，應赤松德贊之請而撰述的。其中，僅初篇及後篇有梵文，中篇則無；後篇著重於對摩訶衍和尚思想的駁斥，而初篇及中篇則僅稍微提及。至於《中觀光明論》（只有藏文而無梵文）則是他繼承其師寂護的瑜伽行中觀自續派（Yogācāra-svātantrika-mādhyamika）思想，依據經教及論理，主張透過瑜伽行的實踐能夠了悟中觀之理的著作。而此部《中觀光明論》與寂護的《中觀莊嚴論》、寂護之師智藏的《二諦分別論》（*Satya-dvaya-vibhaṅga*）等三部著作是闡揚瑜伽行中觀自續派的代表作；而這三位論師由於地緣關係，通常合稱為「東方自續三家」。此外，從日本東北大學編的《德格版西藏大藏經總目錄及索引》當中，除了前述四部著作之外，還有二十六部屬於他的作品。

三、蓮華戒的思想

如前所述，蓮華戒的思想是屬於瑜伽行中觀自續派。若根據《宗義寶鬘》對「中觀自續派」（**Svātantrika-mādhyamika**）所下的定義為：「就名言的範圍而言，諸法皆以自相存在的說無實有者。」意思就是說：主張「就凡夫的認知層面（名言的範圍）來說，一切法皆以其特有的性質存在（以自相存在），但卻不是實有」的佛教宗派。而中觀自續派又分為二：瑜伽行中觀自續派（「不承認外境」這部分的主張與唯識宗相同的中觀自續派），及經部行中觀自續派（「外境由極微積聚而成」這部分的主張與經部宗相同的中觀自續派）。其中，「瑜伽行中觀自續派」的定義為「主張有自證分而不承認外境的中觀宗」。而瑜伽行中觀自續派又可分為二：

隨順眞相唯識（＝有相唯識＝形象眞實論）的中觀自續派及隨順假相唯識（＝無相唯識＝形象虛僞論）的中觀自續派；寂護及蓮華戒師徒屬於前者。❶綜合上述的定義來看，瑜伽行中觀自續派認爲：就像唯識宗（Vijñāna-vādin，又稱「瑜伽行派」或「唯心宗」）所主張的，在夢境當中雖無離開夢識而獨立存在的外境，但卻彷彿有離開夢識而獨立存在的外境呈現出來，讓我們對它起貪、起瞋，產生種種苦樂，除非從夢境中醒來，否則這些外境對作夢的人來說，是非常眞實的。同樣地，被實有執的無明大夢障蔽的凡夫，所見的外境也是如此，雖然這些外境事實上並非離開心識之外而獨立存在，但凡夫卻執爲離開心識之外而獨立存在，而對這些外境起貪、瞋，造種種業，受種種果報。除非從這個無明大夢醒來，否則凡夫永遠不會知道這些外境與心識的本質是相同的，並不是離開心識之外而獨立存在的。從這個觀點來看，瑜伽行中觀自續派也與唯識宗一樣，不承認有「毘婆沙宗」（Vaibhāṣika）及「經部宗」（Sautrāntika）所主張的「無方分的實有極微」（無法再區分方向及部分的最微細的實有粒子），就像世親菩薩的《唯識二十論》所說的，如果外境是由「無方分的實有極微」所累積的話，則會陷入兩難的窘境：一是，若「無方分的實有極微」可以累積的話，那必然會有方向性及部分，如此一來，就和「無方分」這個主張相牴觸；其二，若眞的有「無方分的實有極微」的話，則即使有像須彌山這麼多的極微累積在一起，其總合還是等於一個極微的量。因此，外境並不是由「無方分的實有極微」所累積的，而是由心識所變現出來的。

透過禪定的修習，一旦了解心識與外境並非不同性質或毫無關聯的（能取、所取異質空）這點時，就是了解了「粗品的空性」或「粗品的法無我」。若更進一步了解到連心識本身也是無自性（非實有）的話，就是通達「細品的空性」或「細品的法無我」。因此，了解「粗品的空性」或「粗品的法無我」（這點和唯識宗主張的空性相同）的智慧，是執「外境是獨立存在於心識之外，外境與心識二者性質不同」（能取、所取異質）這種想法（粗品的法我執＝粗品的所知障）的正對治；而了解「細品的空性」或「細品的法無我」（這才是瑜伽行中觀自續

編按：註號●為註釋；○為參考資料。

❶根據《唯識思想》（頁191）的說法，寂護及蓮華戒則是屬於隨順假相唯識（＝無相唯識＝形象虛偽論）的中觀自續派，亦即《唯識思想》與《宗義寶鬘》二者的說法正好相反。蓮華戒究竟是隨順假相唯識或隨順真相唯識的中觀自續派，可能必須進一步從其著作《中觀光明論》才能得知其結果。不過，蓮華戒是屬於瑜伽行中觀自續派，這點是可以確定的。

派所要主張的空性）的智慧，則是執「一切法有自性」（一切法實有）這種想法（細品的法我執＝細品的所知障）的正對治。有關此派對於補特伽羅我執（＝人我執＝煩惱障）及其正對治——補特伽羅無我（＝人無我）的主張，則和經部宗是相同的。

以下以《宗義寶鬘》爲主，《中觀思想》及《唯識思想》二書的內容爲輔製表（見下頁），以便讓讀者清楚了解蓮華戒的思想在印度佛教四部宗義當中的地位。

蓮華戒的思想在印度佛教四部宗義中的地位

乘別：大乘

認識論：有形象認識論

印度佛教四宗及定義：

中觀宗（說無實有者）
定義：主張沒有絲毫真實存在（實有）之法的宣說佛教宗義。

分派、分派之定義及代表人物：

- **應成派**
  定義：主張即使在名言中，諸法也不以自相存在的說無實有者。
  代表人物：佛護、月稱、寂天
- **自續派**
  定義：主張在名言中，諸法皆以自相存在的說無實有者。
  - **經部行**
    定義：不承認自證分，而主張外境以自相存在的中觀宗。
    代表人物：清辯
  - **瑜伽行**
    定義：主張有自證分，而不承認有外境的中觀宗。
    - 形象真實派（隨順真相派）
      代表人物：寂護、**蓮華戒**
    - 形象虛偽派（隨順假相派）
      釋迦慧、寶稱
      - 無垢派
        - **主張一**：心體絲毫不受無明習氣的垢穢所染污，所以稱為無垢派。
        - **主張二**：佛地已離無明，也沒有錯覺，所以稱為無垢派。
        代表人物：喇瓦巴
      - 有垢派
        - **主張一**：心體受到無明習氣的垢穢所染污，所以稱為有垢派。
        - **主張二**：佛地雖離無明，但仍有錯覺，所以稱為有垢派。
        代表人物：傑大里

蓮華戒的思想在印度佛教四部宗義中的地位（續）

乘別	小乘					大乘								
認識論	無形象認識論			有形象認識論										
印度佛教四宗及定義	**毘婆沙宗** （說分別部／說一切有部） **定義**：不承認自證分，而主張外境實有的宣說小乘宗義者。			**經部宗** （譬喻師） **定義**：主張自證分與外境二者真實存在的宣說小乘宗義者。		**唯識宗**（唯心宗／瑜伽行派） **定義**：主張依他起真實存在，而不承認外境的宣說佛教宗義者。								
分派、分派之定義及代表人物	中原（中印）	日下（西印：西方犍陀羅師）	迦濕彌羅（西北印）	隨理行：尊奉法稱的「七部量論」（《釋量論》、《量決定論》、《正理滴論》、《因滴論》、《成他相續論》、《諍正理論》）的經部宗。	隨教行：尊奉世親的《阿毘達磨俱舍論》的經部宗。	分派二		分派一						
						隨理行：尊奉法稱的「七部量論」的唯識宗。	隨教行：尊奉無著的《瑜伽師地論》或《五部地論》的唯識宗。	**假相唯識派** （無相唯識／形象真實） **定義**：主張根識中所現的立體物象，不同於〔客體〕現象一般存在的唯識師。				**真相唯識派** （有相唯識／形象真實） **定義**：主張根識中所現的立體物象，就如同〔客體〕現象一般存在的唯識師。		
								安慧				陳那 護法 難陀		
								有垢派		無垢派				
								●主張二：佛地雖離無明，但仍有錯覺，所以稱為有垢派。	●主張一：心體受到無明習氣的垢穢所染污，所以稱為有垢派。	●主張二：佛地已離無明，也沒有錯覺，所以稱為無垢派。	●主張一：心體絲毫不受無明習氣的垢穢所染污，所以稱為無垢派。	摻雜無二派	半卵對開派	能取所取等數派
		世友	迦旃延尼子					法勝		寶作寂		釋迦慧		

四、本書各章的摘要內容如下：

第一章的主要內容：

一切存在的現象（＝緣起法＝有＝所知＝世俗諦）包含二大類：無爲法（＝常法）及有爲法（＝因果法＝無常法）。而有爲法又可區分爲三類：色法、心識（包含心及心所）及心不相應行（＝非色法非心識）。因此，本章主要探討的對象就是這個包含心及心所的心識（＝業果法）究竟能否成爲佛的一切種智（＝遍智＝一切相智）？《修行次第》中篇開宗明義就很明確地告訴我們，只要完全具備有利於產生一切種智的因緣條件，並排除障礙一切種智產生的「無明」（＝執一切法爲實有的錯誤認知），要成就一切種智是可能的，因爲心識的能力是可以無限地朝正面發展的。而要去除上述的無明，則有賴於了解「空性」（＝一切法無自性＝一切法自性空＝一切法非實有＝一切法無我＝勝義諦≠一切法不存在＝無）的智慧，因爲「了解空性的智慧」（空性慧）是「執一切法爲實有的無明」的正對治。

第二章的主要內容：

了解心識具有成就一切種智的潛能之後，則必須透過「修心」的過程來轉化我們的心識。所謂「修心」就是藉由「專注修」（止住修＝專住修＝安住修）及「分析修」（＝思擇修＝思惟修＝觀察修＝伺察修）這二種方式讓我們的心不斷去除負面品質並朝正面發展的過程。爲什麼要修心？因爲每一個人都想要快樂而不要痛苦，心的負面品質正是我們痛苦的來源，因此唯有去除心的負面品質，並朝正面發展，究竟的安樂才有可能實現。而要成就究竟安樂的一切種智，必須修習：大悲心、菩提心及包含空性慧在內的善巧方便。

第三章的主要內容：

「悲心」是一切種智不可或缺的主因，而且在修道的最初、中間過程、最終這三個階段，也是不可或缺的。有悲心爲基礎，才有「爲利眾生願成佛」的世俗菩提心。由於有悲心，才不會捨棄輪迴當中的有情，才不會住於聲聞、獨覺二乘的涅槃當中，才能在佛的「無住涅槃」當中，以一切種智及種種善巧方便成就自利圓滿的法身及他利圓滿的色身。對於佛法的了解及信心，有賴於「經教」及「論理」，而在決定經典是否爲了義經時，後者被認爲更重要。透過

「現量」或「現前的認識」，一般人可以直接經驗到色、聲、香、味、觸等「顯現法」。然而一般人無法直接經驗到的、無時無刻不在改變的微細無常等這種「稍隱蔽法」，以及一切法非實有的空性等「極隱蔽法」，則必須透過「比量」或「推論的認識」的方式才可能了解。

第四章的主要內容：

修習悲心的方法爲何？先對三類人：喜愛的人、憎惡的人、陌生人，修習一視同仁、遠離貪瞋的「平等捨」，其次透過「七重因果教授」（知母→念恩→報恩→悅意慈→大悲心→增上意樂→菩提心）當中的次第，以「希望一切有情獲得究竟的安樂及安樂的因」的「慈心」潤澤自己的內心，然後才能產生「希望一切有情究竟止息痛苦及痛苦的因」的「悲心」。悲心的三種體性：以「輪迴當中受苦的眾生」爲所緣的「緣生大悲」、以「無常的眾生」爲所緣的「緣法大悲」，及以「非實有（自性空）的眾生」爲所緣的「無緣大悲」。

第五章的主要內容：

一般人均在行苦（例如我們這個帶有煩惱的身心二蘊）的基礎上，不斷追求壞苦（例如有漏的樂受）來取代苦苦（例如痛苦的感受），如果只是這樣，那人類並沒有比動物高明到哪裡，因為上述情況連動物也會。所以如果沒有體悟到「不僅苦苦是我們要捨棄的，就連壞苦及行苦二者，以及產生三苦的因也是我們要斷除的」這點的話，真正希求解脫的心（＝出離心＝希望自己解脫煩惱及痛苦的想法）是不可能產生的。沒有出離心的人，是不可能會有希望自己以外的其他一切有情也解脫煩惱及痛苦的大悲心的。所以本章很重要的一點就是：厭離行苦才能生起真正的出離心。然後，就像慈母對待自己受苦的獨子一般，當毫無差別地也希望一切有情都能從煩惱及痛苦當中解脫出來之時，就已經生起大悲心了。本章還談到：佛陀與凡夫的差別，就在於前者是完全的利他，所以得到究竟的安樂；後者因為只想到自利，所以煩惱及痛苦不斷。然而僅僅修習「戒增上學」及「定增上學」是無法斷除煩惱及其種子的，因此必須透過奢摩他（＝止＝止住＝心一境性）及毘婆舍那（＝觀＝勝觀）修習「慧增上學」開發空性慧，在現觀空性、證得勝義菩提心之後，才能依次斷除煩惱、所知二障而成佛。成佛之後，則不斷行利益眾生的事業。

第六章的主要內容：

本章主要說明佛法均包含「基」、「道」、「果」三個部分。亦即以二諦（世俗諦及勝義諦）做爲「基」礎，以善巧方便（＝福德資糧）及空性慧（＝智慧資糧）的修習做爲內心之「道」，而證得佛陀的法身及色身則是他的結「果」。而空性慧的開發則有賴於等量地修習奢摩他及毘婆舍那二者。

第七章的主要內容：

了解空性慧的重要性之後，就必須修習開發空性慧的奢摩他及毘婆舍那二者，而對於第一次修學的人而言，這二者的修習順序必然是：先有奢摩他，才有毘婆舍那。而在修習這二者之前，須先準備一些先決條件：奢摩他的五種資糧、毘婆舍那的三種資糧、正確抉擇了義及不了義經、做普賢菩薩的七支供養，並以毘盧遮那佛的七支（或八支）坐法來修習。

第八章的主要內容：

在修習奢摩他時，必須透過「意識」而非「根識」（眼識、耳識、鼻識、舌識及身識）來修，而且在修習的過程中，應以「八種對治」來克服「五種過失」，並循著「九種心住」（＝九住心）的階段修習上去。在成就第九住心之後，若依序產生心理的輕安、身體的輕安、身體的安樂及心理的安樂這四者時，就是成就「奢摩他」了。

第九章的主要內容：

若只滿足於奢摩他的成就，那佛教比起非佛教來說並沒有特殊之處。因此，修習奢摩他的目的不是僅爲了得定或引發神通，而是爲了開發「出世間的毘婆舍那」（＝了解勝義諦的毘婆舍那＝了解二種無我的智慧＝了解空性的智慧＝了解一切法無自性的智慧＝了解一切法非實有的智慧＝了解法性的智慧＝了解眞如的智慧＝了解法界的智慧），藉由分析空性這個所緣境而產生身心輕安之樂時，就是成就毘婆舍那了。而要了解「無我」（＝空性＝無自性＝非實有＝勝義諦），則須先辨認什麼是所破之「我」（＝自性＝實有），否則就像射箭而不知箭靶在什麼地方一樣。一般而言，所破之「我」有「補特伽羅我」（＝人我）及「法我」二種。而對於這二種「我」的辨認，不能僅靠相信或「不作意」（停止心理的活動），因爲光靠相信或不作意是不可能了解「我」及「無我」的；唯有透過分析、觀察，才有可能了解「我」及「無我」，也才有可能進入「無分別的禪定」。蓮華戒阿闍黎在這裡提及了摩訶衍和尚的「修無念、貫徹無作意，是證得菩提之捷徑」這個思想的謬誤之處。

第十章的主要內容：

從成就毘婆舍那那時開始，修行者就進入「奢摩他與毘婆舍那二者結合的三昧」或「止觀雙運的三昧」了。換句話說，這時他可以同時進行「專注修」及「分析修」這二種修習。當他從「止觀雙運的三昧」這個「根本定」出來的「後得位」，以及未進入「止觀雙運的三昧」這個「根本定」的「前行」這二個階段，則是他修習「善巧方便」及「空性慧」二者的結合之道。在修行者無造作地生起「爲利眾生願成佛」的「世俗菩提心」時，他就進入了大乘資糧道下品，而從大乘資糧道下品至大乘加行道最後的「世第一法」爲止，稱爲「勝解行地」，因爲大乘資糧、加行二道只是對空性有殊勝的了解，然而尚未現觀空性；而當修行者進入大乘見道位（＝菩薩的初地）時，由於能現觀空性，所以此時的菩提心稱爲「勝義菩提心」（＝空性慧所攝持的菩提心），接著斷除「見所斷煩惱」而進入大乘修道位（＝菩薩的第二地至第十地），然後透過不斷淨化「修所斷煩惱」之後，經由「金剛喻定」而成就大乘無學道的佛果位。

以上是個人對這部論的一些淺見，至於本書的精妙之處，就有待讀者細細去品嘗了。

二〇〇二年十二月二十六日於板橋

參考資料：

①山口瑞鳳等著；許洋主譯，《西藏的佛教》，（台北：法爾出版社，民八十），頁10～13。

②許明銀編著：《西藏佛教史》，（臺北：中央文物供應社，民七十七），頁80～89。

③王森著：《西藏佛教發展史略》，（北京：中國社會科學出版社，一九九七），頁7～15。

④戴密微著；耿昇譯，《吐蕃僧諍記》，（臺北：商鼎文化出版社，一九九三）。

⑤多羅那它著；張建木譯，《印度佛教史》，（四川：民族出版社，一九八八）。

⑥山雄一等著；李世傑譯，《中觀思想》（世界佛學名著譯叢63），（台北：華宇出版社，民七十四），頁27、28及239～342。

⑦高崎直道等著；李世傑譯，《唯識思想》（世界佛學名著譯叢64），（台北：華宇出版社，民七十四），頁27、28及239～342。

⑧貢卻亟美汪波造；陳玉蛟譯，《宗義寶鬘》，（台北：法爾出版社，民七十七）。

⑨*Tāranātha's History of Buddhism in India,* Edited by Debiprasad Chattopadhyaya, Delhi: Motilal Banarsidass, 1990（First Edition: Simla, 1970）.

⑩*A History of Indian Literature,* ed.by Jan Gonda, vol.7.Buddhist and Jaina Literature, Fasc.1.Ruegg, David Seyfort: The Literature of the Madhyamaka School of Philosophy in India.（Wiesbaden: Harrassowitz, 1981）, pp.96～99.

⑪Geshe Lhundup Sopa; Jeffrey Hopkins: *Cutting through Appearances---Practice and Theory of Tibetan Buddhism,* New York: Snow Lion, 1989.

【英文版出版序】

匡正人們對佛法的誤解

在此，我們非常高興能夠出版由尊貴的達賴喇嘛❶所闡釋蓮華戒❷（Kamalaśīla）大師《修習次第》（*Stages of Meditation*）中篇的譯本。一九八九年，當達賴喇嘛在印度瑪那里（Manali）闡釋此部論典時，我們心中生起一股強烈的願望，希望有朝一日能將開示的內容付梓成書。從那個時候開始，我們便著手進行本書的出版工作，如今願望終於實現，感到相當欣慰。

❶喇嘛（lama），藏語 bla ma 之音譯，藏傳佛教對已開悟之上師的稱呼；後來對一般男性僧侶亦稱喇嘛。

❷蓮華戒（Kamalaśīla），八世紀印度中觀派之學僧。生卒年不詳。寂護之弟子，曾於那爛陀寺教授密教經典，應西藏國王之請入西藏，與中國之大乘和尚論戰於宮廷，後大乘和尚敗退出藏，此即西藏佛教史上著名的「拉薩論諍」。其後中觀思想一支獨盛，且奠定了以後西藏佛教之基礎，其影響表現在黃派開祖宗喀巴所著之《菩提道次第論》一書中最為顯著。

蓮華戒阿闍黎❸是第九世紀偉大的聖哲，也是寂護大師❹的弟子。正因為有諸如蓮華戒、寂護等偉大上師所行的慈悲事業，佛陀的教法才得以完整無誤地在西藏發揚光大。在這個過程中，蓮華戒扮演了一個獨特的角色，因為他是第一個考慮西藏人民的需求、企圖匡正當時人們對佛法普遍的誤解，而撰寫一部偉大論典的印度聖哲。然而不幸的是，由於時代的動亂，以及西藏所遭遇的災難，有心修習佛法的弟子與修行者已經長時期被剝奪聽聞、閱讀、思惟或研究重要佛典的機會。有鑑於此，日理萬機的達賴喇嘛特在百忙之中，竭力保存聽聞、思惟、修習諸如《修習次第》等殊勝佛典含義的傳統。因此，他在幾個場合中教授《修習次第》這部論典。

達賴喇嘛在瑪那里所給予的口頭注釋得以出版，我們感到非常歡喜。瑪那里是位於喜瑪偕爾邦（Himachal Pradesh）庫魯流域（Kullu Valley）上方的小城鎮。長久以來，喜瑪偕爾邦與西藏人民以及印藏邊境的居民間彼此建立了密切的聯繫。我們誠摯地希望，我們能對保存蓮華戒大師純淨無瑕的法教獻上棉薄之力。我們更希望，無論讀者從中所能獲得任何正面的影響，都能夠迴向眾生，願一切眾生證得佛果位的究竟大樂。

無論透過本書積聚了何種的功德，我們都將功德迴向，願佛法在世間興盛不衰，願有情眾生和平安詳，願尊貴的達賴喇嘛及其他偉大的上師與行者福壽綿長。我們衷心感謝雪獅出版社

（Snow Lion）的編輯蘇珊．凱瑟（Susan Kyser）；她提出的寶貴意見，使本書最後的定稿更加完善。我們也感謝每一位直接或間接促使本書出版計畫圓滿實現的人。

曾經參與本書翻譯與編輯的小組成員如下：洛桑覺登格西❺（Geshe Lobsang Jordhen），畢業於達蘭莎拉（Dharamsala）的佛教辯經學院（Institute of Buddhist Dialectics），自一九八九年起，即擔任宗教事務助理及達賴喇嘛的貼身翻譯；洛桑群佩甘千巴（Losang Choephel Ganchenpa），同樣畢業於佛教辯經學院，從事佛教翻譯超過十年，其先在達蘭莎拉的西藏典籍文物圖書館（Library of Tibetan Works and Archives）任職，後前往澳洲；傑洛米．羅素（Jeremy Russell），達蘭莎拉諾布林卡學院（Norbulingka Instittite）出版刊物《西藏宗教文化之聲》（*Voice of Tibetan Religion & Culture*）的編輯。

---

❸阿闍黎（ācārya），梵語音譯，原意「軌範師」，即對自己的徒眾，從佛法及財物上給予利益的善知識。

❹寂護（Śāntarak-ṣita），西元七〇〇～七六〇，印度佛教僧人。大乘佛教中觀學派衍化出之瑜伽中觀派創始人。那爛陀寺著名學者。著有《攝真實論》，論破各派學說，亦傳述極多罕為人知的學者之學說，於佛教史上之意義甚鉅。

❺格西，為藏文 dge bshes 的音譯，原意為「善知識」，即在修學上，指引取捨之理的師友，但後來則演變為在僧眾中辯論佛教典籍所考取的學位名號。

【導言】

進入佛法的門鑰

龍樹❶大師有云：

若汝願爲己、爲娑婆❷眾生
獲得無上之證悟，
生起如山一般穩固不移的菩提心
乃證悟的根本，
其次是遍至的大悲心❸，
以及遠離〔有、無等〕二邊的超越智慧。①

證悟之道的基礎

那些渴望自己和他人能獲得暫時或究竟安樂的人，應該生起證得一切種智❹（即成佛）的發心❺。慈悲、菩提心與圓滿見地，乃是通往終極證悟之道的重要基礎與根源。此時此刻，我

---

❶龍樹（Nāgārjuna），西元二、三世紀的印度佛教大師。初期中觀派的代表，主張一切皆空。在他的著作中，利用窮舉歸納的方式，證明實體論的謬誤。他的思想和論證方法，成為後來大乘發展的重要基礎。主要的著作有《中論》、《七十空性論》等。

❷娑婆，梵語 sahā。意為能忍、堪忍、忍土，謂在這個世界的眾生要忍受各種苦和煩惱。指釋迦牟尼佛所教化的世界，也就是我們這個世界。

❸大悲心，菩薩常思拔除一切眾生痛苦的願心。

①這段內容出自龍樹菩薩的《寶鬘論》：「本謂菩提心，堅固如山王，大悲遍十方，不依二邊慧。」可參考：大正新脩大藏經，第三十二冊，頁 497a（簡稱：大正 32，497a）的《寶行王正論》及《入中論》（收於《佛教大藏經》，第四十八冊，臺北：佛教書局，民六十七），頁 2。

❹一切種智，又作佛智，指唯佛能得之智，即能以一種智慧覺知一切道法、一切眾生之因種，並了達諸法之寂滅相及其行類差別之智。英譯為 omniscience，有「全知」之意。

❺發心，發願求無上菩提之心。發菩提心之略稱。即發起求解脫苦難，往生淨土或成佛之願望。菩提心乃一切諸佛之種子，淨法長養之良田，發此心，勤行精進，以速證無上菩提。

們擁有對佛陀法教的信念，以及親近佛法的管道，我們的面前不但沒有障礙橫阻，反而獲得助緣，例如我們得以聽聞、學習浩瀚深奧的佛法，冥思佛法的內涵，進而從事實修。因此，我們必須把握良機，不讓自己在日後有任何悔恨嗟嘆的理由。噶當派[6]的桑普瓦格西（Geshe Sangpuwa）所說的偈頌切中核心，於我心有戚戚焉：

當教授與聽聞均能利益心性之時，教與聞便恰如其分。自制與自律的行為，乃是已經聽聞佛法的顯露；煩惱被消滅調伏，則是從事實修的徵兆。瑜伽行者乃是了悟實相之人。

教授佛法的目的——調伏心性

有一件事是非常清楚的，即教授佛法只有一個目的——調伏心性。上師應該留心去看看自己的教授是否利益弟子的心性，他們的教導必須以個人所了解的佛法為經驗的基礎。而弟子也應該懷抱利益自身心性的渴望，來聽聞教授；他們必須竭盡全力來控制未受訓練馴服的心性。

因此我極力主張，我們應該精勤地遵循偉大的噶當派格西的教導。這些格西們曾提出金玉良言，建議心性與佛法應該整合為一；換句話說，如果佛法的知識與修行被視為兩個毫無關聯、截然不同的實體，那麼將無法發揮馴服心性的效用。在從事實修的過程中，我們必須徹底地檢視自己，並把佛法當做一面明鏡，去觀察映照於其上的身、語、意的缺患。上師與弟子雙方都必須透過修持佛法，以生起利益自身與他人的發心。如我們在《道次第》❼所見之祈請文：

受強大悲心的激發，
願吾能夠闡述佛法之寶貴，
將其傳播至佛法未興之地，

---

❻噶當派（bKa'gdams pa），噶，藏語指佛語；當，指教授；噶當，意謂將佛的一切語言和三藏教義，都攝在該派始祖阿底峽所傳的《三士道次第》教授之中，並據以修行。格魯派是直接在噶當派的基礎上建立的，有新「噶當派」之稱。此外，藏傳佛教中一切大論的講說，也都源於噶當派。

❼道次第（Lam rim），又稱「三士道次第」或「菩提道次第」。但現在多半專指宗喀巴大師的《菩提道次第廣論》一書。

以及佛法衰微之境。②

佛法不是具體的事物，因此保存與弘揚佛法，端賴我們的內在心靈或相續不斷的心續。當我們能夠減少心的垢染，美好的品質將隨之提昇。因此，心有效地、正面地轉化，即是保存佛法與弘揚佛法的正義。顯而易見地，佛法不是有形的實體；它不能在市場被出售被購買，或成爲一個實物。我們要把注意力放在佛法的根本原理，例如持三種修持，即出離心❽、菩提心❾，以及了悟空性❿的智慧。③

護持佛法與弘揚佛法的重責大任，落在那些對佛法有信心的人的肩上；而擔起這種責任，則有賴我們對佛陀的欽慕與尊敬。如果我們只會袖手旁觀，期待他人擔負此一重責大任，那麼很明顯地，什麼事也不可能發生。因此，首先我們必須在內心培養佛陀所教導的良善品質，在適當地調伏自己的心性之後，我們應該也協助他人調伏心性。宗喀巴⓫大師曾經清楚地指出，尚未調伏心性的人，幾乎是不可能去調伏他人的心性。法稱⓬大師曾經言簡意賅地教誡此一原則：

當你不了解〔調伏心性的〕方法技巧之時，

欲加以闡釋自然困難萬分。④

②此即宗喀巴大師著：法尊法師譯，《菩提道次第廣論》（以下簡稱《廣論》），（台北：華藏教理學院，民八十一），頁559的「迴向文」當中的第四個偈頌：「聖教大寶未普及，雖遍遷滅於是方，願由大悲動我意，光顯如是利樂藏。」

❽出離心（Renunciation），指脫離如牢獄般的三界輪迴與痛苦的決心。因此，它是一種從輪迴的所有狀態中解脫的願想。

❾菩提心（bodhi-citta），全稱阿耨多羅三藐三菩提心。菩提心為一切諸佛之種子，淨法長養之良田，若發起此心勤行精進，當得速成無上菩提。

❿空性（śūnyatā），佛陀於二轉法輪時開示道：一切外在和內在現象及「我」的觀念，都沒有真實的存在性，因此是空性的。

③這是宗喀巴大師在其著作《三主要道》（藏 *Lam gyi gtso bo rnam pa gsum*）當中所開示的內容。

⓫宗喀巴（TSong kha pa），西元一三五七～一四一九，從噶當派學經，頭戴過去持律者所戴的黃色僧帽，表示嚴持戒律的決心和思想，成為西藏佛教的改革者，格魯派的創立者。著有《菩提道次第廣論》、《密宗道次第廣論》、《辨了不了義論》等。

⓬法稱（Dharmakīrti），第六、七世紀印度大乘佛教瑜伽行派論師，是陳那以來最偉大的因明大師。將陳那以來的因明形式做了重大的改變。著有七部與因明有關的著作，一般稱為「七部量論」，其中以注解陳那《集量論》的《釋量論》最著名。

④此即法稱論師造：僧成大師釋：法尊法師譯編，《釋量論略解》，（臺北：佛教出版社，民七十三），頁135的「方便生彼因，不現彼難說」這段內容。另《廣論》，頁9及246亦有引用。意思是說：息滅衆苦的諸方便行，如果連自己都不清楚的話，是無法向別人宣說的。

菩薩[13]們懷抱如此的意圖，把獲得證悟做爲究竟的目標，爲了達到目的，他們修持能夠消滅煩惱的法門。在此同時，他們努力培養心靈的深刻洞見。藉由遵循消滅負面品質、培養正面品質的過程，菩薩們便具備了幫助其他有情眾生的能力。法稱在注釋陳那[14]《集量論》的《釋量論》中也說：

> 菩薩運用各種善巧方便[15]，
> 解眾生之荼苦。[5]

因此之故，那些信仰佛法的人應該竭盡所能地培養良善的品質，這是非常重要的。尤其在佛法衰微的時代，更事關重大。我們西藏人頻頻抱怨批評中國人在西藏所進行的摧毀破壞，但更重要的是，身爲遵循佛法的佛弟子，我們更應該努力擁護、支持佛法。當我們體會到修行的利益，進而親身持戒、努力轉化心性，佛法的開示才算是眞正達到目的。然而聽聞其他學科的教授，也同樣具有不同的目的；其目的是從中獲得見解與資訊。

修行的條件

你可能會納悶，一個眞正的佛法修行者的條件是什麼？首先，修行者必須持守道德戒律，避免從事十不善業⑯。一個修行者必須清楚認識每一個身、語、意所造作的惡業，並且透澈地了解對治的方法。有了基本的認識之後，修行者就應該消除諸如偷盜、妄語⑰等惡行爲，修持

---

⑬菩薩（bodhi-sattva），梵語「菩提薩埵」之略稱。為救度一切衆生皆解脫輪迴，而致力於開展菩提心及修持六波羅蜜多的大乘修行者。

⑭陳那（Dignāga），西元四四〇？～五二〇？，古印度佛教哲學家。佛教新因明學的創始者。將因明從辯論技術發展成知識論。在西藏，人稱其著作《集量論》為《量經》。

⑮方便，梵語 upāya。音譯作漚波耶。十波羅蜜之一。又作善權、變謀。指巧妙地接近、施設、安排等。是一種向上進展的方法。

⑤此即法稱論師造；僧成大師釋；法尊法師譯編，《釋量論略解》，（臺北：佛教出版社，民七十三），頁135的「具悲摧苦故，勤修諸方便」這段內容。另《廣論》，頁246亦有引用。

⑯十不善業，又稱十惡，指殺生、偷盜、邪淫、妄語、兩舌、惡口、綺語、貪欲、瞋恚、邪見。

⑰妄語，特指以欺人為目的而作之虛妄語。妄語戒為五戒、十戒之一。

誠實、仁慈等善行爲。受戒[18]的男女僧尼必須遵守寺院的戒律。這些戒律是指穿著僧衣法服、與人應對進退的方式等等，甚至包括注視他人的禮儀，以及稱呼他人的正確方式。

對於一個修行者而言，最大的挑戰之一在於面對煩惱，以及從煩惱中解脫。這個挑戰之所以艱難，源於一個簡單不過的眞理：從無始以來，煩惱是造成我們所有痛苦的根源。當我們受人欺凌、受敵人迫害，我們大聲抗議。然而，無論外在的敵人多麼殘暴，僅僅是對我們帶來一生一世的影響。但在今生之後，他們卻沒有任何可以傷害我們的力量。然而，煩惱是我們內在的敵人，卻肯定能夠在我們未來的生生世世中釀成災難。因此，事實上煩惱才是我們最可怕的敵人。

修行者眞正的考驗是：如果心中的煩惱減少了，修行便發揮了功效。無論我們的外表看起來多麼神聖超凡，煩惱的減少與否才是評定一個人是否爲眞正的修行者的主要標準。修持禪定的目的，即在於減少蒙蔽心性的煩惱，最後完全將煩惱[19]連根拔除。藉由學習、修持廣大深奧的佛法，一個深刻了解無我的意義、長時間禪定於無我的修行者，最後終將了悟實相。

聞法者的三種缺失

在從事教與學之際，以正確有效的方法來通曉聽聞教誡的內容是不可或缺的。這包括：「消除聽聞者（此時，聽聞者如同一只容器）的三個缺失」⑥，以及培養「六種有益的想法」⑦。

聽聞者三缺失的第一個缺失是指，聽聞者如同一只上下顛倒放置的容器。這代表聽聞者身雖處在法會當中，心卻神遊他處；也就是說，當一個人在傳法開示的時候，我們心不在焉，根本沒

---

⑱受戒，佛教徒在一定的儀式下接受戒律，如五戒、沙彌戒、菩薩戒等。

⑲煩惱，梵語 kleśa。又作惑。使有情之身心發生惱、亂、煩、惑、污等精神作用的總稱。人類於意識或無意識間，為達到我欲、我執的目的，常沉淪於苦樂的境域，而招致煩惱的束縛。在各種心的作用中，覺悟為佛教的最高目的；因此，妨礙實現覺悟的一切精神作用都通稱為「煩惱」。

⑥此即《廣論》，頁17當中所說的「斷器三過」。一、若器倒覆（喻：雖住說法之場，然不屬耳）；二、縱向上，然不潔淨（喻：或雖屬耳，然有邪執，或等起心有過失等）；三、雖淨潔，若底穿漏（喻：雖無上說彼等衆過，然聽聞時，所受文義不能堅持，由忘念等之所失壞，則其聞法全無大益）。

⑦此即《廣論》，頁17～20當中所說的「依六種想」。一、於自安住如病（者）想；二、於說法師住如醫（師）想；三、於所教誡起藥品想；四、於殷重修起療病想；五、於如來所住善士想；六、於正法理起久住想。

有在聽。在這種情況下，我們對教學內容既缺乏興趣，也充耳不聞。對於學習來說，這顯然是一個大障礙，所以我們必須消除這個障礙，興致盎然地參與傳法開示。

第二個缺失是，聽聞者如同一只滿布漏洞的容器。此處所指的是，即使我們確確實實地聽聞教授，卻無法記住內容。在這種情況下，我們缺乏專注力與記憶力。修持佛法的意義，在於我們應該能從聽聞的教授中獲益。它不是像聽故事一般的消遣娛樂，佛法是指引我們如何過充滿意義的生活，如何發展正確的態度。因此，爲了從佛法教授中獲益，我們必須專心一意地記住教授的內容。在聆聽、閱讀等所有型態的學習過程中，我們必須投入全副的注意力，努力記住學習的內容。當我們態度不認眞的時候，我們只能記住一半的要點，而且記憶只能維持短暫的時間。我們應該一而再、再而三地反覆思惟聽聞的內容。如此一來，所學的知識將在腦海中停留很長的時間。而辯論則是另一個記憶教學內容的技巧，一直廣爲傳統的辯論學派所使用。

第三個缺失是，關於聽聞者的動機與發心，此處聽聞者被比喻爲一只盛裝毒藥的容器。當我們聆聽法教的時候，應該避免蒙昧的動機與發心。從事所有的行爲，特別是聽聞、閱讀佛經等佛法修持時，必須懷抱良善健全的動機。我們應該把目標放在控制散漫不羈的心性，然後漸進地證悟成佛、利益眾生。我力勸大家，切勿把佛法知識視如其他的技術學科，僅僅是做爲一種謀生的工具。

《修習次第》的教授傳承

眾所周知，蓮華戒大師的著作名爲《修習次第》，蓮華戒大師對西藏非常仁慈，宗喀巴大師把蓮華戒大師譽爲「尊貴的學者」，此一稱謂蓮華戒大師當之無愧。在他撰述的論著中，《中觀光明論》（*Illumination of the Middle Way*）與《修習次第》最受尊崇。

《修習次第》上、中、下三篇的口授傳承相當稀有罕見。在西藏中部與西南部，它的口授傳承鮮爲人知。或許是因爲它流傳於西藏偏僻的地區。昆奴喇嘛顛津嘉參（Khunnu Lama Tenzin Gyaltsen）在康區獲口授傳承，之後色貢仁波切[20]（Serkong Rinpoche）從昆奴喇嘛顛津嘉參處獲得口授。當時，雖然我非常願意，卻無法接受口授。我心想，既然這部論典篇幅不

⑳仁波切，藏語 rin po che 的音譯，西藏對轉世修行者的尊稱。意譯為珍寶。指經一定手續測試，證實為某一位大修行人的轉世，再來度化、利益眾生者。

是很長，日後再接受口授傳承必定不會太困難。另一方面，我則努力地接受其他重要論著的教授，例如布敦仁欽竹巴[21]的《時輪金剛廣論》、《時輪金剛總續》，以及六卷《無垢光明論箋注》。

但當我人在瑞士的時候，卻收到一封告知色貢仁波切圓寂、雍津林仁波切（Yongzin Ling Rinpoche）身體違和的電報。這個消息讓我驚覺，我正爲自己沒有接受《修習次第》口傳教授的怠惰而付出代價。我的心充滿懊悔與失落。在此之後，無論何時遇見喇嘛與格西，我都會詢問哪一個人持有《修習次第》的口授傳承。有一次，我在印度的菩提迦耶[22]遇見薩迦派[23]住持[24]桑耶顛津（Sangye Tenzin）。他告訴我，他曾經從一位來自康區的老喇嘛那裡受過《修習次第》的教授。當時，那位老喇嘛正在西藏拉薩朝聖。後來我想，既然昆奴喇嘛仁波切也同樣從康區接受《修習次第》的口授，兩者的傳承必定相同。我也認爲，此時能接受《修習次第》的教授是好的。

在此之前，當我要學習新的佛典時，我都會請教雍津林仁波切的意見。然而那時，雍津林仁波切已經圓寂[25]。當時，尊貴的根尼瑪（Ven. Gen Nyima）也在菩提迦耶，於是我告訴他事情的前因後果，並詢問他的意見。他同意了我的想法，認爲這是一個好主意。就這樣，我從薩迦派住持桑耶顛津那裡接受了《修習次第》的口傳教授。我感到非常快樂與幸運，懊悔自責的情緒自動煙消雲散。這位薩迦派住持相當出名，在薩迦派中，是一位備受敬重的大師，現在他已年高八十多歲。而眼前似乎也沒有任何針對《修習次第》這部論典所寫的注疏，至少我沒有看過任何一本。在宗喀巴大師的《菩提道次第廣論》中，詳細地引證《修習次第》的內容，因此我認爲，如果我從中增補注釋，應該是恰當的。

㉑布敦仁欽竹巴（Bu ston Rin chen grub pa），西元一二九〇～一三六四，噶舉派之學僧，精通顯密兩教，其著作《布敦全書》與《宗喀巴全書》同為以藏文撰述佛教文獻的重要資料。

㉒菩提迦耶（Bodhgaya），釋迦牟尼在菩提樹下悟道的故事就發生在此，位於印度比哈省（Bihar）。

㉓薩迦派（Sa skya），西藏佛教新派之一，屬喇嘛舊教（紅教）之一。創始者為袞曲爵保（藏語 dKonmchog rgyalpo，一〇三四～一一〇二），一〇七三年建薩迦寺，並以寺名為派名。以清辨一系之中觀派教學解釋密乘，主張菩薩智慧之本性光明照耀入大樂定之說。此派寺廟圍牆繪有象徵文殊、觀音與金剛手菩薩之紅、白、黑三色花紋，故俗稱花教。

㉔住持，原為久住護持佛法之意，唐代禪宗後指掌管一寺之主僧。

㉕圓寂（parinirvāṇa），佛教用語，指修行人滅除煩惱，不再生死輪迴的境界。尤其指證悟解脫的佛或阿羅漢的去世。亦作「涅槃」、「寂滅」。但中國一般習慣稱出家人的去世為圓寂。

《修習次第》的撰集因緣

在護持佛法方面，蓮華戒大師克盡其職，表現出色。在西藏期間，他懷抱堅定仁慈的發心，爲佛法奠定了無懈可擊的基礎。西藏國王赤松德贊曾邀請寂護大師、蓮花生大師入藏。這三位偉大的人物對雪域西藏恩德極大，透過他們三人的共同合作，包括密續[26]在內的佛教才能夠以完整的形式在西藏建立。寂護大師洞見了誤解、誤釋佛教哲理的可能性，於是他留下指示，當前述的情況發生之時，應邀請蓮華戒大師入藏。根據歷史的記載，蓮華戒大師受邀入藏，撰寫《修習次第》有數個原因。在《修習次第》的上篇末，蓮華戒大師指出，他乃是應國王赤松德贊之請，而撰寫此論。

爲了利益西藏人民，並將佛法根植於藏人心中，蓮華戒大師非常仁慈地前來西藏。《修習次第》上、中、下三篇皆是在西藏撰寫完成，而來自漢地的大乘和尙則是促使蓮華戒大師撰寫《修習次第》的催化劑。蓮華戒大師的哲理內容是另外一回事，但大乘和尙[27]對佛教觀點的詮釋肯定是有誤解的。因此蓮華戒大師撰寫《修習次第》，是避免這些錯誤的見解擴大蔓延。在此我們要注意的是，當時的偉大人物展現了身爲論師的道德力量。他們使用精練的語言文字來駁斥錯誤的見解，而沒有把對手當做攻擊的個別對象。他們清晰透澈、有系統地闡述佛陀所教導的根本佛學見解、禪定與行爲。在這種情形下，佛法使錯誤的見解相形失色，自行衰微。因此，這部珍貴的論著和雪域西藏之間存在著一種特殊的因緣。

顯而易見的，蓮華戒大師對西藏人民無限仁慈。然而根據歷史顯示，西藏人民不但沒有表達感謝之意，反而犯下一些錯誤，使不當的事件發生。從另一個角度來看，這種情形有如西藏的一句諺語：「佛法興盛之處，亦是邪魔猖獗之處。」就像爲了使西藏良好的世俗與宗教制度留存下來，蓮花生大師爲西藏創造了有利的條件，並爲西藏加持。即使在這個時候，人們仍然說出一些無用的話語，甚至連國王也沒有圓滿蓮花生大師的所有願望。

㉖密續（tantra），解說大乘教中金剛乘的灌頂、道品、修法、薈供等的佛教典籍。可分成事續、行續、瑜伽續、無上瑜伽續四部。因這類典籍必須經由上師傳授，代代相遞，故稱為「密續」。

㉗大乘和尚（Hvashang），又稱摩訶衍。當時代表中國佛教禪宗的大乘和尚與代表印度佛教的蓮華戒在拉薩桑耶寺舉行辯論，在西藏歷史上，此乃著名的「拉薩法諍」，又稱「頓漸之諍」。

提及這些事情，不免令人感傷。當然，我們也可以從其他的角度來看待它。利益一切有情眾生乃諸佛菩薩唯一的事業，如觀自在菩薩就和西藏有特殊的緣分，透過無數的化現，在西藏行了大慈大悲的事業。儘管如此，我們西藏人直到今天仍然面對永無止盡的困境。但我們不可灰心氣餒，國際情勢瞬息萬變，人們永遠支持眞理，而眞理是彌足珍貴的。截至目前爲止，我們已經爲未來奠定了良好的基礎，我們所有的人都應該精進努力，圓滿今生與來生的利益。我們都很幸運，能夠學習到如此美好的經典。就我們而言，學習經典的指導性原則，並努力轉化我們的人生，將是明智之舉。

以正面的動機學習佛法

在佛法教授中，生起正面的態度是非常重要的。我力勸大家用一種良善健全的動機來聆聽，心中想著：「爲了滿布廣大虛空的眾生來證得無上佛果，我應該聆聽蓮華戒大師《修習次第》中篇的教授。」任何身、語、意業的品質，主要取決於動機。因此，任何以良善動機所行之業（行爲），都能夠帶來善與快樂，種下證悟成佛的因。另一方面，如果缺乏良善或健全的動機，即使是修行也會帶來負面的結果。由於其中的分際非常細微，每一個人必須更加提高警覺。

在這部論典中，蓮華戒大師闡釋了小乘㉘佛教與大乘㉙佛教的精髓。他解釋了修持世俗菩提心與六波羅蜜多㉚的方法，並特別強調止觀。而對佛教陌生、不熟悉修行方法與次第的人，應該試著有條理地來了解這部論典，因爲有了這樣的基礎，日後要了解其他的論著就不會有太大的困難。這部論著可以說是開啓佛教其他重要經典的一把鑰匙。

㉘小乘（Hīnayāna），相對於大乘之稱。求佛果為大乘，求阿羅漢果辟支佛果為小乘。佛果者謂開一切種智，為盡未來際衆生化益之悟。阿羅漢果與辟支佛果，雖有淺深之別，然皆為灰身滅智歸於空寂涅槃之悟。

㉙大乘（Mahāyāna），字義為「較大之乘」，是佛陀二轉法輪時所傳之法教，第一次轉法輪的地點在靈鷲山，強調空性、悲心及遍在之佛性。

㉚六波羅蜜多（six perfections），又稱六度，指布施、持戒、忍辱、精進、靜慮和智慧波羅蜜多；「波羅蜜多」意為圓滿、完美。

【序言】

進入修道次第

在印度的語言中，稱之爲「琶瓦拿歌拉瑪」（BHāvanā-krama）；在西藏語中，稱之爲「鞏悲領巴」（bsGom pa'i rim pa）。

虔敬地向文殊師利❶童子頂禮，我將爲那些遵循大乘經藏軌理的人，簡略地解釋《修習次第》這部論典。那些希望極速證得一切種智的才智之士，應當精勤竭力，以具足證得一切種智的因緣。（《修習次第》藏文本，本書〔附錄二〕頁1，行2～7）

菩提心與方便——成佛之道

偉大的蓮華戒大師在撰寫《修習次第》這部論典時，把它分爲三個部分：《修習次第》上篇①、《修習次第》中篇②，以及《修習次第》下篇③。在此，我要闡說的是《修習次第》中篇（以下簡稱本論）。在這部論中，菩提心與圓滿見地是其核心主題。而通往成佛這個究竟目標的道路有二，一是方便，二是智慧。這兩個特質產生出色身❷和法身❸。色身代表爲了利益其他眾生所行的圓滿事業；法身代表一切自利的圓滿。培養菩提心的方便法門與了悟空性的智慧，共同形成了佛法的基礎。本論清楚闡述了通往證悟成佛之道的兩個面向。

當我們仔細研究這些佛法教授的時候，我們了解到悲心是菩提心或覺悟之心的根本。而菩提心必須結合智慧——了悟空性乃一切諸法（所有現象）之究竟本質的智慧——來一起實修。這個智慧應該是毘婆舍那（即「觀」）與心專一安住於空性這個對境的奢摩他（即「止」）二者的結合。

在座的聽眾大多是來自印度拉胡爾（Lahaul）、肯焯爾（Kinnaur）及斯皮提（Spiti）三個

---

❶文殊師利（梵語 Mañju-śrī），即文殊菩薩。佛教菩薩名。象徵佛陀智慧的菩薩。其外形為頂結五髻、手持寶劍的童子形。

①即：大正32，no.1664，《廣釋菩提心論》，頁 563a ～ 572b。藏譯本見：東北，no.3915。

②大正無。藏譯本見：東北，no.3916。

③大正無。藏譯本見：東北，no.3917。

❷色身（physical body），梵語 rāpa-kāya，巴利語同。指有形質之身，即肉身。反之，無形者稱為法身，或智身。故具足三十二相之佛，係為有形之生身。

❸法身（wisdom body），梵語 dharma-kāya。指佛所說之正法、佛所得之無漏法，及佛之自性真如如來藏。

地區，而且都受過某種程度的教育。然而今天我所使用的開示技巧，主要是針對那些不相信宗教的人士。在開示的過程中，我想要說明的是，一個人如何能夠對宗教產生興趣，特別是對佛教滋長興趣。藉由許多推論方式，可以幫助我們逐漸對宗教產生興趣。如此一來，我們將了解到，宗教不僅僅是以信仰爲基礎，但信仰卻是伴隨著推論與邏輯而生起的。基本上，信仰分爲兩種：一種是沒有任何特殊理由爲基礎的信仰；另一種是以推論做爲後盾的信仰。在第二種信仰之中，一個人仔細審視他所信仰的對象，研究該信仰對象是否符合他的需求。信仰是在個人體會該信仰對象對自己有所助益之後，才發展出來的。一般來說，在佛教之中，特別是在大乘佛教，我們檢視佛法教授的內容，然後接納那些合乎邏輯、有道理的，排除那些不合邏輯的。因此有時候，佛陀宣說的法教不應該只按照字面的意義來了解，而是需要加以詮釋。換句話說，不符合邏輯分析的經典，不應該用字面的意義來了解，而需要透過闡釋；反之，符合邏輯分析的經典則應該取其字面的意義。然而，如果我們另外引經據典來區別哪些經典必須從字面意義來了解，以及哪些經典應該加以闡釋，我們將落入沒完沒了的引證的極大謬誤中。因此，我們必須用邏輯理性來檢視這兩種類型的經典。由此可見，在研習佛教經典的過程中，邏輯分析扮演了舉足輕重的角色。

在從事探究的工作之前，必須先要學習一些技巧來檢驗你所分析的對境❹。對於想要追隨佛法，從事實修的人而言，單單只有信仰是不夠的，信仰應該以理性爲依靠。當你研究學習時，遵從一個符合邏輯的方法。在我開示的時候，我希望你們能仔細聆聽，記下筆記或使用其他方法來記下我所教授的內容。

加持的真義

且先讓我解釋在佛教的背景脈絡中，當我們談到一位上師的加持或佛法的加持時，「加持」究竟代表了什麼意義，來做爲講授的開始。加持必須從你的內心生起，即使我們說的是上師的加持或皈依❺三寶❻的加持，它也不是源自外在的事物。當你心中正面的特質增長、負面的特

❹對境（objects），指色、聲、香、味、觸、法等六塵境。
❺皈依，歸信佛教，謂身心歸向之也。皈依佛，皈依法，皈依僧，為三皈依。
❻三寶，一切之佛陀（佛），佛陀所說之教法（法），隨其教法而修業者（僧）。

質消滅時，即是加持所代表的意義。加持的藏文轉寫為「byin rlab」，可以拆解成兩個部分：「byin」意指「高尚的潛能」；「rlab」意指「轉化」；「byin rlab」則代表「轉化成為高尚的潛能」。因此，加持指的是培養從前所沒有的良善品質，以及提昇已經發展出來的美好品質。它也代表消滅妨礙良善品質滋長的垢染心。因此，當心的良善特質增強、不健全的品質削弱的時候，一個人便能夠獲得真正的加持。

《修習次第》的主旨

本論云：「那些希望極速證得一切種智的才智之士，應當精勤竭力，以具足證得一切種智的因緣。」這句話的意思是，本論的主旨在於探討禪定的步驟與修持，而不是一部詳細探討對境的破斥與成立等之較具哲學意涵的著作。但這不意味有兩套不同的、毫不相干的佛教典籍；也就是說並不表示有些佛典（包含：經典、密續、律典、論典）只是做為講說佛法用的，而另一些佛典則是實修的指導手冊。[4]所有的佛典都包含了調伏心性、駕馭心性的法教，只不過每一部佛典所強調的程度有所不同。某些修行法門和佛典主要適合用來研究思考，有些佛典則以禪定步驟做爲特別強調的教授重點。本論屬於後者，因此根據它的內容，這部論典名爲《修習次第》。如題名所顯示，本論描述了內在修習之道如何能夠在禪修者的心識流（或心相續）之中，以適當的順序而非零散紊亂的方式發展完成。

傳達經義的語言

在《修習次第》的三個部分中，本書所論述的是第二部分。蓮華戒大師最初是以印度的語言來教授。本論之所以在開頭提及它的梵文名稱，用意在於使讀者的心習慣這種神聖的語言，以利益讀者。此外，使用印度的文學語言提及論典的名稱，也具有歷史的重要性。自從雪域西

④見：《廣論》，頁12，行6～8。「若起是解：諸大經論是講說法，其中無有可修要旨，別有開示修行心要正義教授；遂於正法執有別別講、修二法，應知是於無垢經續、無垢釋論起大敬重而作障礙。……是集誹謗正法業障。」意思是：所有的佛典都包含了調伏心性、駕馭心性的法教，只不過每一部佛典所強調的程度有所不同。若將佛典區分為「講說」與「實修」二類，這是在造誹謗正法的惡業。

藏的文明開展以來，以及隨著西藏的逐漸發展，西藏與鄰近邦國間一直有著自然的聯繫。從過去的歷史顯示，西藏人民從鄰近國家的社會文化中擷取了許多美好的成分。舉例來說，南鄰的印度是我們取得豐富心靈的宗教文化制度與思想的源頭。同樣地，諸如醫學、佛教哲學、梵文等古老的文化與科學，也從孕育眾多偉大學者的印度傳入西藏。所以，西藏人民一向有崇敬印度爲聖地的傳統。中國素以豐美的食物與種類繁多的青蔬聞名，在藏文中，我們使用與中文相同的名詞來稱呼蔬菜，甚至在今天，我們仍繼續沿用眾多蔬菜的中文名稱，這是我們從中國引進的事物。同樣地，由於蒙古的服飾極適合寒冷的氣候，因此西藏人也模仿幾種蒙古服飾的式樣。過去幾個世紀來，西藏人民與鄰近國家素有聯繫，並從鄰國引進許多美好優良的事物，進而發展出西藏獨特的社會文化特徵。本論以「在印度的語言中」這個語句爲起始，即指出了本論可資信賴的正確性，也就是說，它是一部出自印度大師的論著。

接著，本論說：「在西藏語中」，並舉出本論的藏文名稱，這表示本論被翻譯成爲另一個國家的語言，也就是藏文。藏文豐饒深厚的程度，足以正確地表達包括經典及其釋論在內的偉大著作。過去幾個世紀以來，藏文已經成爲傳達佛教論述與修行法門的主要媒介。甚至在今天，藏文幾乎是世界上唯一能夠充分完整地傳達包含小乘、大乘及密乘❼佛典在內的佛法教授的語言。因此可說，藏文是一種非常重要的語言，在佛教之中，特別具有價值。

皈敬文殊師利

「虔敬地向文殊師利童子頂禮」，這句偈頌是譯師向文殊師利頂禮祈請，表達崇敬之意。譯師們開始進行翻譯之前，先虔敬頂禮，如此一來，他們將能夠圓滿地完成翻譯工作，而不遇任何橫阻障礙。它也代表了譯師想要圓滿暫時與究竟這二種目標的志向。向文殊師利祈請的規矩，乃是過去法王❽所頒布訂定的傳統。其用意在於明確地指出任何一部經典或釋論是屬於「三藏❾」教法中的哪一種。如果是向諸佛菩薩祈請，那麼該部佛典就屬於經藏；如果是向文殊

❼密乘，為秘密乘之略稱。即指真言密教。真言的教說，三密的法門，是甚深秘奧的教乘，所以稱為秘密乘。

❽法王，梵語 dharma-rājan。有五種意義：一、佛的尊稱；二、菩薩的尊稱；三、冥界閻魔王的別名；四、乃西藏所傳佛教領袖之封號；五、日本約於奈良朝時，一時所設的官階名。此處所指為西藏佛教領袖者。

❾三藏（three pitakas），或稱三籃（three baskets）、三部（three divisions）。指經藏、律藏、論藏。經藏集合了佛陀在各種場合所說的法（詮定學）；律藏是關於佛陀所制定的戒律（詮戒學）；論藏是佛弟子所造的論述（詮慧學）。

師利祈請，那麼便屬於論藏；如果要指出該部佛典屬於律藏，那麼便要向具一切種智者祈請。因此譯師遵照傳統的習慣來祈請。本論的主要論點在於透過專一安住於一境的禪定，來達到無我的境界。而這種禪定乃是特殊洞察力（觀）與專一安住的心（止）的結合。由於這部論著屬於論藏，因此文殊師利是祈請的對象。

修行需要正確的方法

藉由「為那些遵循大乘經藏軌理的人」這句話，蓮華戒大師為修習這部論著的人，簡短地說明了修習禪定的過程。但此刻問題出現了：修持大乘教法的人，其究竟的目標是什麼？答案是證悟成佛。但是，成佛的意義是什麼？成佛是一種狀態，在這種狀態之下，一個擁有全知、超越的智慧（即一切種智）者，即是佛。由於大乘教法的最終目標在於獲得一切種智，因此修行者必須仔細地探究通往這種證悟的手段與方法。經由如此的探究，修行者必須努力追求正確而完整的方法，以證得一切種智。以上所言，即本書主題的簡短摘要。

1

什麼是心？

沒有因緣，便無法生起一切種智，否則一切事物皆成一切種智。如果事物不須仰賴其他事物而生，那麼事物皆可無限制、無阻礙地生起，如此一來，每一件事物就沒有理由不成爲一切種智。由於一切有爲法❶是有些時候才生起，因此它們必須仰賴因緣。一切種智之生起亦是如此。一切種智之所以稀罕，乃是因爲它並非在一切時間、一切處所生起，而且不是每一件事物都可以成就一切種智。因此，一切種智之生起，必得仰賴因緣。（《修習次第》藏文本，本書〔附錄二〕頁1，行8～17）

托因而有，依緣而生

根據《修習次第》中篇的內容，存在的現象（一切諸法）分爲兩類：一是恆常存在的現象（無爲法❷）；二是時而存在、時而不存在的現象（有爲法）。第二種現象，即「時而存在、時而不存在的現象」，意味著什麼？這個問題自然而然會浮現出來。它意味著，短暫無常的事物必定依緣而生；某些事物在某些特定時刻生起的事實，證明了因緣的存在。當我們說某些事物在某些時刻生起、不在某些時刻生起，就代表這些事物無法獨立自生，而必須仰賴其他的因緣才能生起。因此之故，所有時而生起、時而不生起的現象，都必須仰賴因緣。而因與緣有不同的種類。在因方面，其不同的種類，例如主因、親因、疏因、同類因、相應因等等。緣也有不同的種類，例如所緣緣、因緣、等無間緣等等。① 因此，變動無常是那些依因緣而生的現象的本質；它們並非固定不變，也非永恆常住。

有所造作的現象（即「有爲法」）可以被分爲三類：色、心識（包含「心王❸」及「心所❹」），

---

❶有為法，指有作為、有造作之一切因緣所生之現象或事物。

❷無為法，離因緣造作之法也，有三無為、六無為等。三無為中之擇滅無為，六無為中之真如無為，即涅槃也。涅槃為無為法中之最勝者。

①參考：大正31，no.1605，《大乘阿毘達磨集論》。

❸心王，能緣外境的精神主體，為慮知的根本，也是識的自性，此心王含有八種識，即眼、耳、鼻、舌、身、意、末那、阿賴耶等識。

❹心所，心所有法的簡稱，也就是為心所有的各種思想現象，共有五十一法，即遍行五，別境五，善心所十一，煩惱六，隨煩惱二十，不定四。

以及非色非心❺識。②色由形狀、顏色等構成，可以用眼睛觀看，用手觸摸。心識既沒有形狀，也沒有顏色，無法用任何具體的名稱來度量，但它的性質是存在的，並具有感覺的能力。另一方面，時間既無色也無心識，因此它屬於第三類。

心識的作用

一切種智指的是通曉一切事物之識。一切種智不是來自於土壤、岩石或山脈之中的特質。一切種智是由具有覺知能力者所生起，因此任何缺乏覺知特性的事物，無法生起一切種智。當然，一切種智的狀態是包含了一切圓滿的究竟目標，而且在三種依緣而生的現象之中，一切種智屬於心識的那一類。通曉或了知乃是心識的功能。舉例來說，當我們說：「我了解」或「我知道」的時候，表示我們對於某件事物有所體悟或感受，而這種覺受因心識而活躍起來。當眼識看到一個具體的物質❻的時候，我們說：「我看見了實物。」當心識經驗了快樂或痛苦的時候，我們說：「我快樂」或「我痛苦」。因此，當我們說：「我感覺」、「我看見」或「我聽聞」等時，心識扮演了一個媒介的角色。擁有了知功能的事物，即為心識。

識隨著了知的範圍，以及強度或敏銳度不同而程度有別。一個明顯的例子即是，把人類的心識與動物的心識做比較，較之於動物，人類的概念❼就遼闊多了，他了解事物的種類也多得多。人類的心識隨著教育和經驗而有所不同。換句話說，你越有學養，你的經驗越豐富，你心識的範圍就越廣闊。知識與了解乃是以具有了別、認知外境的能力的心識，作爲發展的基礎。當必要的因緣聚合之時，心識了別認知外境❽的能力增加，對於外境的認識範圍也因而擴展，了解的程度也隨之加深。如此一來，心識可以發展全副的潛能。

---

❺非色非心，一切有為法分為色法、心法、非色非心法。非四大所造成的叫做非色，不與心相應的法叫做非心。

②見：貢卻亟美汪波造；陳玉蛟譯，《宗義寶鬘》，（台北：法爾，民七十七），頁50。「而色、知、不相應行三類則是『非恆常的事物』。」此處的「知」，就是「心識」；「不相應行」，就是「非色非心識」；而「非恆常的事物」，就是「有為法」。

❻物質，即五蘊之「色」。廣義之色，為物質存在之總稱；狹義之色，為眼根所取之境。

❼概念，即五蘊之「想」，指心的分別作用。

❽外境，又作境界或塵，指根與識之對象，即色、聲、香、味、觸、法六境，又稱六塵。

因與緣是一切種智的必須因

一切種智是心識了別認知外境的能力全然實現或圓滿的狀態。就此而言，一切種智是指了知每一件事物，而不受時間、空間的不同而阻礙。一切種智從心識產生；就其定義而言，它依因緣而生。這暗示著，即使是一切種智（全知的智慧），沒有了因緣，便無所生成。反過來說，若一切種智可以不依因緣而生，那麼也就表示，每一個心識都是全知的。這是因爲，如果事物不依因緣即可生成，那麼事物必定時時存在，或必定完全不存在。「如果事物不須仰賴其他事物而生，那麼事物皆可無限制、無阻礙地生起」，這句話的意思是，如果事物不須仰賴其他因緣即可生起，那麼就沒有符合邏輯的理由來說明爲什麼在任何時刻，事物的生起可能會受到阻礙。由於情況並非如此，所以不是每一件事物都能夠成爲全知，是合乎邏輯的。基於這些理由，有作爲、有造作的現象（有爲法）可以在某些時刻生起，而無法在其他時刻生起。在某一個時刻，當順緣出現，逆緣消失的時候，心識就可以轉化成爲了知所有現象（即了知一切諸法）的一切種智。

由於事物（或現象，或法）並非在一切時刻、一切處所生起，因此它們必須仰賴因緣。在仰賴因與緣的架構之下，那些渴望獲得一切種智這個究竟成就的人，應該製造因與緣，而且是完整正確的因與緣。除此之外，那些追求一切種智的人們必須擁有強大的動機。因此如教導所言，一切種智的生起仰賴因與緣。

如無著❾在提及因果關聯的著作《大乘阿毘達磨集論》③所闡釋的，緣是指不變緣、無常緣，以及潛藏緣。我們前面所說的，乃是關於無常緣。當我們問，一切種智如何從心識中生起的時候，我們所指的是它的潛藏緣。覺知外境的能力是心識天生具備的特質，心識的本質是清澈透明，有所覺知的。心識因了知其外境而顯現，這種覺知的特性不是其他因素新造出來的。

❾無著（Asaṅga），又作阿僧伽，西元四、五世紀，古印度大乘佛教瑜伽行派創始人之一。

③即：大正31，no.1605，《大乘阿毘達磨集論》。

無明是心識覺知的障礙

此時出現了一個問題：覺知如何能夠擴展至無限的範圍。覺察了知外境的能力是心識天生固有的，但有些事物阻礙了心識擴展至全知的狀態。接下來的問題是：這些障礙從何而來？我們必須仔細思量該如何去除這些障礙。「無明」是阻礙心識覺察了知外境的障礙，而無明乃是執著（一切法是）「實有」的錯誤見解（即「實有執」或「我執」），也可以說是極端執著於「實體」的概念。

當我們提及「無明」，乃是指識缺乏某種順緣，或某種逆緣橫阻在前，妨礙識去覺察了知外境。在眾多的無明中，實有執的無明，可以說是眾多無明的根源或掌權者，這種無明是頭號障礙。我們必須透過分析來獲得一個結論：這種無明是可以被消除寂滅的。心的垢染⑩之所以生起，主要是因為無明及其習氣（即潛在的力量）。我們必須加以探究分析，確定無明是否能夠與心分離，是否能夠被消滅。在這個背景脈絡之中，無明不僅僅是愚癡而已，也是執（一切法為）「實有」的錯誤想法。被無明障蔽的心對於外境會產生錯誤的見解或邪見，因此藉由培養正確的見解作為對治的方法，我們便可以消滅無明。

無明的對治方法

實有執⓫的無明，以及根除這種無明的對治方法，兩者都需要仰賴因與緣。當它們遭遇順緣的時候，它們壯大；當它們遭逢逆緣的時候，它們止息；就此而言，兩者是相類似的。我們或許要問：在這兩者之間，究竟有什麼差異？由於實有執的無明，乃是一個錯誤覺察外境的心，因此它無法無限地發展，這是因為它沒有一個立基點來支持它。這心是錯誤的或走上邪道的；在這種情況下，心設想外境顯現的方式與外境實際存在的方式，二者是背道而馳。一個覺察了知「無我⓬」的心，乃是對治這種無明的方法或對手；這樣的心就不會誤察它的對境。換

⓾垢染，以染身之垢比喻心之煩惱。

⓫實有執，「執」即著相，對事物或事理固執不捨。「實有執」即堅持認為事物是真實存在（實有）的。

⓬無我，梵語 anātman 或 nir-ātman。又作非身、非我。我，即永遠不變（常）、獨立自存（一）、中心之所有主（主）、具有支配能力（宰），為靈魂或本體之實有者。主張所有之存在無有如是之我，而說無我者，稱為諸法無我。係佛教根本教義之一。

句話說，這樣的心正確地覺察了知它的外境，它覺察了知外境顯現的方式與外境實際存在的方式相符一致。由於它不是一個錯誤的見解，因此具有一個堅實的支持基礎。

在此之前我們曾說，實有執的無明可以被消滅根除，這是因為被無明障蔽的心，沒有一個有效認知的支持基礎。另一方面，覺察外境之無我本質的心，具有一個有效認知的支持基礎。這兩種心覺察外境的方法是相互牴觸的。覺察「外境的本質是無我」的心是對治被無明障蔽的心的強大方法，因此被無明障蔽的心是可以被降伏的。由此可以推知，只要施以適當的手段和方法，人類的任何痛苦都可以獲得減輕。當事物遭遇相對的因子，其潛在力量因而被削減，乃萬事萬物的本質。

覺察實相的心是指一種超越的覺知，它是一種心的正面品質，它具有一個有效認知的堅實基礎。心具有一種本質：當它不斷接受正面品質的薰習，它便能夠無限制地發展。擁有正面品質的身體就不像心一般，具有這種能夠無限制擴展的特質。這僅僅是因為身體是由粗分的元素所構成，而這種粗分色法⓭所具備的特質，沒有無限制擴展的潛能。

實相即空性

當我們說，被無明障蔽的心走上邪道的或錯誤的，我們指的是心誤察了實相。此時，切中核心的問題是：什麼是實相？被無明障蔽的心是如何地誤解實相？這個心在哪些方面誤解了實相？實相或「實有」的空性（即「非實有」）是可以被合理地確立的。我們有堅實而無懈可擊的理由，可以證明「實有」的空性。我們也可以從這些理由之中，獲得確定並心悅誠服。另一方面，我們也沒有合乎邏輯的方式來證明實有。事實上，只有在平凡的、未經訓練的識之前，「實有」這東西才會顯現。但是在邏輯的詳細檢驗之下，我們找不到「實有」的蹤跡。即使在日常生活中，我們也常常發現，某些事物顯現的方式與它們實際存在的方式相互抵觸；換句話說，事物實際存在的方式不同於它們顯現的方式。這個概念可以用相當簡單的方式來說明：在世俗事務中，我們說某個人失望了或幻想破滅。一個人之所以幻想破滅或幡然醒悟，乃是因為

⓭色法，梵語 rūpa-dharma。廣義言之，乃總稱物質之存在。泛指有質礙之物，即佔有一定之空間，具有自他互相障礙，及會變壞之性質者。

一個情況所顯現的樣貌與實際情況有所出入。

讓我們審視身爲人類的境遇。相較於其他動物，我們心的力量非常強大。我們有能力去分析在表象的背後是否有一個實相；相反地，動物僅僅能處理顯現於眼前的事物。這個道理非常清楚，正如不同的人具有不同的心智能力。當我們從更深層的角度來仔細檢驗他們的時候，我們發現許多被認爲具有有效認知的心也是謬誤的。現象眞實存在的方式不同於現象在這樣的心之前顯現的方式。我們通常認爲實相或空性現存的方式，不同於它實際存在的方式。我們對於山巒、房屋等短暫事務所存的概念，與它們實際存在的方式不符。在這些短暫的事物之中，有些已經存在數個世紀，甚至數千年之久。而我們的心正是用這樣的方式來看待這些短暫事物——認爲它們是恆久常住的，不受無常變化的影響。然而，當我們用原子的角度來檢視這些事物的時候，我們發現，它們時時刻刻都在瓦解、衰變。科學也描述了類似的變化模式。這些事物外表看來堅固、穩定、持久，但從它們的眞如本質來看，它們時時刻刻都在改變，甚至連一剎那都不曾保持靜止。

2

修　心

學習與接受教育是不可或缺的。「修心」①是一個串習❶的過程。在佛教之中，串習或禪修指的是心的正面轉化，也就是說，消除有所缺患的品質，提昇正向的品質。我們可以透過禪定來修心，藉此捨棄負面的品質，發展並增強正面的品質。一般來說，禪修方式分爲兩類，一是分析修，二是專注修。②首先，修行者分析禪定觀修的對象，並一再地去通曉熟悉所觀的對象。等到修行者確實熟悉通曉禪修的對象之後，便不再進行分析，而把心專注於其上來修止。結合分析修（觀）與專注修（止），是讓心熟悉禪修對象的有效技巧，也因此可以正確地幫助我們修心。

教育是離苦得樂的初步

我們必須認清修心的重要性。而這種重要性源自一個根本的事實，那就是我們每一個人天生渴望快樂，不想要痛苦。這些需求渴望是人類自然天生的本性，無須造作。這種渴望不是錯的，問題在於，我們如何達到離苦得樂的目標？舉例來說，教育的基本目的在於獲得快樂，避免痛苦，每一個人奮力通過教育的過程，如此一來，他們便能夠享有成功和充滿意義的人生。

藉由教育，我們可以增加快樂，減少痛苦。教育有各種不同的形式，然而基本上，所有各種形式的教育都是爲了幫助修心與塑心。心有控制主宰身和語的力量，因此任何身和語的訓練都必須從心開始。換句話說，在開始任何形式的身、語的訓練之前，必須先有動機。心了解到這種訓練的利益，並產生興趣。修心的目的在於使我們的生活具有價值，透過修心的過程，我們學

---

① 「修心」（藏 blo sbyong）的法源，來自於龍樹菩薩《寶鬘論》當中的「衆罪咸歸我，我善施衆生」，這二句話。參考：《最勝耳傳修心七義論講記、聖道三要、由說甚深緣起門中稱贊無上大師善說心藏》，（台北：福智之聲，民八十三），頁6。

❶ 串習，意指經由重複不斷的練習來培養、發展某些事物。

② 參考：《廣論》，頁55，「如是修道，有思擇修及不思擇止修二種。」另見：《最勝耳傳修心七義論講記、聖道三要、由說甚深緣起門中稱贊無上大師善說心藏》，（台北：福智之聲，民八十三），頁18。「修有二種：一、觀察修；二、專住修。一切修法不離此二。」此處的「思擇修」及「觀察修」就是本文當中的「分析修」；而「不思擇止修」及「專住修」就是本文當中的「專注修」。而專注修要修到身心輕安之後，才能稱為「止」或「奢摩他」；分析修也要修到產生身心輕安，才能稱為「觀」或「毘婆舍那」，不能混為一談。

習到許多新的事物，也可以察覺識別無數能夠被去除或被糾正的缺患或事物。此刻我們面對的任務是，去尋找去發現那些能夠使我們根除錯誤、積聚轉化心性之順緣的手段與方法。這是非常重要的。在日常生活中，教育幫助我們去尋找那些必然可以增加快樂的正面因素。在這個過程中，我們也能夠揚棄那些使我們深陷痛苦的因素。因此透過教育，我們致力獲得幸福快樂、具有價值的生活。

修心的重要

當我們從社會的背景去審視我們的生活的時候，教育扮演了一個不可或缺的角色。在任何情況之下，我們如何過活度日，取決於身、語、意的行爲。由於心爲身和語之首，一顆調伏的心是必要的。生活中的快樂或痛苦，取決於心的力量或智慧。而這些快樂或痛苦的經驗如何影響我們的生活，也取決於心。此刻我們所行之身、語、意的行爲，也決定我們未來的生存樣貌。而這終究還是取決於我們的心。當我們誤用心的潛能，我們會犯下錯誤，並承擔苦果。另一方面，當心的潛能有技巧地被控制住的時候，我們便能夠嘗到正面的善果。我們心的狀態，以及心覺察理解不同事物的方式，對我們具有莫大的影響。一些人因爲擁有控制心的力量，他們幾乎不受失敗或逆境的困擾。這是一個清楚而明白的例子，說明爲什麼調伏心性或修心是如此重要。

什麼是心？

在思量了修心的重要性之後，我們可能開始納悶，什麼是心？如果你提出這個問題，大多數人的反應都是摸摸他們的頭，然後指指他們的腦袋。這個答案只答對了一部分，因爲我們現在專門談的是人類的心。人類的心沒有任何獨立於身體之外的實體。與人身之間具有特殊關聯的識，被稱爲人識。而與動物的身體之間具有特殊關聯的識，被稱爲動物識；我們現在所說的人的心或識，事實上是由無數的心組成，而這些心有的細微，有的粗分。許多較粗分的心（或識），與一個感覺器官有所連繫，例如眼睛（即「眼根」）；而它們之間，肯定有許多跟大腦有所關聯。顯而易見的是，這些外在的基礎或因素（如：「眼根」、「耳根」等「六根」），是識起作用的必要條件。而任何心起作用的主因，卻是前一剎那的心所，它的本質是清澈、覺知的，這被稱為「等無間緣❷」。

聖天❸的《四百論》曾經提及，具有轉化的潛能，以及明晰清澈、覺察了知的本質，乃是心識的本源所應具備的合理的必要條件。否則，識絕對無法生起，或它可以在一切時刻生起；而很顯然地，後者是不可能的。一個行為的影響作用將存留在心識之上，在一個月或一年之後，甚至十年或更久之後，我們仍能夠回想起當時的體驗，這就是眾所周知的「喚醒潛藏的力量」。這種力量一直被心識的相續給傳遞下來，當必要的因緣出現之時，過去潛藏的印象便浮現出來。因此，我們說喚醒過去世的潛藏力量。然而，心與大腦的關係不足以說明潛藏力量的細微層面。了解潛藏力量這個概念，有助於我們去欣賞生命，以及宇宙的形成和衰變。它也能夠解答一些關於人類思想、迷信崇拜以及其他心的投射等之疑問。

培養正確圓滿的因緣

佛教哲學非常清楚地描述了一些指導原則與方法，藉由這些指導原則與方法，我們可以獲得一切種智。而一切種智是心最高尚的品質，代表了心的潛能與力量完全地實現。為了證得一切種智的最終結果，我們必須培養獲得一切種智正當而圓滿的因緣。我們也必須確定，我們培養這些因緣的次第是正確的。這也是爲什麼《修習次第》中篇指出：

> 同樣地，從這些因與緣之中，你應該培養正確圓滿的因緣。如果你行錯謬之因緣，即使你努力很長一段時間，也無法達到你所希望的目標。這如同一個人想要從牛角中擠出牛奶一般。同樣地，當所有的因緣沒有被促成的時候，結果就無法產生。舉例來說，如果缺乏一顆種子或任何其他的因，那麼果、芽苗等等便無法生起。因此，那些想要獲得一個特定結果的人，應該培養能夠造就其果的圓滿正確的因緣。（《修習次第》藏文本，本書〔附錄二〕頁1，17～頁2，行5）

❷等無間緣，梵語 samanantara-pratyaya。又作次第緣。四緣之一。前念與後念次第相續而起，體用齊等，而無間斷。

❸聖天（Āryadeva），又作提婆（梵語 Deva 的音譯）。西元三世紀，斯里蘭卡人，印度佛教中觀派的創始人龍樹的弟子。以智辨著稱，常與外道辯論，後遭外道暗殺而死。有《百論》、《四百論》、《百字論》等流傳下來，都是中觀派的重要作品。

除了積聚圓滿正確的因緣次第，培養正確的因緣次第，以使心擴展、成就一切種智，也是非常重要的。舉例來說，爲了準備美味可口食物，僅是備齊所有必要的食材是不夠的。我們必須知道如何搭配不同的材料，例如油、香料等等，才能烹調出想要的口味。

如果你問：「什麼是獲得一切種智的最終果實的因與緣？」我，這個像瞎子一樣的人，可能沒有立場〔親自〕解釋這個問題，但我將使用佛陀的話語來說明，一如他證悟成佛之後，對他的弟子所宣說的話語。他說：「金剛手（Vajrapāṇi）菩薩！祕密主（Lord of Secrets）菩薩！一切種智之超越智慧以悲心爲其根源，並從一個因緣——利他想、菩提心，以及圓滿的善巧方便生起。」因此，如果你想要獲得一切種智，你必須修持以下三者：悲心、菩提心，以及善巧方便。」（《修習次第》藏文本，本書〔附錄二〕頁2，行6～15）

在此，蓮華戒大師提出佛陀的話語，指明獲得一切種智的正確因緣與方法。他說，任何想要獲得一切種智的人，應該修持菩提心，而菩提心是以悲心爲基礎。這個修持應該以六波羅蜜爲支持，並特重結合修止與修觀。因此，智慧與方便兩者應該被視爲相輔相成、缺一不可的修持。這也表示，悲心是佛陀法教的根本，而小乘與大乘的所有法教，也是以悲心爲基礎。

3

悲　心

受悲心之驅使，菩薩誓願救度一切有情眾生。（《修習次第》藏文本，本書〔附錄二〕頁2，行16～17）

悲心是一切種智的基礎

在心靈發展的最初、過程以及最終階段，悲心都是不可或缺的。依照這個受人喜愛的法教，菩薩，也就是具有強烈動機發心、受悲心驅使的偉大人物，爲了一切有情眾生的利益福祉而誓願證得一切種智。這種決心就是菩提心；而菩提心是一種源自悲心的利他想。

然後，藉由克服以自我爲中心的想法，他們熱切且持續地從事積聚福德與智慧資糧❶的困難修持。（《修習次第》藏文本，本書〔附錄二〕頁2，行17～頁3，行1）

藉由培養菩提心的力量，他們從事包括培養六波羅蜜在內的菩薩訓練，不問要經過多久才能圓滿實現。最後他們不須耗費太多力氣，便能逐漸積聚無量的福德與智慧資糧。

既已從事這種修持，他們一定會圓滿積聚福德與智慧資糧。圓滿積聚福德與智慧資糧，如同將一切種智握於掌中。由於悲心是一切種智的唯一根本，你應該從一開始就熟悉悲心的修持。（《修習次第》藏文本，本書〔附錄二〕頁3，行1～5）

在這裡，蓮華戒大師提及「悲心是一切種智的唯一根本」或基礎。「唯一」這個字眼強調悲心是證得一切種智不可或缺的因，但他並沒有否定其他因與緣的重要性。他強調了一個論點：悲心是一個必要的因，因爲沒有悲心，便無法證得一切種智。但如果僅僅只具備悲心就已足夠，那麼先前所說必須培養悲心、菩提心與善巧方便的話語，就相互矛盾了。

《正攝法經》（*Compendium of Perfect Dharma*）云：「喔！佛陀！一個菩薩不需修持眾多法門。如果一個菩薩適當地持一種法，並且圓滿地修習，那麼他的

❶資糧，梵語 sambhāra，巴利語同。即必需品、積集、準備之意。資為資助，糧為糧食；如故欲證三乘之果者，宜以善根功德之糧以資助己身。

掌中便握有佛陀所有的德行。如果你問，那一種法是什麼？那就是大悲心。」①

（《修習次第》藏文本，本書〔附錄二〕頁3，行6～11）

由此可見，佛陀極力強調悲心的重要性。菩提心的生起、個人從事菩薩的事業，以及獲得證悟，皆是以悲心爲基礎。此一理論的必然結果是，沒有悲心，你就無法生起珍愛別人勝於珍愛自己的無上菩提心（即「愛他勝自菩提心」）。沒有這種利他的態度，要修持諸如六波羅蜜等大乘菩薩的行誼，是不可能的。再者，沒有遵循此一步驟，你也無法證得佛的一切種智。這是悲心如此重要的原因。

諸佛們已經證得自身所有的目標，但只要有眾生的存在，他們便留駐於輪迴之中，這是因爲他們擁有大悲心。他們也不像聲聞❷一般進入極樂的涅槃❸城，他們首先思量一切有情眾生的利益，而捨棄寂靜的涅槃城，彷佛它是一座燃燒的鐵屋。因此，大悲心是諸佛入無住涅槃❹的原因。（《修習次第》藏文本，本書〔附錄二〕頁3，行12～19）

在眾多論述中，都高度讚揚悲心；它的重要性是無法強調的。月稱❺極力稱頌悲心，說它是證悟道上最初、中間過程和最後等三階段均不可或缺的事物。②

剛開始，菩提心的生起是以悲心爲根本或基礎。如果一個菩薩欲證得最終的佛果，那麼在此之後修持六波羅蜜是必要的。在中間階段，悲心也同樣關係重大。即使是在悟道之後，也是悲心促使諸佛不留住於涅槃的至樂狀態之中。正是這種動機發心，而使諸佛進入無住涅槃，證得代表自利圓滿的法身，以及代表他利圓滿的色身。因此，藉由悲心的力量，只要虛空❻存

---

①參考：《廣論》，頁212。「世尊！菩薩不須學習多法。世尊！菩薩若能善受、善達一法，一切佛法皆在其手。一法云何？所謂大悲。」

❷聲聞（śrāvaka），字義為「聽聞者」，意指聽聞佛陀言說的弟子，為已了悟無我之小乘修行者。

❸涅槃，梵語 nirvāṇa。字義為「寂滅」，指一切錯誤觀念及煩惱都滅止的悟境。

❹無住涅槃，指佛的涅槃，即《現觀莊嚴論》所說的：「智不住諸有，悲不滯涅槃」。

❺月稱（Candrakīrti），西元七世紀，印度中觀應成派大師，著《入中論》一書，並親自注釋。

②見：月稱阿闍黎，《入中論》，（收於《佛教大藏經》，第四十八冊，臺北：佛教書局，民六十七），頁2，行11。「如外穀豐收，初、中、後三，以種子、水潤、成熟為要，如是廣大佛果，初、中、後三，唯大悲心為最要。」

❻空，虛與空者，無之別稱也。虛無形質，空無障礙，故名虛空。

在，諸佛將不間斷地為一切有情眾生的利益來努力。這顯示，即使證得最終的佛果，菩提心仍然居於重要的位置。蓮華戒大師提及月稱的論述，來支持這個理論的正確性，同時也有助於說服他的聽眾。

以邏輯和推理檢視佛法

一般而言，在佛教的傳統中，哲學觀點不必只用引經據典的方式來證明。事實上，個人必須以邏輯和推理來作為主要的依據，以獲得對佛理的信心與信念。客體的現象可以概略地被分類為「顯現法」（obvious phenomena）、「稍隱蔽法」（partially concealed phenomena）與「極隱蔽法」❼（completely concealed phenomena）。我們不需要使用邏輯來證明顯現法的存在，我們可以直接體驗（即「現量」）並了解它們，進而確定它們的存在。由於稍隱蔽法無法透過直接的體驗來確定它們的存在，因此需要使用邏輯（即「比量」）來確立其存在。如此一來，我們就可以透過以經驗為基礎的推理認知來了解分析對境。為了達到這個目的，我們可能必須使用幾種推論方法。對於那些只具有最初理解程度的人而言，他們無法透過邏輯學來檢視極隱蔽法。極隱蔽法也無法用經驗來確立，這時，我們必須仰賴站得住腳的經典依據。

經典教授的可靠性或權威性必須先被確立。同樣地，傳授此一教學內容的上師❽的確實性或可信度，也必須被證明。經典依據必須經得起三個層級的分析——即關於明顯現象（即「顯現法」）的教授可以經得起直接觀察（即「現量」）的方式來理解；關於半隱半現的現象（即「稍隱蔽法」）的教授可以經得起推論的方式（即「事勢比量」）來分析；關於隱晦不明的現象（即「極隱蔽法」）可經得起以信念爲基礎的推論（即「信許比量」）來分析。這樣經典依據的確實性，應該受到邏輯推理的檢驗。

當關於主要含意或首要目標的法教是眞實或站得住腳的時候，那麼關於其他目標的眞實性就可以透過推論來理解。當我們的首要目標是進入涅槃和一切種智的境界的時候，投生人道❾

---

❼顯現法，例如：色、聲、香、味、觸五境，是「現量」（直接的認識）的對境；而稍隱蔽法，例如：無常，及極隱蔽法，例如：空性，則是「比量」（推理的認識）的對境。

❽上師，西藏佛教對具有高德勝行、堪為世人軌範者之尊稱。又作金剛上師。西藏人稱為喇嘛（bla ma）。本為 bla（上）與 ma（人）之複合詞，意指上德之人。相當於梵語 guru，意即師匠、師範，為古代印度人或一般修行者對其師之尊稱。

❾人道，六道之一。人界也。人界者以五戒善因而趣之道途，曰人道。

或天道[10]等善道，就成為平凡無奇的目標。因此，當傳授證得涅槃與一切種智的次第的法教，經過邏輯檢驗而沒有任何謬誤之處時，那麼關於達成一般目標的法教就不可能出現謬誤。就常識而言，當一個問題的困難面向是眞實的時候，那麼該問題的簡單面向亦屬眞實，這是毋庸置疑的。

傳法者的正確性

再者，傳授這些法教的上師必須是一個品德高尚、可資仰賴的人。他透過修持悲心的力量獲得證悟。由於他擁有大悲心，因此他傳授這些法教乃眞正是出於利益一切有情眾生的發心。藉由大悲心的力量，他傳授法教，以示現幫助他根除障礙、進入高層次的圓滿狀態的道路。佛陀根據他自身的經驗來傳法，而且由於他直接證悟究竟實相，因此揭示眞諦的工作非他莫屬。他為了眾生的利益，準備用無數劫的時間無條件、孜孜不倦地傳法。了解並反思這些要點，應該可以幫助我們對佛陀法教的正確性生起信心。

因此，引用經典來證實一個論點或修持是明智之舉。這種過程有一個極大的目的——消除了無數毫無根據的疑惑，並且灌輸了嶄新的洞見。

---

[10] 天道，六道之一，三善道之一。指住於欲界、色界、無色界等三界之天人。

4

培養平等捨——慈心之根本

悲心是證得一切種智的主要因緣之一。在修行之初、修行期間，甚至在證得果位之後，悲心都非常重要。此刻的問題是：我們應該如何觀修悲心？

從一開始，將教導觀修悲心的方法。此一修持，是以觀修平等捨為起始。試著藉由去除貪著（執著）與瞋恨，平等無別地對待一切有情眾生。（《修習次第》藏文本，本書〔附錄二〕頁4，行1～4）

悲心的三種體性

悲心是一顆關注受苦受難的有情❶眾生、並希望他們從痛苦中解脫的心。悲心可以分為三種，視伴隨著悲心的智慧層面而定。這三種悲心分別是：專注於有情眾生的悲心（緣生大悲）、專注於法（現象）的悲心（緣法大悲），以及專注於無所執取的悲心（無緣大悲）。①這三種悲心都熱切地希望有情眾生能夠從痛苦中解脫。由於這三種悲心都希望有情眾生能夠從痛苦中解脫，因此區分此三者的不在於層次，而在於專注的對象。專注於有情眾生的悲心之所以被稱爲緣生大悲，乃是因爲它僅僅專注於「有情眾生」，而不去管眾生無常或非實有的特性。緣法大悲是指，這種悲心不僅僅專注於有情眾生，也專注於有情眾生所具備的「無常特質」。同樣地，無緣大悲專注於有情眾生「不可執取或非實有（即「自性空」）的這個特性」。

悲心是快樂的基礎

當我們從另一個角度來看的時候，我們發現，生起善念的功德是顯著的。無論你是否信仰一個特定的宗教，這一點都是眞實不虛的。一個人的善良仁慈，與他或她所生起善念的力量或

---

❶有情，泛指一切有情識的生命。亦作「衆生」、「有識」。

①見：月稱阿闍黎，《入中論》，（收於《佛教大藏經》，第四十八冊，臺北：佛教書局，民六十七），頁3，行1～9。「此是菩薩『緣生大悲』，『緣法』與『無緣之大悲』亦由所緣而顯。」其中，「緣生大悲」，是以「輪迴當中受苦的衆生」為所緣，而生起的大悲；「緣法大悲」，是以「衆生的無常」為所緣，而生起的大悲；「無緣大悲」，是以「衆生的自性空」為所緣，而生起的大悲。

品質有直接的關聯。一個仁慈的人吸引眾多仰慕者，他們感覺與這樣的人很親近；甚至在動物之中，我們也可以觀察到這種現象。當動物看到仁慈待己的人，便顯露出極大的喜悅和快樂，牠們喜歡被這樣的人包圍。相反地，好鬥、心懷鬼胎的人，連動物鳥禽都會起疑。當鳥獸聽見他們的聲音，甚至是腳步聲，都會逃之夭夭。因此，一個善的發心或一顆善心是極有價值的品德。

具有悲心的人對每一個人都友善寬厚；每到一處，他們令人愉悅的本質吸引人們與其為友。當我們發現，甚至連陌生人都樂意與他們為伍的時候，我們很容易就能觀察到，他們以悲心為動機的吸引力。讓我們舉一些簡單的例子來清楚說明仁慈的意義。舉例來說，當一個人微笑的時候，他的笑容不費分毫地就能夠讓其他人滿心歡喜。除非我們內心充滿平靜喜悅，否則即使我們坐擁萬貫財富，也無法保證能夠贏得友誼。當我們熱衷競爭、逞強好鬥的時候，即使我們慷慨地施予財富，也很難獲得太多的實質利益。另一方面，那些真心誠意幫助他人的人，內心是平靜快樂的，他們製造了和諧的氣氛。因此很明顯的，一顆仁慈的心和樂於助人的態度，是自己與他人眼前的快樂與永恆快樂的基礎。

因為樂於助人的意圖而生起正面品質，被公認是具有價值且值得嚮往的。世界上所有的主要宗教都教導信徒要成爲一個好人，修持忍辱，並且發展助人的興趣。所有的宗教都一致認同這些根本原則所具有的正面價值，尤其在佛教中，由於佛法是以悲心爲基礎，因此非常強調修持悲心。

修持悲心的方法

那麼在佛教之中，修持悲心的方法是什麼？第一，我們必須對受苦受難的眾生生起慈愛之心；第二，我們必須認識痛苦的本質。持續體認這兩個要點，然後把你的心專注於無數無量的眾生之上，你便能夠生起強烈的願望，希望所有眾生都能夠脫離苦海，並且遠離造成痛苦的苦因。在這個過程中，你應該先培養對陷入痛苦之人的慈愛之心。爲了達到這個目的，必先教導修持平等捨的法門。

如果我們檢視自己平凡的心，我們將發現，我們的心是如何地把有情眾生分成三類：一是我們親近的人；二是我們嫌惡的人；三是我們漠不關心的人。我們把一些人視爲親密的朋友與親人，我們和一些人保持距離，心想在過去，他們曾經傷害我們、我們的朋友、親人及財物，如果他們現在傷害我們，未來一定也會傷害我們。有了諸如此類的想法，我們便對這些人生起嫌惡之心。在這種情況下，即使我們說的是培養對一切眾生的悲心，但事實上，我們對他人的悲心是偏袒且膚淺的。因此，爲了對所有眾生生起眞正的悲心，我們必須先培養平等捨。平等捨是一種不偏不倚的公正想法，對所有眾生一視同仁。

另外，我們必須認清的重要事實是：雖然我們親近我們的朋友、親人，仁慈地對待他們，但這種仁慈卻是源自貪愛與執著。在表面的仁慈之下，是一個自私的動機，我們心存偏見，心想這個人嘉惠於我，那些人與我有淵源。因此，當我們在日常生活中使用「仁慈」這個字眼的時候，更正確地來說，應該稱之爲「執著」。

真正的悲心

當我們說眞正的悲心的時候，它代表了什麼意思？就實質上來說，悲心是指關懷他人的福祉——他們的快樂與痛苦。如我們一樣，其他人也希望遠離痛苦，因此，當其他人受苦受難的時候，一個具有悲心的人會感到擔心不安，並生起救度他人脫離苦海的意念。身爲凡夫俗子，我們對親人朋友的親密感覺，只不過是一種貪著罷了。這種貪著應該被減緩，而不是被加強。不要把執著與悲心混爲一談，這是很重要的。在一些典籍之中，「執著」這個字眼被用來代表悲心。雖然執著與悲心有一些相似之處，但執著卻是因執實有而生起的。另一方面，悲心的生起卻不一定執於實有。一個充滿悲心的念頭，乃是受到幫助眾生脫離痛苦的願望所驅動的。

培養平等捨的方法

概括來說，培養平等捨有兩個主要的方法。根據第一個方法，我們思量人際關係的不確定性、思量無常與痛苦，以及貪著於某些人、瞋恨於某些人都是徒勞無益。根據第二個方法，我們了解一切有情眾生離苦得樂的願望都是一樣的，並努力對一切眾生生起無分別之心。《修習次第》中篇的文本簡短地概述了培養平等捨的第二種方法：

> 一切有情眾生都希望離苦得樂。深切地思量，在這無始的輪迴之中，怎麼會沒有一個眾生不曾上百次地做過我的親人朋友。由於我沒有理由去貪著於某些

人，瞋恨於某些人，因此我應該對一切有情眾生生起平等捨之心。在修持平等捨之初，先以你既不執著也不嫌惡的對象著手，然後再以朋友和仇敵爲對象。

（《修習次第》藏文本，本書〔附錄二〕頁4，行5～12）

在渴望離苦得樂方面，一切有情眾生都是一樣的。我們並不是離於彼此的孤立個體，我們會受到其他人的安樂與痛苦而影響，這種互動的關係是顯而易見的。自無始以來，有情眾生曾經直接或間接地施仁慈於我，嘉惠於我，從本質上而言，這些有情眾生如我們一般，都在追求安樂，遠避痛苦。因此，對我們而言，培養平等心，祈願眾生安樂是合乎邏輯的。

平等心的修持對象

爲了實踐一視同仁的平等心，有時候以特定的人爲修持對象，比較有效果。觀想三個對象：一個是在今生曾經傷害我們的人，也就是我們的仇敵；二是，直接利益我們的人，也就是我們的朋友；三是，既沒有傷害我們，也沒有利益我們的人，也就是陌生人。

當我們檢視心慣常的自然反應，我們發現，在面對仇敵時，我們的心想著：「這是我的敵人」，心因而變得煩躁惱怒，生起瞋恨；思及朋友時，我們的心感到輕鬆自在；思及陌生人時，我們既不惱怒，也不欣喜。下一個步驟是，尋找生起這三種反應的原因。事實上，這些原因都是膚淺的，以狹隘、自私的態度爲基礎。我們執著於親人朋友，乃是因爲在今生，他們爲我們帶來了短暫的利益；我們憎恨仇敵，乃是因爲他們曾經對我們施加傷害。人們不是打從一出生就成爲我們的朋友，他們之所以成爲我們的朋友，乃是環境使然；我們的仇敵也並非一出生就充滿敵意。這樣的人際關係一點也不可靠，在我們的一生當中，今天是最要好的朋友，明天可能變成最惡劣的仇敵；一個令人憎恨的仇敵，可能變成我們最信賴的朋友。再者，如果我們談論過去的生生世世，這種關係的不可靠性更加顯而易見。因此，我們對仇敵的瞋恨，對朋友的執著，僅僅只是短視近利、胸襟狹窄的態度展現。相反地，當我們從更宏觀、更具遠見的角度來看待事物的時候，我們將生起平等心，使我們看見瞋恨與貪著的徒勞無益。

透過長期的修持，當我們能夠對這三種人——朋友、仇敵和陌生人，生起平等心時，再漸漸把修持的範圍擴大到鄰人、同胞身上，最後，我們修持的範圍將包括世界上的所有眾生。以特定的對象做爲修持之始，是培養平等心的有效方法。如果我們一開始就以無量眾生爲修持平等捨的對象，看起來似乎相當充實，但是當我們面對特定的對象時，就會發現我們的根基是多麼地薄弱。因此，過去眾多大師都推崇逐漸擴大修持範圍的技巧。

輪迴之因——無明

讓我們思考「無始輪迴」這個概念。從某一個層面上，「無始輪迴」可以被形容爲：在煩惱與業力的影響之下，從一個剎那到下一個剎那持續不斷循環的過程。這種情況的發生有其因緣，但這種因緣並不是恆久常住的。如果這種因緣是恆久常住的，那麼因緣所造成的果也必須是恆久常住的。同樣地，輪迴也不是自在天（Īśhvara）②旨意下的產物；有些人相信，自在天是製造輪迴的神祇。那麼，什麼是輪迴？輪迴與引起輪迴的因具有相同的本質。投生於輪迴的兩個根本之因，乃是業與煩惱兩者，而其中煩惱是主因。在三大煩惱❷（即「貪、瞋、癡」）之中，實有執的無明❸（即「癡」）最爲糟糕。實有執的無明不是外來的事物，而是識的產物。

我們應該去探究「識」是否存在。若要獲得任何確切的結論，可能有些困難，我們只能說它存在於事物的本質。然而，無明既是所有其他煩惱的根源，也是投生輪迴的因；無明生起的剎那，也是識生起的剎那。而識的生起是無始的。如果我們堅稱識有一個起始，那麼無數的謬誤就會接踵而來。舉例來說，如果我們承認一個沒有生命的實體是識的起始，那就表示我們接受由謬因所推演導致的謬果。

在正常的因果關係中，因與果都屬於相同的種類。當我們觀察具體事物的因果關係之時，從本質上來說，果與果之因具有相同的本質。識也遵循類似的模式。每一個剎那的識產生一個相同種類的果，也就是另一個剎那的識。因此，佛教經典詳細解釋了無始之心與有情眾生無始之存在的概念。

本論指出，在投生這個無始輪迴的過程中，有情眾生曾經無數次爲我們的親人。在此，我

②見：《佛光大辭典》，第一冊，頁783a。「此天原為婆羅門教之主神濕婆，信奉此天者被稱為大自在天外道，此派以天為世界之本體，謂此天乃一切萬物之主宰者」。

❷三大煩惱，即貪、瞋、癡三毒。其中，癡（=無明=我執=實有執=自性執）又是貪、瞋二者的來源，若滅癡，則諸苦皆斷。

❸無明，佛教謂不能了知現象的真實性的原始愚癡。為十二因緣的第一支，是一切煩惱的根源。即三毒之癡。

們必須回想並深思有情眾生的慈愛。每一個有情眾生都曾經直接或間接地嘉惠於我，今生的親人、朋友的確給予我們相當多的慈愛與利益。甚至連陌生人之於我們，都具有無限廣大的益處，因爲陌生人是我們積聚功德的基礎。藉由牢記有情眾生對我們的慈愛，而生起對無數無量有情眾生的慈悲。

一切有情是我們成佛的增上緣

從事這些修持的結果是，菩提心因而生起。因爲有情眾生的緣故，積聚福德與智慧資糧的修持因而完成，我們也從中獲得無限廣大的利益。所以，我們必須仰賴有情眾生的慈愛，才能達成最終的無上目標。寂天❹大師的《入菩薩行論》從這個觀點解釋，就協助個人證悟成佛這方面來說，有情眾生與諸佛是一樣的。③姑且不論他們的意圖，有情眾生具有無限的價值與益處。就世俗的層面來看，仇敵是那些曾經傷害我們的人，因此我們對敵人充滿敵意；但是從另一個方面來看，我們可以從敵人身上獲得極大的覺受與修持。因爲仇敵的緣故，我們可以修持忍辱而減少瞋恨。我應該善用這個機會，去增進加強忍辱的修持。正是因爲這些原因，有些論著把我們的仇敵形容爲我們最好的上師。簡而言之，包括我們的仇敵在內的一切有情眾生，在許多方面給予我們極大的助益，並且直接與間接地提供我們所需的服務。

在生起對一切有情的平等心之後，我們再修持慈心。用慈愛之水濕潤心續，如同整理一片沃土一般地照料它。當悲心的種子被播入這片心田的時候，將迅速、順利、完整地萌芽。一旦你用慈愛灌溉滋潤了心續，就開始修持悲心。

（《修習次第》藏文本，本書〔附錄二〕頁4，行12～16）

❹寂天（Śāntideva），西元七、八世紀，印度中觀應成派論師，著有《入菩薩行論》、《學處要集》等。

③此即：寂天造；如石譯，《入菩薩行》，（高雄：諦聽文化事業，一九九八），頁77。第六品，第一一四頌云：「非說智德等，由用故云等；有情助成佛，故說生佛等。」

播種悲心的種子

爲了說明滋長慈愛與悲心的方法，蓮華戒大師以種植作物來做比喻。如同你把種子播入用水灌溉滋潤的土地上，種子便會發芽成長一般，當你以慈愛作爲基礎，把你的心準備就緒的時候，你就可以培養悲心了。對一切有情眾生生起平等心之後，我們便能夠把一切有情眾生視同我們多生多世的密友與親人；而且如我們一般，一切有情眾生都希望離苦得樂。如此修心之後，你將感覺與所有情眾非常親近，並生起極大的同情心。一個人越是發現自己心繫有情眾生、珍愛有情眾生，他或她就越關心眾生的痛苦。因此，在修持平等捨之後，我們應該修持慈心。用慈愛之水潤澤我們的心之後，如果我們把悲心的種子播於其上，種子將迅速順利地萌芽成長。

5

認清痛苦的本質

悲心的本質，是希望所有受苦的眾生從痛苦中解脫。為一切有情眾生修持悲心的原因，是因為三界❶眾生受到各種不同形式的三苦❷所逼迫。佛陀曾經說，熾熱與其他種類的痛苦，長時間不斷地折磨在地獄的眾生。他也說，餓鬼受饑渴煎熬而枯槁，經歷極大的肉體痛苦。我們也可以看見動物承受各種形式的悲慘痛苦：牠們彼此吞噬，變得憤怒，受到傷害與殺戮。我們也目睹人類經歷各種劇烈的痛苦：人們無法得其所望，充滿忿恨，傷害彼此，他們承受失去他們所想要的美好事物，遭遇他們不想要的醜惡事物，他們也受貧困之苦。（《修習次第》藏文本，本書〔附錄二〕頁4，行17～頁5，行13）

三苦——苦苦、壞苦、行苦

在我們確立了修持的次第，並從中學習去把一切有情眾生視為可愛的、具吸引力的之後，蓮華戒大師接著說明折磨一切有情眾生的各種痛苦。那三種痛苦分別是：苦苦、壞苦與行苦。①沒有一個有情眾生不受這三種苦的折磨。在六道❸輪迴❹中三善道的有情眾生，享受短暫、有漏[2]的快樂，或既不苦也不樂的感受，但他們終究還是受到行苦的影響。就此而言，在三善道的有情眾生也需要悲心以待。蓮華戒大師也簡短說明了在地獄道、餓鬼道、畜生道與人道的有情眾生的痛苦。他進一步指出，造成人類痛苦的獨特因緣：

---

❶三界，欲界、色界、無色界。欲界是有淫食二欲的眾生所住的世界，上自六欲天，中自人畜所居的四大洲，下至無間地獄皆屬之；色界是無淫食二欲但還有色相的眾生所住的世界，四禪十八天皆屬之；無色界是色相俱無但住心識於深妙禪定的眾生所住的世界，四空天屬之。此三界都是凡夫生死往來的境界，所以佛教行者是以跳出三界為目的。

❷三苦，指苦苦（處於違逆境界中，身心產生種種逼惱之苦）、壞苦（於種種順意境界壞滅時，身心所感受的苦）、行苦（心中好像沒有苦受或樂受，但事實上仍然有微細的念頭在活動，念念生滅、遷流不止）。

①見：《廣論》，頁166～167。「第三、修三苦」。

❸六道，指的是：地獄道、畜生道、餓鬼道、人道、天道、阿修羅道。前三者為三惡道，後三者為三善道。

❹輪迴（saṁsāra），依因緣而存在的存在形式，輪迴中的眾生因仍有貪嗔癡的煩惱染污而遭受不同的苦。相對於「涅槃」。

②見：《佛光大辭典》，第三冊，頁2452a。「有漏」，為「無漏」之對稱。「漏」乃「流失、漏泄」之意；為煩惱之異名。

有些人受到諸如貪愛等不同煩惱的腳鐐束縛，另一些人則因爲懷有不同種類的邪見❺而擾亂其心，這些都是造成痛苦的因；所以他們總是深陷痛苦，如同站在斷崖絕壁上一般。（《修習次第》藏文本，本書〔附錄二〕頁5，行14～18）

在天道的眾生也有不同的痛苦：

天道之眾生承受壞苦之苦。舉例來說，死亡的逼近、墮入惡趣等煩惱時時刻刻折磨欲界之天道眾生的心，他們怎麼能夠活在安樂之中？③（《修習次第》藏文本，本書〔附錄二〕頁5，行18～頁6，行2）

接著，爲「行苦」下定義：

業與煩惱乃行苦生起之因。行苦的本質與特徵在於無時無刻不在遷流生滅，一切有情眾生皆爲其所攝。（《修習次第》藏文本，本書〔附錄二〕頁6，行2～5）

苦苦是指一般的痛苦、疾病，以及逼惱身心之苦。我們一般所認爲的快樂（也就是有漏或不淨的快樂），被指爲壞苦。有漏的快樂不是無漏❻的快樂，它僅僅是沒有較大程度的痛苦。由於有漏的快樂不持久，最後都是以不愉快作爲結束，因此被稱爲「壞苦」。「行苦」是指有情眾生之身心組成成分的集合，即一般所知源於過去業與煩惱的有漏之五蘊❼，作爲再造業、再生煩惱的媒介。或許有時候，我們既不受「苦苦」、也不受「壞苦」的煩擾，但只要我們不離有漏之身心五蘊，它們就會繼續提供生起各種痛苦的基礎。當他們遭遇適當的因緣，痛苦就順勢而生。因此，思惟這三種苦是很重要的。

---

❺邪見，梵語 mithyā-dṛṣṭi。指不正之執見，主要指撥無四諦因果之道理者。係八邪行之一，十惡之一，十隨眠之一，五見之一。以為世間無可招結果之原因，亦無由原因而生之結果，而謂惡不足畏，善亦不足喜等之謬見，即是邪見。

③見：《廣論》，頁168～169。「思惟天苦」。

❻無漏，離煩惱垢染的清淨法。

❼五蘊（five aggregates），蘊為堆、積聚的意思。佛教稱構成人或其他眾生的五堆成分為「五蘊」。分別為色蘊、受蘊、想蘊、行蘊、識蘊。其中除色蘊之外，其餘皆屬精神層面。色指組成身體的物質，受指感覺，想指意象、概念，行指意志，識指認識分別作用。由於每一種蘊，都是由許多分子積聚而成，故稱為「蘊」。

厭離行苦才能生起真正的出離心

修心過程的下一個步驟是：生起脫離三苦的意念。我們認清這些痛苦的眞實本質，以生起脫離痛苦的欲望，是非常重要的。甚至連動物都了解痛苦是無法忍受的，而想從中解脫。那些追求更高境界的佛教徒與非佛教徒——諸如追求較高層次的禪以及無色界❽佛教徒與非佛教徒，都了解「壞苦」是令人不悅的。他們能夠暫時使自己從「苦苦」中解脫，當他們到達這般高層次的境界時——例如那些在四禪次第定❾下的人，只有既不善也不惡的無記❿受，他們能暫時地從「壞苦」中解脫。那些在四禪次第定及無色界的眾生，能夠暫時地從「苦苦」與「壞苦」中解脫。認識「行苦」是激發個人去追求解脫的催化劑，當他們了解了「行苦」的眞正特性之後，他們會生起厭離感。他們開始覺察到煩惱的壞處，以及煩惱的不穩定性。在了解有漏之五蘊的缺患之前，必先了解煩惱的缺患。認清了煩惱的缺患或短處，正可以激發我們努力遠離煩惱。當我們寂滅斷除煩惱之後，我們便證得所謂的涅槃或解脫。⓫正確地認識「行苦」，並對「行苦」產生強烈的厭離心，乃是在生起眞正的出離心，或獲得解脫的意志過程中決定性的因素。

無常的本質是苦

《修習次第》中篇曾經提及「行苦」隨時遷流生滅的無常本質。這個概念可以用兩個方法來詮釋，並用一個例子來加以說明。首先，任何無常的事物時時刻刻都在生滅改變。舉例來說，一個全知的心是無常的，也具有時時刻刻遷流衰變的本質；第二，一個無常的現象不具

---

❽無色界，梵語 ārūpyad-hātu。指超越物質之世界，厭離物質之色想而修四無色定者死後所生之天界。此界有情之生存，無色法、場所，故無空間高下之別，由果報之勝劣差別，分為四階級，即空無邊處、識無邊處、無所有處、非想非非想處等四空處。

❾四禪次第定，色界四禪天的根本定之一。

❿無記，非善非惡無可記別。

⓫解脫，梵語 vimokṣa 或 vimukti。又作木叉、木底。意謂解放，指由煩惱束縛中解放，而超脫迷苦之境地。以能超度迷之世界，故又稱度脫；以得解脫，故稱得脫。廣義言之，擺脫世俗任何束縛，於宗教精神上感到自由，均可用以稱之。

有獨立的本體，它受到諸如因緣等其他因素的影響。就這個意義來說，「行苦」不是恆常持久的，甚至連一剎那都不停止改變；它時時刻刻都在遷流衰變的過程之中。

因此，所有在輪迴中流轉的眾生都深陷於痛苦的熾焰之中。你應該思量，一切有情眾生都像你一樣，一點也不想要痛苦：「喔！我珍愛的一切有情眾生陷入這般的痛苦之中，我能做些什麼，才能讓他們從痛苦中解脫？」如此思量之後，再把他們的痛苦想成自己的痛苦。不論你是在從事修定或其他日常活動，都要時時刻刻爲一切有情眾生修持悲心，祈願他們全都脫離苦海。

一開始，先以你的親人朋友爲修持悲心的對象，去體認他們如何經歷先前所解釋的各種不同的痛苦。（《修習次第》藏文本，本書〔附錄二〕頁6，行5～14）

培養正念與正知

在先前的部分，蓮華戒大師提綱挈領地說明修持悲心的次第。悲心是祈願一切有情眾生遠離痛苦與造成痛苦的因緣。爲了修心，使其充滿悲心，你必須持續在以下的時段內進行正式的座上修持，並保持覺察。換句話說，一個修行者不但應該在正式的座上修持中培養悲心，也應該在下座之後，於行、住、坐、臥等活動中生起悲心。如果你能夠持續如此修持，你便能夠善用下座之後的各種不同的經驗，增強悲心的發展。另一方面，如果你在下座之後，不培養正念（憶念力）與正知（覺察力），任憑你的心飄忽散亂，你修持的進展將會非常緩慢。④這肯定是一個必須糾正的錯誤。當你在從事其他活動的時候，你必須努力保持在禪修座上所得到的領會。此舉將大大幫助你在進行座上禪修時證悟的進展，而這些證悟將有助於你在座下階段的心靈發展。

④見：《廣論》，頁46。「未修中間，如何行者？總之，雖有禮拜、旋繞及讀誦等多可行事，然今此中正主要者，謂於正修時，勵力修已；未修之間，若於所修行相所緣，不依『念』、『知』，任其散逸，則所生德，極其微。」其中，「念」就是「正念」（對於修習的所緣境憶念不忘）；「知」就是「正知」（覺察心有沒有離開所緣境）。此處的所緣境為「悲心」。

接著，在無分別心地平等看待一切有情眾生之後，你應該以你既不貪著也不嫌惡的有情眾生爲修持的對象。當你對他們生起悲心，一如你對親人朋友生起的悲心之後，你應該以宇宙十方之一切有情眾生爲修持悲心的對象。（《修習次第》藏文本，本書〔附錄二〕頁6，行15～19）

悲心的轉化

當你修持悲心的時候，如果你特別以一個正在受苦的情眾爲對象，一如我們修持平等捨那般，那麼你的悲心修持將更加有成效。剛開始，你可以觀想在下三道承受極苦的眾生。你也可以爲沈溺於造作具有意樂（intentions）、加行（actions）、究竟（completion）三種因素的強力惡業（forceful negative actions）⑤的人修持悲心。雖然他們現在可能沒有經歷極大的痛苦，但他們正在積聚日後嘗受苦果的強大因緣。如果你仔細思考這些內容，將對你的修心大有助益，並對每一個在輪迴中流轉的眾生生起悲心。每一個在輪迴中的眾生，都受煩惱的支配，成爲無明——實有執與我執的奴隸。

蓮華戒大師說眾生平等，這句話可以用兩個方法來詮釋：一是究竟的方法，二是世俗的方法。在究竟層次的眾生平等，並無法否定在世俗層面的親人朋友的存在。然而，當你從究竟的層次，以尋找不到的對境（unfindability of objects，此處指「實有」）爲修持對象的時候，藉由破除無明（破除實有執）的同時，也對治了貪著與瞋恨。

這些是眾多培養平等心的幾個方法。持續保持這種修持次第，並且積聚善功德，是很重要的。最終，我們對陷入苦海的有情眾生所生起的一般悲心，將能夠增長，並轉化成爲一種更純淨的悲心。我們現在所感受到了的悲心，往往摻雜了貪著，但是現在這種悲心也意味著，我們奠定了眞正悲心的基礎。有時候，我們也會自然而然地對陷入極大痛苦的陌生人生起悲心，心想自己能夠做些什麼來減輕他們的痛苦，這是我們天生具有悲心的展現。我們認清這個事實，珍愛這種充滿悲心的念頭，進而提昇它、強化它，是很重要的。如果你沒有這種與生俱來的悲心，那麼就努力地去培養它，竭盡所能地去發展它。這種悲心在現在看來可能微不足道，但在適當的時機，它便能夠無限擴展。

⑤見：《廣論》，頁122。「正顯示黑業道」。

此刻，《修習次第》中篇解釋培養這種悲心的方法：

正如一個母親回應受苦的幼小愛子一般，當你對一切有情眾生生起一種自然流露的平等悲心的時候，你就已經圓滿了悲心的修持，這就是眾所周知的大悲心。（《修習次第》藏文本，本書〔附錄二〕頁6，行19～頁7，行5）

培養悲心的方法

無論你在從事什麼，無論你是在行、住、坐、臥之中，你從內心深處深深關懷你所摯愛的孩兒，如果你能夠對無數無量的有情眾生生起如此的悲心，思量他們如果能從痛苦中解脫該有多好，而且如果你能夠自然而然地生起這樣的悲心，不需憑藉特殊的原因，那就表示你已經培養了眞正的大悲心。

無論你想要培養什麼樣的證悟，首先你必須知道你所專心致力的目標是什麼，以及生起這樣的證悟所需要培養的因與緣是什麼？你必須做一些準備的工夫。在熟悉這樣的修持過程、並獲得一些經驗之後，你可能不需要再建立任何額外的了解。但藉由分析與探究，你應該在內心培養一種眞正能夠驅策你的心的強烈覺受，那就是所謂的實際體驗。實際體驗分爲兩種：一是造作體驗，二是非造作體驗。「造作體驗」是指，使用精微的推理和引據經典，而在內心生起的覺受。當你沒有從事分析探究的時候，你便不會獲得這樣的覺受。在培養這樣的造作體驗之後，如果你繼續強化它、發展它，總有一天，當你遭遇一個特殊的情境時，你便不再需要引經據典或仰賴推理，一種強烈的覺受自然而然地在你內心生起，這便是所謂的「非造作體驗」。當你獲得這樣的非造作的悲心，那就表示你已經生起眞正的大悲心。

接著，《修習次第》中篇探討修持慈心的過程。培養慈心的方法與生起大悲心的方法類似。悲心是祈願一切有情眾生從痛苦中解脫，慈心則是祈願一切有情眾生獲得安樂。慈心引出悲心，而悲心則引出一種特別的態度。在此處，這種特別的態度是指，你不僅在心裡思量：「如果一切有情眾生都能從痛苦中解脫該有多好」，你也自願地擔負起責任，實際從事救度一切有情眾生獲得解脫、斷除一切痛苦的工作。而這種特別的態度將引出菩提心。

修持慈心，先從你所喜愛的親人朋友開始，因爲你本來就希望他們能夠獲得安樂。循序漸進地，你把修持對象的範圍擴大，其中包括陌生人，甚至你的仇敵。讓你自己持續不斷地串習於悲心之後，你將逐漸生起一種自然流露、救度一切有情眾生獲得解脫的願望。因此，以熟悉悲心作爲基礎之後，再修持菩提心。

菩提心分爲兩種：一是世俗（相對）菩提心，二是勝義（絕對、究竟）菩提心。世俗菩提心是指，在出於悲心、誓願救度一切有情眾生脫離苦海之後，培養爲了利益一切有情眾生而渴望證得無上正等圓滿菩提的初念（願菩提心）。培養這種世俗菩提心⑫過程，應該類似《瑜伽師地論．菩薩地》（*Bodhisattvabhu-mi*）當中之〈戒品〉⑥所描述的，藉由在信守菩薩戒⑬上師面前立下菩薩的誓願，來生起這種菩提心。（《修習次第》藏文本，本書〔附錄二〕頁7，行6～18）

生起菩提心的方法，類似於培養悲心的方法。首先，你培養造作的菩提心，然後再培養非造作的菩提心，這就是眞正的菩提心。

佛陀與凡夫的差異

偉大的印度上師寂天⑦曾經說道，我們看到所有痛苦在世間生起，乃是因爲我們是如此地以自我爲中心，只希望自己獲得快樂。我們看到所有安樂在世間生起，乃是因爲我們造福其他有情眾生。寂天大師說，他沒有必要再進一步闡明這個論點，因爲如果你檢視佛與凡夫俗子之間的差異，你就能夠輕而易舉地了解他的含意。佛以其他有情眾生的利益爲事業，證得一切種智，擁有饒益一切有情眾生的能力。相反地，我們這些平凡的情眾，儘管已經竭盡所能地實現個人的福祉，但因爲自我中心的緣故，我們不但沒有證得一切種智，還深陷輪迴的苦海之中。

⓬世俗菩提心：分為願菩提心與行菩提心。為了利益一切有情眾生而立下誓願，稱為願菩提心；為了實現這種誓願所從事的正面行為，稱為行菩提心。

⑥見：大正30，no.1579，頁510c～523a。

⓭菩薩戒（bodhisattva vow），為引導一切眾生皆證得佛果而修行的誓願。

⑦以下的內容出自：寂天造；如石譯，《入菩薩行》，頁115。第八品，第一二九、一三〇頌：「所有世間樂，悉從利他生；一切世間苦，咸由自利成。何需更繁敘？凡愚求自利，牟尼唯利他，且觀此二別。」

即便是證得涅槃彼岸，如果我們追求涅槃之境，主要是出於自利，那麼他僅僅是孤調解脫[14]，或未證得一切種智之解脫。這也是源於自我中心的態度。即使是從日常俗事的角度來看，在這個世界上的所有美好品質，例如心境安詳自在、擁有眾多值得信賴的親人朋友、居住在不受他人欺騙訛詐的處所等等，都是關心他人福祉的結果。最終證得菩提，也是這種心態的結果。

換句話說，如果我們把自己和佛陀做比較，並且計算我們擁有多少缺患，佛陀擁有多少圓滿無瑕的品格，我們就能夠發現自我中心的缺點，以及關心其他有情眾生福祉的優點。由於珍視其他有情眾生的福祉，佛陀證得一切種智，成為各種美好品格的化現。反觀我們這些平凡的情眾，因為自我中心的緣故，而充滿各種缺患。

在生活中修悲心

佛陀首先培養關心其他情眾福祉的心，然後強化它，最後圓滿它。這是他證得佛之所有美好品德的方法。因此，我們應該了悟，我們已經擁有這個珍貴難得的圓滿人身，可以自由地從事修習。在精進修習的過程中，修持悲心以及為了一切有情眾生而證悟成佛的利他想，是最為深奧的修持。沒有什麼比這種修持更好。因此，我們每一個人，包括喇嘛在內，應該努力在日常生活中培養悲心。

如果我們每一個人從內心深處去培養希望利益他人與其他有情眾生的心，那麼我們將建立強烈的信心，使我們的心安適自在。當我們的內心擁有那種平靜安寧的時候，即使整個外在環境轉而不利於我，並且充滿敵意，也不會擾亂我們內心的平靜。另一方面，如果我們的心焦慮散亂，對其他有情眾生心懷惡意，那麼即使他們沒有傷害我們的意圖，我們自己的態度也將使我們以為，每一個人都嚴酷地對待我們，否定我們。這反映了我們的心態、內在的感受與經驗。因此，我們將持續活在恐懼、憂愁、焦慮和不安之中。我們可能十分富裕，擁有享用不盡的物質生活，但只要我們的內心受到干擾，便無法獲得平靜。我們可能被親人摯友環繞，但因為我們自己內心的態度，我們將無法獲得快樂。因此，我們內心的態度扮演了舉足輕重的角色。如果我們能夠控制、平靜我們的心，那麼即使周遭的每一件事物都充滿敵意，也沒有什麼可以干擾我

⑭孤調解脫（英譯為 Solitary liberation），指僅顧及調度自己身心，從迷境解脫。係對習小乘者之解脫的貶稱，與自了漢為同類語。

們。事實上，對這樣的人而言，整個環境都是友善的，也是促使他或她內心平靜安詳的原因。

當然，我們有很多理由要好好照顧自己，但我們必須知道該如何用一個聰明理智的方法來照料自己，並追求自身的利益。我們想要獲得安樂，但如果我們追求個人的安樂，而忽視其他有情眾生的福祉，並且威嚇欺騙他們，那麼我們將得到負面的結果。如果我們眞的想要獲得安樂，我們必須承認，安樂源自於照料他人。因此，我們不應該漠視他人的福祉。

人類是相互依存的關係

即使我們沒有從事心靈或宗教方面的修持，但如果我們了解我們必須相互依存，我們將會擁有一個平靜和諧的人生。我們是群居的動物，無法離群索居，而不仰賴他人或其他有情眾生。無論你從事什麼行業，無論你是農夫或商人，你都必須依賴他人。即使在一個家庭之中，你也必須依賴你的家庭成員，這是人們與家人朋友共同生活的原因。就此而言，只有極少數的人例外，例如瑜伽士住在隱密的高山上從事禪定的修習。

由於我們天生就是群居動物、相互依存的事實，因此如果我們眞的渴望獲得平靜安樂，就必須培養對他人的情感與關心。且讓我們看看野生的動物與鳥禽，連牠們都一起遷移，群聚依偎，彼此扶助。蜜蜂的社會沒有法律體制，也沒有遵循任何宗教修持，但爲了生活與生存，牠們彼此依賴——這是牠們的自然生存之道。即使是具有聰明才智的人類，也必須彼此依賴。有時候，我們誤用了聰明才智，反而去剝削利用彼此，此舉違反了人性。對於信仰宗教的人而言，盡力幫助彼此，培養情感是非常重要的，這是我們人生安樂的源頭。佛陀的根本法教是，我們應該重視他人勝於自己。當然，你無法完完全全地忽略自己。但是你也不能忽視他人及其他有情眾生的福祉，特別是當自身利益與他人福祉相互衝突牴觸的時候，更不能如此。在這個時候，你應該重視他人的福祉勝過自身的利益。把自己跟其他的有情眾生做比較，所有其他的有情眾生是無數無量的，而你只不過是滄海一粟而已。你的痛苦快樂或許非常重要，但那只是個人的痛苦與安樂，相反地，其他有情眾生的痛苦與安樂是無可估量、無可計數的。因此，智者爲了多數人的利益而犧牲個人，愚者則爲了個人的利益而犧牲多數人。即使從個人利益的觀點來看，你也必須培養悲心，因爲悲心是人生安樂的源頭。

給予眾生正道的指引

不論我們是否有信仰一個特定的宗教，我們都必須充滿慈愛，必須培養悲心，如此一來，我們將擁有寧靜安祥、充滿意義的人生。以佛教的修行者來說，特別是大乘佛教的修行者，應該如何從事修行？甚至當我們談到幫助他人的時候，我們不只是要給予他們短暫的利益與協助，例如食物、衣著、住所等等，因為這些事物不會帶來長久的安樂。因此，去探究獲得長久究竟的安樂的可能性，是非常重要的。我們必須判斷，連根斷除痛苦是否可行。不論我們是否能夠從事修行，我們至少應該培養願意斷除痛苦，到達痛苦完全寂滅狀態的勇氣。有了這種意願之後，將生起強烈的信心與決心。因此，身為一個大乘佛教的修行者，我們應該思惟：「我將幫助無數無量的母有情⓯從痛苦中解脫。」這應該成為我們的誓願。但如果你檢視自己目前的能力，你可能連斷除一個有情眾生痛苦的能力也沒有，更遑論幫助無數無量的有情眾生。

痛苦源自每一個有情眾生所積聚的特定因緣。因此，非常重要的是，每一個有情眾生都必須明白自己應該修持什麼，應該放棄什麼。換句話說，每一個有情眾生必須明白什麼能夠帶來痛苦，什麼能夠帶來長久的安樂。我們必須指引有情眾生哪一條是帶來安樂的正道，哪一條是製造痛苦的邪道。因此，當我們談到利益其他有情眾生的時候，乃是指引他們通往正道，幫助他們了解應該放棄什麼，應該修持什麼。這就是我們能夠幫助其他有情眾生的方式。

另一方面，爲了達到這個目的，你必須先知道你所要教導其他有情眾生的內容，這是很重要的。你必須了解你將要指引其他有情眾生的道路所含有的意義。舉例來說，研究愈是深入的學生，愈是需要一個更具豐富道德、學養的老師。同樣地，爲了指示其他有情眾生一條正道，你必須先走過那條道路。另一方面，光是知道那條道路是不夠的。你應該也要明白，你所要教導其他有情眾生的事物，將給予他們是短暫的或究竟的協助。沒有這種認識，你的教導可能無法適合他們的煩惱習氣⑯與興趣。光是說我這麼做是出自正確的動機與發心是不夠的。當然，

⑮母有情，是藏文轉寫 ma gyur sems can 的直譯。意思是：「一切有情都曾經當過我們的母親。」

⑯煩惱習氣（英譯 dispositions），指隨眠，乃煩惱之異稱。煩惱隨逐我人，令人入昏昧沉重的狀態；其活動狀態微細難以了知，與對境及相應的心、心所相互影響而增強，以其能束縛我人，所以稱為「隨眠」。唯識宗不承認煩惱即隨眠之說，乃因為隨眠為煩惱的習氣，即是指種子而言。此煩惱的種子隨逐我人，眠伏潛藏於阿賴耶識。譯者認為，在此應指煩惱的習氣。

如果你真的出自正確的動機與發心，就不需要感到悔恨，但這並不保證你的教導可以幫助其他有情眾生。因此，經典才解釋證得不同層次的直觀洞察力的必要，如此才能夠通曉其他有情眾生的心與需求。

因此，這牽涉了兩個因素。第一，你應該了解你將指引或傳授給其他有情眾生的道路與法教；第二，你必須了解這樣的法教是否適合其他有情眾生的煩惱習氣。你必須了解有情眾生從過去的生生世世承襲了什麼樣的煩惱習氣。因此，除非你自己成佛，證得一切種智，否則你的幫助與引導將被證明只具有暫時的利益。於是，生起幫助其他有情眾生的渴望成為生起第二個願望的因緣；這第二個願望即是，為了一切有情眾生而誓願證悟成佛。這是菩提心的兩個層次。

修持需要恆長心

菩提心是無法在幾個月或幾年之內培養出來的，但這不代表菩提心完全無法被培養被發展。如果你持續修持，培養菩提心，有朝一日你將會成功。舉例來說，在初始階段，你甚至可能不了解「菩提心」這個名詞的含義。你可能會納悶，你怎麼能夠培養菩提心。但是經過一再地修持與熟悉菩提心之後，你將逐漸地接近菩提心。依隨因緣而改變，乃是有所造作的事物（有為法）的本質。因此，去回想菩提心的好處與利益，培養證得菩提心的強烈決心是很重要的。熱切虔敬地持誦祈願文，無論你是在行、住、坐、臥之中，你都應該思惟：「如果我能夠培養菩提心，那該有多好」，甚至把培養菩提心當作一種抱負。如果你每天不間斷地修持，你一定能夠生起菩提心；即使需要經過無數劫的時間才能達到目標，你也要有培養菩提心的決心。如同寂天大師在《入菩薩行論》中所祈願的：

只要虛空恆在，
只要有情眾生仍在輪迴中流轉，
願我也常住世間，
斷除一切有情眾生的痛苦。⑧

⑧此段內容出自：寂天造；如石譯，《入菩薩行》，頁163。第十品，第五十五頌：「乃至有虛空，以及眾生住，願吾住世間，盡除眾生苦！」

當你爲了幫助其他有情眾生而進行一項計畫或從事一些行爲的時候，毫無疑問地，應該沒有時間的限制。你必須持續不斷地進行，這應該是你修心的方式。如果你認爲，你將在數天或數個月之內證悟或證得菩提，如果你認爲，在進行三年三個月的閉關之後，你將證悟成佛，那麼你就錯了。當我聽到，進行三年三個月的閉關就能夠證得佛果的想法，我總是開玩笑地說，這就好像是共產黨的宣傳標語。我告訴我的西方友人，想要修持最深奧、最快速的證悟之道，無異是你將一無所獲的明顯徵兆。你怎麼能夠透過最快速的捷徑，獲得最深奧最廣大的事物？關於佛陀行誼的故事有說，世尊歷經三劫才證悟成佛。因此，懷抱在短時間內——三年三個月證悟成佛的期望，顯然表示你將不會有眞正的進展。我們必須腳踏實地，因爲用你不完整的知識來愚弄他人是沒有用的。

證果的終極目標——利他

你也應該了解，無論你是否證得佛果，你的目的都在於幫助其他有情眾生。無論你發現自己身處極樂淨土[17]或地獄[18]，你的目的都在於幫助其他有情眾生。無論他需要多久的時間，無論是生是死，你都應該下定決心，把爲了一切有情眾生而證悟成佛的利他想作爲你唯一的修持。你必須培養這樣的菩提心，並了解菩提心的意義與目的。一旦你獲得了菩提心在推論上的覺受，你應該受菩薩戒；而你應該是在生起從事菩薩行的強烈願望之後，才領受菩薩戒。

什麼是菩薩行？菩薩行是指生起菩提心之後，自然伴隨而來的生活方式。一切種智只有透過清淨內心煩惱的過程來獲得。僅僅透過祈願與持誦祈願文，是無法證得一切種智的。我們必須仰賴特殊的對治方法，斷除所有的煩惱。所有的菩薩事業可以被包含在兩大類別之中：一是修持方便法門；二是修持智慧法門。若要圓滿布施、持戒等修持，應該以修持智慧法門來作爲支持。沒有修持智慧法門，六波羅蜜的前五個波羅蜜就無法圓滿。爲了培養這樣的智慧，你必須先培養眞正無誤的見地，即所謂的中觀。

⓱極樂淨土，又稱極樂世界、西方淨土等。即指阿彌陀佛所成就之淨土。關於該淨土的情況，在《佛說阿彌陀經》中有詳細的解說。

⓲地獄，界名，梵語曰那落迦 Naraka、泥犁 Niraya 等。譯為不樂、可厭、苦具、苦器、無有等。其依處在地下，因此謂之地獄，是其譯義。《大乘義章》曰：「言地獄者，如《雜心》釋，不可樂故，名為地獄。」而地獄有三類：一、根本地獄，如八大地獄及八寒地獄也；二、近邊地獄，如十六遊增地獄；三、孤獨地獄，在山間、曠野、樹下、空中等。

什麼是中觀？在佛教傳統中，有四個思想學派。⑨從闡釋前三個佛教思想體系，你可以較粗略地了解「無我」的含義。這種了解最後將延伸至中觀學派對「人無我」與「法無我」的精微見解；而這種見解乃是以對「緣起」的詮釋爲依據。在建立如此的無誤正見，並從中獲得信念之後，你將能夠了悟空性。然而，即使當你了悟了智慧空性，但如果沒有布施、持戒、忍辱等修持的支持，光憑智慧空性也無法成爲對治無明的強力解藥。僅僅了解「人無我」的含義，不足以斷除煩惱。

因此，結合止與觀的修持是很重要的。爲了修觀，你必須先修止。所謂「止[19]」，乃是心專注於一境的禪定狀態；而「觀[20]」是指具辨別力的覺知洞見。經由止與觀的結合，你將能夠從事方便法門與智慧法門的修持。

> 在生起世俗菩提心之後，努力培養勝義菩提心。勝義菩提心超越一切尋思之境相，離於所有戲論[21]。它極其光明，勝義境無垢、不動，猶如一盞置於無風處的油燈。（《修習次第》藏文本，本書〔附錄二〕頁7，行19～頁8，行4）

如我先前所解釋的，世俗菩提心是指願行菩提心。什麼是勝義菩提心？什麼是勝義（超越一切尋思之境相）？什麼是世俗？有各種不同的解釋。一個凡夫俗子的所有具象層面，是爲世俗；一個尊聖者的所有精神心靈層面，是爲勝義或超越世俗。當你第一次到達「見道㉒」的階位之時，你進入了超越世俗的勝義層次。這代表你已經直接了悟空性，雖然在入見道階位之前，只了悟空性是可能的。

---

⑨即：毘婆沙宗（或稱：「有部」）、經部宗、唯識宗及中觀宗。見：貢卻亟美汪波著；陳玉蛟譯，《宗義寶鬘》，台北：法爾出版社，民七十七。

⑲止，梵文為śamatha，音譯為奢摩他，又作止寂、等觀，為禪定的另一稱謂。即止息一切想念與思慮，而心歸於專注一境的狀態。

⑳觀，梵文為vipaśyanā，音譯為毘婆舍那，即生起正智慧以觀特定之對象。

㉑戲論，即錯誤無意義之言論，即違背真理，不能增進善法而無意義之言論。

㉒見道（the path of seeing），又作見諦道、見諦。為修行之階位。見道以前者為凡夫，入見道以後則為聖者。

《修習次第》的空觀

《修習次第》屬於瑜伽中觀自續派[23]的思想，因此當我解釋本論當中的論點時，我將以中觀自續派的思想體系爲依據，但我將依照中觀應成派[24]的傳承來做闡釋。

如一般人所知，在修行者當中，有了悟空性的聲聞、獨覺[25]等尊聖者。但是一個尊者、聖者在菩薩道上直接了悟空性，乃是他或她受到甚深法門的協助。這種直接了悟空性的智慧，有如煩惱的對手。當我們談及四聖諦[26]的時候，道諦所指的正道[27]，即是在尊聖者之心續內所發現的了悟空性的智慧。據說，勝義菩提心也離於所有戲論，尤其在談論各種不同的空的背景中，常被提及，例如十六空、二十空、二空等等。

雖然空有多種類別，如同現象（法）也有多種類別一般，但是當你了悟了特定一種現象的空性之後，你也了悟了所有現象（一切法）的空性。所有現象的究竟本質或空性是相同的，其本質是沒有分別的。即使所有現象的空性是相同的，以及現象的所有不同面向，例如它們是善是惡，或它們遷流改變的方式，都源自於空性。但你也應該了解，空無法獨立於主體或客體。

空——離於戲論

空是指一個客體缺乏自性存在。事物依因緣而生，「依因緣而生」代表了現象缺乏獨立的或自性的存在。這也顯示，我們所經驗的事物的各種不同面向生起的方式，都源自於空性的本質。當我們談論空的時候，我們不是在處理那些不同的面向，而是在探討現象的究竟實相。從

㉓瑜伽行中觀自續派（Yogācāra-Svātantrika-Mādhyamika），八世紀初，寂護及其弟子蓮華戒融合中觀自續派與瑜伽行派之思想所創立。

㉔中觀應成派（Prāsaṅgika-Mādhyamika），以應成的破式，指出對方的內在矛盾，以破除「自相」存在，有稱隨破派或歸謬派，著名論師有佛護、月稱和寂天。

㉕獨覺（pratyekabuddha），字義為「獨自的證悟者」。指出於無佛之世，觀外物之凋零，覺內心之生滅，無師而自悟者，但並未致力於幫助一切眾生皆成佛的菩薩道修持。

㉖四聖諦，即苦諦、集諦、滅諦、道諦。為佛教之基本教義，釋迦牟尼佛從初轉法輪度五比丘，一直到最後涅槃度須跋陀羅，都是講四諦的道理。佛法中無論大乘、小乘，漸修、頓悟，或顯、密等法門，皆是以四諦為根本。

㉗正道，指八正道，八種求趣涅槃之正道，即八種通向涅槃解脫之正確方法或途徑：正見、正思惟、正語、正業、正命、正精進、正念、正定。

這個觀點而言，空的狀態是指離於所有戲論。它也說明，空是無垢無染的，如同龍樹《中論》的禮敬偈文所闡明的：

吾虔誠禮敬無上莊嚴之諸佛，
彼之法教極其甚深微妙，
彼教導事物依緣而生，
無滅，無生；
無斷，無常；
無來，無去；
無一，無異；
全然離於戲論，全然寂靜。⑩

空與依緣而生乃一體之兩面。從依緣而生或世俗的觀點來看，事物生起，事物可以被造作，事物寂滅。我引用自《中論》的偈頌，意指事物不是被產生，沒有所謂的止滅，也沒有所謂的任何形式而獨立的常住。從時間觀點來看，沒有任何獨立的止滅，也沒有任何獨立的常住。從客體的觀點來看，沒有獨立的來，也沒有獨立的去。龍樹描述八種戲論，例如生與滅，以及它們如何不是獨立而生。據說，擁有證見眞理之無漏智的尊者、聖者，不曾見過獨立而生之存在，也不曾見過獨立生起之現象的寂滅，他們的心只見到離於一切戲論的究竟眞理或空性。

究竟的實相或勝義菩提心，被形容爲極其光明。之所以被指稱爲「究竟」或「勝義」，乃是因爲牽涉了究竟的智慧，也被稱爲無垢與不動。換句話說，尊者、聖者在專注禪定中所生起的智慧，是一種結合了止與觀的智慧。這樣的結合，必須先修止才能達成。一旦你的心能夠安住於觀修的對象之後，你便能夠專心一意地去了解那個對象，不受心思散亂與邪見妄念的干擾。這樣的智慧被稱爲不動，如同一盞置於無風處的油燈一般。

勝義菩提心超越一切尋思之境相，離於一切戲論。證得勝義菩提心的方法描述如下：

---

⑩見：大正30，no.1564，頁1b。《中論》，〈觀因緣品第一〉，第一、二頌：「不生亦不滅，不常亦不斷，不一亦不異，不來亦不出；能說是因緣，善滅諸戲論，我稽首禮佛，諸說中第一。」

勝義菩提心乃是透過長時間虔誠恭敬、持續不斷地修持止與觀來獲得。《解深密經》有云：「喔！彌勒菩薩㉘！你必定知道所有聲聞眾、菩薩眾與如來㉙眾之善法，無論爲世俗或超越世俗，皆爲修止與修觀的結果。」由於所有種類的禪定都能被涵括在止觀之內，因此所有的瑜伽師必須時時修持止與觀。《解深密經》又云：「佛陀曾告曰：必須明白，聲聞眾、菩薩眾與如來眾所追求的各種禪定教授，全都涵括在止與觀之中。」（《修習次第》藏文本，本書〔附錄二〕頁8，行4～17）

以止觀證得勝義菩提心

止是指一種心的狀態。在這種狀態之中，你的心安住於你所選擇的對境；除了你專注禪定的對境之外，你的心不受任何外境的干擾。你的心保持穩定，安住於對境，既不散漫也不掉舉，這樣的心也被稱爲專注於一境之禪定。透過這種穩定安住，能夠獲得心之至樂。觀是指，從心所專注的對境之上，獲得究竟實相之直觀洞見。觀有兩種類別：一是觀世俗之事；二是觀出世之事。根據不同種類的觀修，而有不同的觀修對境。但是此處的觀，乃是指心以空爲專注觀修的對境。

釋迦牟尼佛傳授止與觀這兩種修持。止與觀是你證得所有禪定次第的唯一法門。因此，《修習次第》說道，由於止與觀同等重要，你應該修習兩者：

> 瑜伽師無法僅僅透過修止來斷除障礙。修止只能暫時壓制、平息煩惱與妄念，沒有智慧明光，煩惱的潛藏習氣無法徹底被摧毀，因此完全斷除煩惱是不可能的。因此之故，《解深密經》說道：「禪定（定、止）可以適當地壓制煩惱，而智慧（慧、觀）則能夠徹底摧毀煩惱的潛藏習氣。」（《修習次第》藏文本，本書〔附錄二〕頁8，行18～頁9，行5）

㉘彌勒（Maitreya），據傳是大乘佛教瑜伽行派開創者的印度高僧，著有以《現觀莊嚴論》為首的五部顯宗著作「慈氏五論」。

㉙如來，梵語 tathāgata，佛的另外一種稱號。意謂像過去諸佛那樣的來，那樣的去。佛陀即乘真理而來，由真如而現身，故尊稱佛陀為如來。

僅僅修止是無法使你消滅阻礙證悟的障礙與煩惱，即使你能夠透過修止來達到了悟空性的境界，如果沒有修觀的輔助，也不足以斷除障礙。

《三摩地王經》⑪也說道：「即使你修止，你也無法摧毀對自我的妄想，煩惱將再度侵擾你。這就如同烏札克（梵Udraka，其意爲「勝行」）修止的情況一般。」（《修習次第》藏文本，本書〔附錄二〕頁9，行6～8）

僅只是修止，無法斷除煩惱，摧毀對自我的妄想，煩惱將再度生起，再次干擾你，如同非佛教徒的大師烏札克所面對的情況一般。烏札克長時間修止，時間長到他的頭髮長得極長。當他完全安住於修止的時候，他有一些頭髮被老鼠給吃了。當他下座之後，看見自己的頭髮被老鼠吃了以後，他變得非常憤怒，因此煩惱再次回到心中。雖然當他安住於修止的時候，煩惱沒有生起，但他起身下座之後，煩惱卻再度顯現。這清楚顯示，僅是修止，是無法斷除煩惱的。

「當我們用以分析爲基礎的觀修來檢視法無我的時候，這種觀修即是解脫之

因。沒有其他的因可以帶來寂靜。」（《修習次第》藏文本，本書〔附錄二〕頁9，行9～11）

因此，特別檢視「法無我」意味著，透過觀修或具辨別力的覺知，我們可以獲得解脫。我們無法運用任何其他的方法來獲得解脫或證得涅槃。

《菩薩藏經》也說道：「那些沒有聽聞菩薩藏㉚的各種法教，以及未聽聞律㉛藏之人，認為單單修止就足夠了，將因驕慢而墮入我慢的陷阱之中。如此，他們

---

⑪英文本作 *Unraveling of the Thought Sutra*（《解深密經》），但根據英文本書末所附藏文（見本書〔附錄二〕頁9，行6），應作 *King of Meditative Stabilization Sutra*（《三摩地王經》）才是。

㉚菩薩藏，梵語 bodhisattva-pitaka。詮釋大乘菩薩修因證果等之大乘經典。如《法華》、《華嚴》等經，皆含藏菩薩修學之法。

㉛律，梵文為 vinaya，音譯為毘奈耶，乃佛陀所制定，為比丘、比丘尼所遵守之禁戒。

無法從生、老、病、死、苦難、悲歎、痛苦、憂愁、諍鬥中完全解脫。他們也無法從六道輪迴中完全解脫，也無法從苦蘊中完全解脫。將此牢記在心，如來曾說，聽聞這些法教，將幫助你從老死中解脫。」（《修習次第》藏文本，本書〔附錄二〕頁9，行11～頁237，行1）

因此，你應該聽聞關於這些法教意義的說明，然後加以修持，將幫助你從痛苦中解脫。

因此之故，那些想要透過斷除一切障礙來獲得全然清淨的無上智慧的人，應該在修止（定）的同時，也修觀（慧）。（《修習次第》藏文本，本書〔附錄二〕頁10，行2～4）

6

智　慧

佛教義理具可檢視性

根據佛教的傳統，哲學學說的合理與否，有賴於正確的論證。佛陀曾非常明確地說過：「諸比丘及智者！你們應該像金匠透過燒、切、磨的方式提煉純金一般，來檢視我的話，覺得合理再接受我的話，而非出自於對我的恭敬。」①

因此，在建立外在及內在的二種現象（法）的過程當中，我們必須依據論證，而不能只根據經典的權威。經典當中所教導的內容若禁得起論證分析，就可以成立其內容的合理性；就連佛陀自己說過的話，也是可以公開檢視的。佛教文化當中最令人歎服的特質之一，就是修行者擁有檢視教法的權利，即使導師的話也可被檢視。

佛教徒獲取知識的態度類似於現代科學。首先，對於討論的主題沒有先入為主的成見，而只是公平客觀地檢視問題所在；透過論證的方式，分析、檢視證據之後，才確定其結論。大體而言，佛教非常重視正確的論證。

成佛的三步驟

對佛教而言，基、道、果②的建立是很重要的，這裡的「基」，指的就是現象的實際狀態或眞實情況。亦即我們循著以實際狀態為「基」礎的內心之「道」來修習，並達成其結「果」。內心的修習，並不是內心虛構出來的產物，而是實際存在的事物。如果內心修習的基礎只是憑空想像的產物，那我們不可能透過道的修習而改變或轉化我們的內心，而解脫等也就不能說是結果了。

---

①此偈頌在宗喀巴大師造；法尊法師譯，《辨了不了義善說藏論》，（台北：福智之聲出版社，民八十二）頁4當中亦有引用。其梵文為 tāpācchedācca nikaṣāt suvarṇam iva paṇḍitaiḥ/ parikṣya bhikṣavo grāhyaṁmad vaco na tu gauravāt/。引自：*Jeffrey Hopkins, Emptiness in the Mind-Only School of Buddhism,*（California: University of Calfornia Press, 1999），頁367。

②「基、道、果」有時亦譯為「根、道、果」。參考：貢卻亟美汪波造；陳玉蛟譯，《宗義寶鬘》，（台北：法爾，民七十七），頁50～106。另見：Geshe Lhundup Sopa; Jeffrey Hopkins: *Cutting through Appearances--Practice and Theory of Tibetan Buddhism,*（New York: Snow Lion, 1989），頁180、223、260、285、302。

成佛的狀態，擁有許多偉大的特質（功德）。這些特質是透過各種適當的原因（因）、條件（緣）的培養累積，再加上修習內心之道而產生的。佛陀的十力③及其他特質④可以被開發出來，正是由於我們每個人都具備了發展這些特質的潛能（基）。總而言之，如果沒有基礎或依據，是無法產生任何事物的，如果有人主張佛的一切種智是從岩石或山丘當中產生的，這是非常荒謬的。比較合理的說法是：以識作爲基礎，修習善巧方便及智慧二者的結合之道，則能產生一切種智這個果。

以密意、目的、矛盾三標準分析經教

基礎的建立，是非常重要的步驟，它有別於僅由內心虛構的事物；它指的是正確的辨認現象的本質及眞實情況的法則。因此，爲了建立基礎的眞正本質，客觀的態度是非常重要的。佛陀的追隨者對於佛陀的經教有許多不同的解釋。當經教經不起邏輯的分析時，其意義可由三個標準——密意、目的、矛盾的關聯性來解釋。例如：一部探討勝義諦（究竟的眞實）的經典，在經過分析之後，若發現其意義明顯有漏洞的話，我們可以說它的解釋是依據佛陀教導這部經典的密意及目的來說的。同樣地，當那些隱晦不明的無我見解，透過比量❶的檢視之後，若發現是錯誤的話，則沒有必要接受它們。今天，我們已經很清楚太陽及月亮的大小、它們與地球之間的距離、它們移動的情形；因此，假如一部經典在描述這些如此明顯的事物時，和我們的現量❷經驗相牴觸的話，我們毋須視它們爲眞。一般而言，對這樣的事物，佛教及科學所採取的態度是一致的。

---

③關於「佛陀的十力」，可以參考月稱論師造；法尊法師譯，《入中論》，（收於《佛教大藏經》，第四十八冊，臺北：佛教書局，民六十七），頁92~94。另見：法尊等譯述，《現觀莊嚴論中八品七十義略解；現觀莊嚴論略釋；大乘修心七義論釋》，（台北：新文豐，民七十六），頁10。

④見：法尊等譯述，《現觀莊嚴論中八品七十義略解；現觀莊嚴論略釋；大乘修心七義論釋》，（台北：新文豐，民七十六），頁50。

❶比量（inferential logic），如隔墻見角，比知有牛，隔岸見煙，比知有火。即推比量度之意。

❷現量（direct valid perception），現量是在根境相對時，用不著意識思索就能夠直覺親證到的，如眼耳鼻舌身前五識去了別色聲香味觸五塵的時候就是。

佛法以內心為基礎

佛教的教法是在內心的基、道、果相互關聯的架構之下提出來的內容。當修行者達到佛地時，與果有關的許多偉大的特質均會顯現出來。爲了成就這些特質，就必須產生正確的因和緣。而這個過程是由一個整體的內在修習所組成的。了解我們每一個人都具備有開發佛陀的十力及其他完美特質的潛能，這點是非常重要的。這個潛能在我們每一個人的心相續當中是與生俱來的。總的來說，若無一個適當的基礎或根據，沒有任何事物可以被製造出來。就像說岩石及山丘，藉由內在的修習，可以證得一切種智一樣，這是非常荒謬的。很明顯的，唯有具備心識者才能證得一切種智。

此處所說的內心的基礎，指的是具有達到完全覺悟狀態的這種潛能的心的本質。內心的道則是由方便及智慧這二方面所組成的，也就是說，一個修行者必須累積福德及智慧這二種資糧，才能達到佛地。了解佛教哲學的這些基本概念是很重要的。上述內容不是某些人憑空想像出來的，而是與事實吻合的。如果這些內容只是想像之下的產物，那無論我們投注多少心力，在修道的路上，將不會有任何進步；不僅徒勞無功，而且對於應如何達到解脫也無法解釋。我們應該虛心，並且毫無偏見地檢視這些基本原則；如果已經受到其他哲學見解的影響，而帶有成見的話，那就很難客觀地去了解上述這些原則。

我們應該檢視、分析問題，並接受那些合理的發現。或許有一些事物，佛教傳統已有解釋而科學尚未證實，因此科學無法做任何說明；但當我們處理到科學上已經證明的事實時，我們就不能武斷地只相信佛典當中所記載的內容。正如我先前說過的，本論主要以二諦⑤作爲基礎，以方便及智慧的修習作爲內心之道，而證得覺者的法身及色身則是他的結果。

那些想要證得超越的智慧並完全去除一切障礙的人，必須在住於心一境性之三昧❸的基礎上，進一步修習智慧。

---

⑤可參考：昂旺朗吉堪布口授；郭和卿譯，《菩提道次第略論釋》，（臺北：方廣，民八十五），第三冊，卷十八，頁127，「末三、建立世俗、勝義二諦」當中的內容。

❸心一境性之三昧（single-pointed concentration），「心一境性」，乃定的自性，以止住心於一境的狀態為定，故稱之；「三昧」，又作三摩地，即將心定於一處或一境的一種安定狀態。此處是指心專注於所緣境上。

《寶積經》說過：「心一境性的三昧，得自於嚴守淨戒；透過心一境性的三昧，你可以修習智慧。智慧可以幫助你證得清淨的聖智，透過清淨的聖智，你的持戒將得到圓滿。」（《修習次第》藏文本，本書〔附錄二〕頁10，行4～9）

修習奢摩他以證得智慧

爲了達到自利、利他這個目的，必須除去一切障礙。如此一來，那些想要證得超越的智慧的人，最初應該修習奢摩他。一個住於奢摩他的修行者，若有能力透過了解眞如❹的智慧去分析一切現象（法），則能產生毘婆舍那。

從修行的觀點來說，三增上學（the three trainings）⑥是有其固定順序的，這點讓我來詳細說明。就像《寶積經》所說的「智慧可以幫助你證得清淨的聖智」，一個完全超越的智慧有能力去除所有的障礙及其種子，而了解世俗諦❺的智慧則無此能力。因此我們可以斷定：唯有了解勝義諦❻的智慧才能去除所有的障礙及其種子。從前後文義來看，完全超越的智慧指的就是一切種智。而爲了證得一切種智，必須斷除障礙解脫的煩惱障❼及〔障礙成佛的〕所知障這二者。唯有智慧（慧學）才是前述二種障礙及其種子或習氣的正對治；而道德戒律（戒學）或心一境性的三昧（定學）則無法直接對抗它們。此處所說的智慧，是指修所成慧❽，而非聞所成慧及思所成慧❾。因此，爲了實現通達勝義實相❿的毘婆舍那，首先必須熟諳奢摩他的修習。

---

❹真如（suchness），梵語 tathātā 或 tathātra。佛教上指現象的本質或真實性。

⑥參考：《廣論》，頁194。「次第決定者，《本地分》中引《梵問經》顯此義云：『初善住根本，次樂心寂靜，後聖見惡見，相應不相應。』此中，尸羅（戒學）是為根本，餘二學處，從此生故。次依尸羅，能得第二心樂寂靜（定學）。心得定者，見如實故，能得第三成就聖見（慧學），遠離惡見。」

❺世俗諦（the conventional truth），梵語 saṁvṛti-satya-tā，世間一般所見之道理，二諦之一。「勝義諦」（真諦）之對稱。略稱世諦、俗諦。由於絕對最高真理之第一義諦，不易為一般人所理解，故先以世俗之道理與事實為出發點，再次第導向高境地。

❻勝義諦（the ultimate truth），二諦之一，又名真諦、第一義諦，即聖智所見的真實理性，亦即內證的離言法性。聖智所見的真實理性，離諸虛妄，故云真，其理永恆不變，故云諦。

❼煩惱障（Kleśa），即「染污」或「心毒」。情緒性的障礙（相對於知識障）。

❽修所成慧（the wisdom derived from meditation），即「修慧」，依修禪定而生之智慧。

❾思所成慧（the wisdom derived from contemplation），即「思慧」，依思惟道理而生之智慧。

❿「勝義」實相（ultimate reality），聖智所見的真實理性，離諸虛妄，相對於世間或世俗之語而有「勝義」之語，謂勝於世間世俗義之深妙理也。

由於心一境性的三昧是一種正向的思惟，因此必然斷除了內心細微的昏沉⑦及掉舉⑧。爲了捨棄這些〔昏沉及掉舉的〕過失，首先必須訓練自己持守道德戒律。

《修習信解大乘經》有云：「善男子啊！假如你沒有住於智慧當中，則我（佛）不認爲你有多麼信解諸菩薩的大乘、眞正在行大乘！（《修習次第》藏文本，本書〔附錄二〕頁10，行10～13）

智慧為信解之基

這段內容是有關信仰（faith）或信解⑪的產生。除非「善男子⑫」或修行者能夠開發毘婆舍那的智慧（即觀慧），否則要產生信解是不可能的。當然，一個人或許可以有奉獻的信仰，但是如果他的信仰是植基於對勝義諦的了解，那麼這種信仰就會非常堅定，因爲有理由及知識做爲他的後盾。例如：唯有當我們正確地了解解脫的意義之後，才能產生眞正的出離心。正確地了解解脫的意義，一般而言，就是指一個人對於「解脫是有可能的」，及「解脫是由我們內心相續當中開發而得的」這二點獲得決定。就出離心的這層意思來說，有其很明確的特質。同樣地，當我們對空性的體會愈深刻，皈依三寶的心力也就愈強。

> 「善男子啊！你應當知道：『信解諸菩薩的大乘、眞正在行大乘』，這些都是藉由不散逸的心去思惟完整的佛法及實相的結果。」⑨（《修習次第》藏文本，本書〔附錄二〕頁10，行13～17）

---

⑦參考：《廣論》，頁369。「由太向內攝，失攀緣力」，意思就是：心雖沒有離開所緣境，但專注力已降低。

⑧參考：《廣論》，頁370。「由貪為門，令心追趣色聲等境」，意思就是：由於貪著色、聲等其他對境，心已離開所緣境，而妄想紛飛。

⓫信解（the conviction that comes with knowledge），因了解而確信。

⓬善男子或族姓子（child of noble family），即具有成佛種姓之人，通常是指已生起大悲心的人。

⑨參考：《廣論》，頁156。「由此顯示：隨修一切功德之法，皆須此二（即奢摩他與毘婆舍那）。」

這裡很清楚地指出：一個修行者如果要對大乘佛法系統所教導的內心的基、道、果三者獲得堅固的信念及信仰，就必須開發專注檢視世俗諦及勝義諦的智慧。

假如瑜伽行者僅修習毘婆舍那（觀），而不修習奢摩他（止），那他的心將會散逸到其他對境。也就是說，心就像風中的酥油燈般不穩定，這樣一來，聖智的光明將不會清楚現前，因此〔毘婆舍那及奢摩他〕這二者應等量地修習。《大般涅槃經》有云：「諸聲聞無法見到如來種姓⑬，因爲他們心一境性的三昧強、而慧力弱的緣故。⑩（《修習次第》藏文本，本書〔附錄二〕頁10，行18～頁238，行6）

止觀雙運

上述內容若依照主張「諸聲聞、獨覺不能證得法無我⑭或法無自性⑮」的哲學系統⑪來說，聲聞、獨覺無法以分析實相的智慧見到如來種姓，他們僅能證得補特伽羅無我⑯而不能證得法無我（即空性）；這是由於他們的定力勝過慧力的緣故。

上述內容若依據主張「諸聲聞、獨覺的聖者或卓越者，也像大乘聖者一樣可以證得空性（此處的空性是指法無我）」的哲學系統⑫來說，所謂的「諸聲聞無法見到如來種姓」則是意味著他們對於客塵所染⓱的心的本質的了解，並不是基於廣泛地運用推理及論證的結果；這是因

⓭如來種姓（de bzhin gshegs pa'i rigs），即佛種姓，指生起大悲心者，已生於如來的家族當中，成佛只是時間遲速的問題。

⑩參考：《廣論》，頁341。

⓮法無我（the selflessness of phenomena），固執諸法實有，即「法我」，今了悟諸法乃因緣所生，實無自性，即「法無我」。

⓯法無自性（the emptiness of phenomena），「自性」是諸法各自有不變不改之性。此指諸現象無不變不改，即「空」。

⑪即毘婆沙宗（說一切有部）、經部宗、唯識宗及經部行中觀自續派等的主張。參考：貢卻亟美汪波造；陳玉蛟譯，《宗義寶鬘》，（台北：法爾，民七十七），頁54、71、83、100。

⓰補特伽羅無我（the selflessness of persons），即「人無我」，意謂「人不是實有」。「補特伽羅」，是梵文 pudgala（人、士夫）的音譯。

⑫即中觀應成派的主張。參考：貢卻亟美汪波造；陳玉蛟譯，《宗義寶鬘》，（台北：法爾，民七十七），頁105。

⓱客塵所染，「客塵」，是指心的垢染。這個垢染由因緣而產生的，而且是來自於心之外的，不是心的本質的一部分，因此是可以去除的。

爲他們心一境性的三昧強、而慧力弱的緣故。

「菩薩（在根本定中）能見到如來種姓，這是由於他們的慧力強而心一境性的定力弱的緣故。然而，如來則在任何情況下（無論在根本定或後得位的階段）均能見到如來種姓，這是因爲他們具有相同程度的毘婆舍那及奢摩他之故。」⑬（《修習次第》藏文本，本書〔附錄二〕頁11，行6～9）

這點乍看之下，似乎有點難以了解，不是嗎？不過我們可以提出二個解釋。第一，我認爲作者蓮華戒大師此處是要說明：即使菩薩有現觀眞如（此處與空性同義）的能力，但這只限於在根本定（即正在修以空性爲所緣的根本定的階段）的時候，而不是在後得位（即出定的階段）的階段。然而，對諸佛來說，他們對於眞如的了解是全面而且完整的；因此，他們在任何時候——無論入定、出定均可以現觀眞如。

第二，上述這段文義或許還意味著：菩薩雖能現觀心的眞如，但觀得並不清楚；這是由於他們尚未斷除煩惱的習氣（即「所知障」）所致。反之，諸佛則完全、徹底地遠離微細的煩惱

（即「煩惱障」），並已完全斷除彼等的習氣（所知障），因此他們對眞如的了解遠遠勝過菩薩。

由於修習奢摩他（止）之力，內心不會受到種種執著分別的動搖；就像無風的酥油燈一般。而毘婆舍那（觀）則能去除一切謬見的垢染，因此（自己）將毫不受其他（見解）所瓦解。《月燈經》有云：「藉由修習奢摩他之力，內心將不受動搖；而藉由毘婆舍那之力，見解將堅固如山。」因此，應雙修止、觀。⑭（《修習次第》藏文本，本書〔附錄二〕頁11，行9～15）

奢摩他與毘婆舍那的特質和意義

上述內容說明了奢摩他及毘婆舍那的特質或意義。奢摩他的性質，就是心專注地安住在他的所緣境上，而不會分散注意力到外在及內在的其他對境上。除了專注在禪修的對境外，心不

⑬參考：《廣論》，頁341。
⑭參考：《廣論》，頁341。

會集中在任何其他對境。由於他沒有任何內心的昏沉，因此可以非常清晰地認識對境。這種專注的心透過長期地開發訓練，將會產生身、心的輕安之樂，一旦心一境性的三昧產生身心輕安之樂時，我們可以說奢摩他的修習已經完成了。⑮

至於毘婆舍那，則是伴隨身心輕安之樂的了解空性的智慧，亦即以修習奢摩他的輕安之樂為基礎，透過分析的智慧一再地檢視所緣境的實相，一旦再一次產生身心輕安之樂時，就是成就毘婆舍那了。⑯毘婆舍那不像奢摩他，他對於心只專注地安住在所緣境上這點，並不會感到滿足，他會透過分析的智慧全面地檢視「世俗諦的所緣境」（即「盡所有性」）或「勝義諦的所緣境」（即「如所有性」）。⑰

---

⑮參考：《廣論》，頁381。「若未得輕安，是奢摩他隨順，非真奢摩他，名『奢摩他隨順作意』。」及「此說（真奢摩他）須具二事，謂於所緣得自在住及發輕安。」

⑯參考：《廣論》，頁550之「如是觀慧（即此處分析的智慧）觀擇修習，乃至未生前說（即奢摩他）輕安，是名『隨順毘婆舍那』，生輕安已，乃是真實毘婆舍那。」另見頁344之「謂先修止，次依止故，乃修妙觀」，及頁345之「又此止觀次第，是就（止）新生之時應如是修，若（止）先已生，則無決定次第，亦可先修毘婆舍那，次修奢摩他。」意思是：未成就止以前，必須先修止（奢摩他），再修觀（毘婆舍那），這個次第是固定的。而成就止之後，則無一定的次第。

⑰參考：《廣論》，頁550。

7
修習止觀的先決條件

奢摩他及毘婆舍那二者應如何一起修習呢？

首先，一個瑜伽行者應尋求可以輔助他迅速並容易成就奢摩他及毗婆舍那的先決條件（資糧）。（《修習次第》藏文本，本書〔附錄二〕頁11，行16～18）

修行者的外境支持

為了獲得內心的體悟，很明顯的，一個修行者必須有賴於以下這些先決條件：

成辦奢摩他的先決條件有五：一、住在有助於修習奢摩他的環境；二、少欲、知足；三、不要從事太多活動；四、戒律清淨；五、完全斷除貪欲及其他妄想分別①。（《修習次第》藏文本，本書〔附錄二〕頁11，行18～頁12，行2）

蓮華戒大師接著解釋什麼是有助益或有利的環境：

一個有助於修習奢摩他的環境，應當具備下列五個特質（功德）：一、易得：能毫不費力地獲得別人提供的食物及衣服；二、住處佳：沒有惡人及敵人爲鄰；三、地點（風水）佳：遠離疾病之地；四、友伴佳：與持守戒律及見解相同的朋友爲伍；五、生活品質好：白天很少人拜訪，夜晚沒有什麼嘈雜的聲音。②

少欲，就是對於太多或美好的衣服，例如法衣等等不要過度貪著；知足，就是即使僅得到簡陋的法衣等，也總是感到滿足；不要從事太多活動，指的是停止買賣等對修習奢摩他不利的活動、避免與在家人及出家人過從甚密，並完全斷除習醫及占卜（即計算星象或天文曆算）等行爲。（《修習次第》藏文本，本書〔附錄二〕頁12，行3～15）

上述這段內容主要是說：應避免毫無目的的不斷囤積、收集及無意義的閒聊。對於那些能

①參考：《廣論》，頁346。

②參考：《廣論》，頁346。

夠非常專注地禪修的人們而言，學習醫藥及曆算會造成妨礙。因此，除非有特殊的理由，否則應避免這些世俗的追求。

〔何謂戒律清淨？就是不違犯大乘及聲聞乘二種律儀當中性罪③及遮罪④的學處，倘若不小心違犯的話，也應立即以懊悔心如法悔過。〕⑤雖然在聲聞律儀當中說過：他勝罪⑥不通懺悔。但是假如具有追悔心⑦及將來不再造的防護心⑧，以及由於了知造業的心本身是無自性的，或串習一切法無自性的緣故，則此人的戒律就可以說是清淨的。關於這點，應該可以從《未生怨王除懊悔經》當中獲得了解；我們應除去懊悔，並致力於禪修。（《修習次第》藏文本，本書〔附錄二〕頁12，行16～頁13，行7）

上述二種形式的道德戒律是指別解脫戒及菩薩戒，也可以指出家戒及在家戒。下面這段內容主要說明貪求是無益的，以及必須讓自己遠離世俗的活動，爲了達到這個目的，捨棄各種形式的錯誤觀念是很重要的。

思惟貪著此世及未來的生生世世的種種過患，將有助於去除這方面的錯誤觀念。在輪迴當中，美麗的事物及醜陋的事物二者有一些共通之處，就是它們均是不穩定的，而且是隨時朝向壞滅的，很快地我們便會和所有的這些事物分離，這是無庸置疑的。因此，去觀修爲什麼我們要這麼貪著這些事物？如此將能捨棄錯誤的觀念。

---

③見：張怡蓀主編，《藏漢大辭典》，（北京：民族，一九九三），頁2653b，羅馬轉寫 rang bzhin gyi kha na ma tho ba 項，「性罪，不由佛制，本身即是罪惡，如殺生等。」

④見：張怡蓀主編，《藏漢大辭典》，（北京：民族，一九九三），頁751b，羅馬轉寫 bcas pa'i kha na ma tho ba 項，「遮罪，依佛遮制，出家人不可行，而於在家人無罪者，如過午進食是。」

⑤《修習次第》中篇的這段文字在英譯本缺譯，今依藏文本（見本書〈附錄二〉頁12，行16～19）補上。

⑥見：張怡蓀主編，《藏漢大辭典》，（北京：民族，一九九三），頁1707a，羅馬轉寫 pham pa bzhi「四他勝罪」項，「比丘四種根本墮：不淨行、不與取、殺生和妄說上人法（即：自己沒有證得神通、解脫等功德，卻說自己證得之大妄語）。」

⑦參考：《廣論》，頁145。即「四力懺悔」當中的初力，也就是「破壞力」或「追悔力」。

⑧參考：《廣論》，頁145、146。即「四力懺悔」當中的第三力，也就是「遮止力」或「防護力」。

修習毘婆舍那的先決條件（資糧）是什麼？就是：一、依止善士；二、認眞尋求多聞；三、如理思惟。⑨（《修習次第》藏文本，本書〔附錄二〕頁13，行8～16）

修習毘婆舍那的先決條件

上述內容當中的「思惟」，是指觀修世俗諦及勝義諦這二者。以下的內容則是要說明善士（精神領袖）的特質。

我們應該依止什麼樣的善士？他或她必須具備多聞、能清楚表達自己的想法、具有悲心，並且能夠耐煩。（《修習次第》藏文本，本書〔附錄二〕頁13，行16～18）

「清楚表達自己的想法」，就是善於說法；但如果沒有悲心，也是行不通的。當一位善士缺乏悲心時，即使他再有學問，利益也不大。對一位有學問、教導有方的老師來說，體恤之心或悲心是本論認爲在教學過程中最重要的特質。在教學上還有其他缺失，例如厭倦對學生解釋。

因此，在面對這些困難時，容忍及耐心也是很重要的。

「認眞尋求多聞」，是什麼意思呢？也就是認眞聽聞佛陀的十二分教⑩當中有關了義及不了義的內容。《解深密經》當中說過：「如果沒有如願地聽聞聖者的

---

⑨參考：《廣論》，頁401，行8。修習毘婆舍那的三種正因資糧為：「親近無倒了達佛語宗要智者，聽聞無垢清淨經論，由聞思慧引發通達真實正見。」

⑩見：大正31，no.1605，頁686a。「法者，謂十二分聖教。何者十二？一、契經；二、應頌；三、記莂；四、諷頌；五、自說；六、緣起；七、譬喻；八、本事；九、本生；十、方廣；十一、希法；十二、論議。」一、契經：謂以長行綴緝略說所應說義。二、應頌：即諸經或中、或後，以頌重頌，又不了義經應更頌釋，故名應頌。三、記莂：謂於是處聖弟子等謝往過去，記莂得失生處差別；又了義經說明記莂，記莂開示深密意故。四、諷頌：謂諸經中以句宣說：或以二句、或三、或四、或五、或六。五、自說：諸經中或時如來悅意自說。六、緣起：謂因請而說；又有因緣制立學處，亦名緣起。七、譬喻：謂諸經中有比況說。八、本事：謂宣說聖弟子等前世相應事。九、本生：謂宣說菩薩本行藏相應事。十、方廣：謂菩薩藏相應言說，如名「方廣」，亦名「廣破」，亦名「無比」。為何義故名為「方廣」？一切有情利益安樂所依處故，宣說廣大甚深法故；為何義故名為「廣破」？以能廣破一切障故；為何義故名為「無比」？無有諸法能比類故。十一、希法：若於是處，宣說聲聞、諸大菩薩及如來等最極稀有、甚奇特法。十二、論議：若於是處，無有顛倒、解釋一切深隱法相。

教法，這對毘婆舍那的修習將造成障礙。」前經又說：「毘婆舍那來自於正見這個因，而正見又來自於聽聞及思惟。」《那羅延那請問經》有云：「透過聽聞教法的經驗，我們可以獲得智慧；而藉由智慧，將可以完全止息煩惱。」（《修習次第》藏文本，本書〔附錄二〕頁13，行19～頁14，行9）

上述內容很清楚並簡要地說明了透過聽聞及思惟所獲得的廣大知識，是很有利益的。此處尤指具有豐富及多方面經教知識的價值。

「如理思惟」，是指什麼？就是正確地抉擇了義及不了義經典。當菩薩們都沒有疑惑時，決定可以專注於禪修；反之，若這些菩薩被疑惑及不確定所籠罩的話，那就好比一個走到十字路口的人，無法決定該往哪兒走？（《修習次第》藏文本，本書〔附錄二〕頁14，行10～15）

我們所聽聞的任何內容，必須透過思惟來確定其意義，這點是很重要的；否則，就會像站在十字路口徬徨無助的人一般。不確定及疑惑自然而然會阻礙我們在教學及為學生解說主題時的流暢程度。

抉擇了不了義經教

上述這段論文當中提到「了義及不了義經典」。了義及不了義教法是指什麼？什麼是了義及不了義經典？這是佛教哲學當中最關注的問題之一。一般人都知道，據說佛陀曾對三種範圍的教法作過開示，這就是著名的「三轉法輪」❶。初轉法輪當中，提出四聖諦的概念，而四聖諦的解說則形成了佛教的基本架構。四諦，是：一、苦諦；二、集諦（苦因之諦）；三、滅

❶三轉法輪，即「三法輪」，這是就如來說法的時期分出來的。一為根本法輪，指佛初成道時，對菩薩說《華嚴經》，屬一乘之教，為諸法根本，故稱為根本法輪。二為枝末法輪，謂眾生於一乘教，不易了解，於是佛接著說《阿含》、《般若》、方等諸經，這些經對根本來說，是屬於枝末，故稱枝末法輪。三為攝末歸本法輪，指佛說《法華經》，會三乘歸一佛乘，即攝枝末歸於根本，故稱攝末歸本法輪。

諦；四、道諦。在第二轉法輪當中，佛陀單就滅聖諦作廣泛詳盡的解說；有跡象顯示《般若經》就是源自這次的說法。由於有許多人無法領悟第二轉法輪所教導的無我概念，而且唯恐某些人還可能因為這個教法而產生錯誤的見解；因此，在第三轉法輪的時候，對於無我的說法，以「三性」❷——一、遍計所執性；二、依他起性；三、圓成實性的觀點加以澄清。遍計所執性是無我，原因在於它們沒有「固有的自性」；依他起性是無我，原因在於它們沒有「自生的自性」；圓成實性是無我，原因在於它們沒有「勝義的自性」。⑪

然而在第三轉法輪當中開示的某些經典，例如《如來藏經》則解釋主體的心的清淨光明，以及對境（客體）的清淨光明——此即第二轉法輪中被佛陀完美解釋的空性；對於心的本質作了更深入的探討。由於第三轉法輪對於第四聖諦——道諦作了較深入而廣泛的說明，因此自然而然與了解密續的教法之間建立了聯繫。

佛陀說法，隨機示教

佛陀說法的唯一目的就是希望那些聽聞教法的人能夠獲得利益。佛陀以善巧方便達成了這個目標：依照眾生心量的大小，給予大乘及小乘的教法，教導各種教理以適合各種根性的眾生，因此形成了四種佛教學派的思想⑫。概要地來說，某些學派堅決主張佛陀在第一次說法期間，只教導四諦的十六種行相⑬；而且認爲並沒有討論「空性」的教法，而僅有探討「補特伽

---

❷三性（the context of three different phenomena）：唯識宗把宇宙萬法分為三種性質，即遍計所執性、依他起性、圓成實性。此中遍計為妄有，依他為假有，圓成為實有。遍計所執性（imputed phenomena），普遍計度一切法，然後顛倒迷執，認為或有或無者；依他起性（dependent phenomena），萬法皆無自性，不能單獨生起，須靠眾緣俱備，然後乃生；圓成實性（thoroughly phenomena），諸法的本體，名為法性，亦叫真如，湛然常住，遍滿十方，具有圓滿成就真實之性。

⑪參考：貢卻亟美汪波造；陳玉蛟譯，《宗義寶鬘》，（台北：法爾，民七十七），頁80～82。另見：Geshe Lhundup Sopa; Jeffrey Hopkins: *Cutting through Appearances---Practice and Theory of Tibetan Buddhism,*（New York: Snow Lion, 1989），頁260～267。

⑫可參考：貢卻亟美汪波造；陳玉蛟譯，《宗義寶鬘》，（台北：法爾，民七十七）。另見：Geshe Lhundup Sopa; Jeffrey Hopkins: *Cutting through Appearances---Practice and Theory of Tibetan Buddhism,* New York: Snow Lion, 1989。

⑬關於「四諦的十六種行相」，見：《俱舍論釋》，〈分別根品〉：「觀苦聖諦修四行相：一、非常（無常）；二、苦；三、空；四、非我（無我）。觀集聖諦修四行相：一、因；二、集；三、生；四、緣。觀滅聖諦修四行相：一、滅；二、靜；三、妙；四、離。觀道聖諦修四行相：一、道；二、如；三、行；四、出。」（大正29，no.1558，頁119b）。

羅無我」（即人無我）的教法。

佛陀開示的某些經典內容，並不能僅依字面上的意思來理解，這也就是為什麼我們要將這些經典分為「了義」及「不了義」這二種教法的原因。這二個名相的定義又依不同的學派思想而有所不同。唯識宗對於「了義教法」所作的定義為「其意義可以從字面上去接受的教法」（亦即不需要再加以引申、闡釋的教法）；而「不了義教法」的定義則是「其意義不能從字面上去接受的教法」（亦即需要再加以引申、闡釋的教法）。中觀自續派對於「了義教法」所下的定義是「以勝義諦作為它們（教法）直接及主要的討論主題，而且可以從字面上去接受的教法」；而與前述定義不同的佛陀教法，則屬於「不了義教法」。為了確定勝義諦——微細（細品）的空性，我們必須依循無誤地解釋這個主題的經典及釋論。為了達成此目的，我們必須循著正確的次第，以及根據它們是否為了義或者需要進一步解釋（即不了義）而來理解佛教的經典。這項工作在一開始或許不是很容易，但是倘若我們遵循往昔的祖師大德們所指出的了義及不了義經典，並藉由研讀這些經典及其相關的注釋來尋求空性，我們將能夠了解空性的見解。

因此，本論作者蓮華戒大師很強調研讀了義及不了義這二種經典的重要性。

修習奢摩他與毘婆舍那的共通先決條件

以下本論說明了修習奢摩他及毘婆舍那的共通先決條件：

瑜伽行者在任何時候均應斷食魚、肉等，飲食要有節制，而且要避免有礙健康的食物。（《修習次第》藏文本，本書〔附錄二〕頁14，行16～17）

禪修者必須身體健康，因此正確的飲食觀是必要的；另一方面，他們的心必須清明而且堅定，而這也有助於身體的健康。基於上述這些理由，因此本論建議禪修者能禁食魚、肉、蔥、蒜等。應適量地食用有益身心的食物，因爲消化不良會嚴重影響禪修，而飲食過量則很難讓我們的心保持清醒。

因此，已經準備好修習止、觀之先決條件的菩薩，應該開始進行禪定的修習。（《修習次第》藏文本，本書〔附錄二〕頁14，行17～19）

還有其他的修習，例如初夜（晚上六點至十點）及後夜（凌晨二點至清晨六點），常坐不臥。睡眠的時間在中夜（晚上十點至凌晨二點），此時仍保持正念，並採取適當的睡姿。

南傳佛教的素食觀

假如素食不會導致蛋白質缺乏，那它是一種有益健康的生活方式；即使不能成爲一個嚴格的素食者，但少吃一點肉，至少對健康是有幫助的。佛教的南傳學派並沒有嚴格禁止肉食，但某些動物的肉——例如非偶蹄類動物，或是特別爲自己食用而宰殺的動物，則在禁止之列。意思是說，只有不經意地在市場上買到的肉，才允許食用。

上述這種允許食用的肉，一般稱之爲「淨肉」，它必須符合三個要件：一、自己沒有親眼看見自己要食用的這隻動物被宰殺；二、對於自己和這隻被宰殺的動物二者之間的關聯性，毫不知情；三、自己可以肯定自己要食用的這隻動物，不是爲自己而宰殺的。一般而言，大乘佛教學派也沒有禁止食用肉食；然而，在某些佛教的典籍，例如《入楞伽經》當中，無論什麼時候均嚴格禁止食肉；而在其他典籍，例如清辨阿闍黎的《中觀心論》當中，則似乎允許食肉。

因此，一些有關般若的大乘佛典禁止食肉；而其他佛典則否。下三部（事部、行部、瑜伽部❸）密續嚴格禁止食肉，而最上部（即「無上瑜伽」）密續則允許。在無上瑜伽密續當中有些儀軌的修習，需要五種肉⑭及五種甘露⑮。因此，照一般的標準來說，在市場上公開販售的肉，是可以食用的；因爲自己要食用而宰殺動物，則是被禁止的。

---

❸事部、行部、瑜伽部：依寧瑪派的解釋，事部、行部、瑜伽部為外密三乘，因強調外層的行事，如儀軌、淨行等。又稱「苦覺密續」，因主張身體上的苦行，如持續的斷食等。依《金剛幕本續》的解釋，密宗系統有四部，即事部、行部、瑜伽部和無上瑜伽。事部密續（Action Tantra）：強調外層的清淨行為和手印，認為外層行為比內層瑜伽來的重要。行部密續（Performance Tantra）：對外在和內在層面同等重視。瑜伽密續（Yoga Tantra）：強調禪定的內在瑜伽更重於外在行事。無上瑜伽密續（Highest Yoga Tantra）：不僅強調內密瑜伽的重要，且沒有任何密續能超越它。

⑭見：張怡蓀主編，《藏漢大辭典》，（北京：民族，一九九三），頁 2822b，羅馬轉寫 sha lnga 項，「五肉，密乘內供用甘露品五種肉類：象肉、人肉、馬肉、狗肉和黃牛肉或孔雀肉。」

⑮見：張怡蓀主編，《藏漢大辭典》，（北京：民族，一九九三），頁 1362b，羅馬轉寫 bdud rtsi lnga 項，「五甘露：大便、小便、人血、人肉和精液，為密乘內供用品。」

修習奢摩他前的準備工作

如前所述，那些對禪修有興趣、已具備修習奢摩他的先決條件，而且免於受干擾的修行者，在正式開始修習奢摩他（正行）之前，應先做好前行的準備。

進入正行之前，瑜伽行者應先完成所有的前行準備工作。他或她應該上廁所，然後在不受雜音干擾的舒適場所當中，作這樣的思惟：「我要讓一切的有情都能達到覺悟的狀態！」然後應該生起大悲心——希望一切有情從輪迴中解脫的想法；然後以五體投地的方式，向十方的諸佛、菩薩禮拜。（《修習次第》藏文本，本書〔附錄二〕頁15，行1～7）

藉由觀想諸佛、菩薩在自己前方虛空的方式而生起資糧田，並向資糧田作祈請，這純粹是顯教的修習方式。⑯當所作的祈請與密續有關時，修行者須生起誓言尊，然後將智慧尊融入誓言尊當中。⑰禮拜的方式，傳統建議以身體的五個部分——前額、兩手掌、兩膝蓋碰觸地面的方式（五體投地）進行。重點在於禮拜的姿勢必須正確，而且內心必須充滿喜悅；如果只是禮貌（形式）上或非自願的情況下進行禮拜，那是沒有利益的。

供養須衡度己力

將能夠代表佛陀身、語、意的實物正確地擺放在供桌上，或者可以觀想的方式，想像它們在自己前方的虛空當中。所供養的供品應依照自己的經濟狀況而定，如果你很幸運並且富裕，那麼供品便可以質好量多。假如經濟情況不允許自己獲得許多佛像，也不需要以不正當的手段去得到他們。如果以狡詐及欺騙的方式得到佛像及唐卡❹，不僅不會帶來善業，反而只會造了

⑯參考：《廣論》，頁41～42。另詳見：第一世帕繃喀仁波切開示；第三世墀江仁波切筆錄整理；仁欽曲札譯，《掌中解脫——菩提道次第二十四天教授⑴》，頁212～236。

⑰參考：達賴喇嘛十四世丹增嘉措著；格西．圖登京巴仁波切英譯；蔡東照監修，《喜樂與空無：達賴喇嘛甚深道上師瑜伽修行法》，（臺北：唵阿吽，民八十七），頁164。

❹唐卡（thangka），藏語，指捲軸畫。

引生苦果的惡業。

如果你是一位獨自在山中閉關修行的出家人，那麼過多的聖像除了引起小偷的覬覦之外，沒有太大的好處。過去，像密勒日巴大師❺這樣的偉大聖者，具有很高的證量，但他連一尊聖像也沒有。密勒日巴大師住在一個空無一物的洞窟當中，據說有這麼一則故事：有一天的晚上，一個小偷進入他的洞窟，尋找可以偷竊的物品。密勒日巴笑著對他說：「我在白天都找不到任何東西了，更何況在晚上你還期望能發現到什麼嗎？」⑱因此，我們應牢記：內心的體悟應該從內在開發，外在的事物並不是那麼重要。

佛龕的陳設

有些人藉著宗教修行的名義，花許多精神、財力去建造一座既精緻又昂貴的佛龕（供桌），然後在上面擺滿了一堆與傢俱沒有兩樣的聖像，這樣就沒有多大的意義了。因此，假如你可以透過合理的方式獲得代表佛陀身、語、意的聖物，那麼你應該準備一尊代表「佛身」的釋迦牟尼佛——佛教創始人的聖像；以《般若經》為主、以探討菩薩行的《華嚴經》為輔，來代表「佛語」；然後再放置代表「佛意」❻的聖物。

假如無法取得這些聖物，用不著擔憂；但假如能夠的話，應該以正確的方式安置這些聖物。在這些聖物的中央，應該擺放釋迦牟尼佛的畫像、塑像或與之類似的聖像。在釋迦牟尼佛像的四周，應放置代表寂靜尊及忿怒尊這二種觀修本尊的聖像，以及代表佛陀的八大近侍弟子⑲的聖像。反之，倘若這些聖像是依價錢的高低、所用材料品質的優劣，或是否爲古董等來考量而排列的話，那你就犯了嚴重的錯誤。這樣的做法可以顯示出：在你眼中，這些聖物只不過是你個人的資產而已。

---

❺密勒日巴（Mi le ras pa，一〇五二～一一三二），噶舉派創始者瑪爾巴的嫡傳弟子，法名「喜笑金剛」。以苦行聞名，善於歌詠，著有《十萬歌集》傳誦於世。

⑱見：張澄基譯註，《密勒日巴大師全集》，（台北：慧炬，民七十六），頁185。

❻通常以供有佛舍利的佛塔來代表「佛意」。

⑲見：第一世帕繃喀仁波切開示；第三世墀江仁波切筆錄整理；仁欽曲札譯，《掌中解脫——菩提道次第二十四天教授(1)》，頁191。即：文殊、觀自在、金剛手、地藏、除蓋障、虛空藏、彌勒與普賢這八大菩薩。另見：張怡蓀主編，《藏漢大辭典》，（北京：民族，一九九三），頁962a，羅馬轉寫 nye ba'i sras chen brgyad 項。

供養物以清淨心為出發

因此，透過對佛龕的意義及用途的了解，以正確的順序來設計，然後在這些聖物前，進行禮拜及供養。此外，對於自己所供養的物品也必須很謹慎，假如你供養的是「淨物」，那就可以累積無量無邊的功德；相反地，假如供養的物品是「不淨」的話，不僅無法積聚功德，還可能要面臨惡業所帶來的苦果。所謂「不淨物」，就是指透過「五邪命」（即五種錯誤的生活方式）[20]，例如：奉承、欺騙等所獲得的財物；這特別是針對出家人來說的。

如果有人將佛典、佛陀的塑像或照片等當作商品來販售，以換取個人生活所需的話，那就是「邪命」，這不僅完全沒有利益，而且還會招致嚴重的後果。相反地，如果有人助印佛典、塑造佛像等，是爲了弘揚佛陀的思想，那又另當別論。在這種情況當中，這些人是爲了要幫助極需要這個宗教作爲支持的人，由於有這種動機，所以他們是在行善。因此，我們必須了解供養淨物的重要性。西藏有一個流傳極廣的傳統，就是供水杯及供酥油燈；而這也必須以恭敬心及正確的方式爲之。

七支修持

做完「二、供養」之後，緊接著是「三、懺悔業障」；「四、隨喜功德」；「五、請轉法輪」；「六、請佛住世（懇求佛陀勿入涅槃）」及「七、普皆迴向」。包含「一、禮拜」在內，這七個步驟合稱爲「七支修持」（即一般所謂的「七支供養」），證量極高的修行者常藉由七支修持來積聚廣大的福德資糧。

他應該將佛、菩薩的聖像，例如畫像置於自己的前方或其他地方，然後盡己所能地做供養及讚嘆；接著懺悔自己所造的惡行，並隨喜他人所累積的功德。

（《修習次第》藏文本，本書〔附錄二〕頁15，行7～11）

禪修者應先做禮拜、供養、請轉法輪等等的七支修持。

⑳見：第一世帕繃喀仁波切開示；第三世墀江仁波切筆錄整理；仁欽札譯，《掌中解脫——菩提道次第二十四天教授(1)》，頁167。「五邪命」為：一、諂媚奉承；二、旁敲側擊；三、贈微博厚；四、巧取詐索；五、詐現威儀。

然後，他應以毘盧遮那佛的全跏趺❼蓮花坐姿（即雙盤或金剛跏趺）或半跏趺蓮花坐姿（即單盤或薩埵跏趺），坐在舒適的坐墊上。此時，眼睛不可張得太開，也不可閉得過緊，要讓兩眼注視鼻尖。身體不要向前彎曲，也不要往後仰，身體保持正直，並將注意力朝內。兩肩自然下垂，頭部不要向下垂，並且不要偏向左或右的任何一邊。鼻子應與肚臍成一垂直線，牙齒和嘴唇保持平常的狀態，而舌尖抵住上顎。氣息輕盈、柔和，不要發出雜音、不要用力，保持均勻；呼吸緩慢自然不明顯。㉑（《修習次第》藏文本，本書〔附錄二〕頁15，行11～頁16，行2）

禪修者必須特別注意呼吸的方式。呼吸時應避免任何雜音及阻塞，用力呼吸有害身體；呼吸輕盈、深長，呼吸時保持平靜、均勻。

---

❼跏趺，盤足而坐，腳背放在股上。即打坐的坐姿。

㉑見：第一世帕繃喀仁波切開示；第三世墀江仁波切筆錄整理；仁欽曲札譯，《掌中解脫——菩提道次第二十四天教授(1)》，頁176、177。此即「毘盧七法」，若再加上「數息觀」，則稱為「毘盧八法」。「如嘉瓦．溫薩巴所說：足手腰為三，唇齒舌合四，頭眼肩息四，即毘盧八法。」

8

奢摩他的修習

瑜伽行者應先完成奢摩他的修習。所謂「奢摩他」，就是心已經不會散逸到外境，而且能任運不斷地緣著禪修的所緣境，並產生安樂及輕安。（《修習次第》藏文本，本書〔附錄二〕頁16，行3～6）

奢摩他的修習境界

在正確地完成前行的準備工作之後，應該進入奢摩他及毘婆舍那的正式修習。什麼是奢摩他的修習？就是心已經不會散逸到外境，並能很自然地緣著禪修的所緣境的一種狀態。

除此之外，由於內心已經沒有昏沉及掉舉，因此能逐漸去除身體及心理的過患。「產生安樂及輕安」，意味著一個成就奢摩他的禪修者所開發的身、心特質。在禪修的過程中，會先產生心理的輕安，接著是身體的輕安；其後則是身體的安樂，最後才是心理的安樂。當心理的安樂產生之時，就是所謂的「奢摩他」。

心維持在奢摩他的狀態當中，並正確地檢視眞如，這就是毘婆舍那。《寶雲

經》有云：「奢摩他是專一的心，而毘婆舍那則是分析勝義的心。」（《修習次第》藏文本，本書〔附錄二〕頁16，行6～9）

在得到奢摩他之後，禪修者不再只是將心專一地固定在所緣境，而會開始觀察這個所緣境。此處所說的禪修的所緣境，主要是指勝義諦，但也並沒有排除世俗的現象（世俗諦）。藉由分析所緣境之力而產生身、心安樂的這種禪定，就是「毘婆舍那」；其後，就是奢摩他與毘婆舍那的結合（即「止觀雙運」）。

奢摩他與毘婆舍那的區別

奢摩他及毘婆舍那並不是依禪修的所緣境來區分的，它們均可以世俗諦及勝義諦作爲所緣境；因爲也有奢摩他是以勝義諦爲專注的焦點的，而也有毘婆舍那是以世俗諦爲禪修所緣境的。例如：有將心專一地固定在空性（屬於勝義諦）上的奢摩他；而毘婆舍那也可以世俗的現象，如粗、淨相道（屬於世俗諦）爲禪修所緣境。

一般而言，這二種禪修之間的差異在於：奢摩他是一種「專注修」（或稱止住修、專住修），而毘婆舍那則是一種「分析修」（或稱伺察修、觀察修）。上述概念是為波羅蜜多乘（顯教的大乘）及前三部密續（事部、行部、瑜伽部）所接受的。而依照無上密續（即「無上瑜伽部」）的說法，毘婆舍那則只是專注修，這是從毘婆舍那完全是以專注修的方式運作的觀點，所獲得的一種獨特的見解模式。另一方面，噶舉派❶的大手印及寧瑪派❷的大圓滿則認為毘婆舍那是分析修。

《解深密經》亦云：「慈氏（彌勒菩薩）問：『佛陀啊！人們應如何完全證得奢摩他，並於毘婆舍那得到善巧？』佛陀回答：『慈氏啊！我已經為菩薩們開示如下的教法：修多羅（經）、祇夜（應頌或美音經）、授記（記莂）、伽陀（偈）、優陀那（無問自說）、尼陀那（因緣）、阿波陀那（譬喻）、伊帝越多伽（本事或如是法現經）、闍多伽（本生經）、毗佛略（方廣）、阿浮陀達摩（未曾有或希法）、優波提舍（議論或教誡）。菩薩們應正確地聽聞這些教法、憶持這些教法的內容、訓練自己口頭念誦這些教法，並在心中徹底檢視這些教法。當完全了解這些教法的內容之後，他們應獨自前往偏遠之處，反覆思惟這些教法，並持續將心專注在這些教法上面。他們的內心應該只專注在他們已經思惟過的主題，並繼續保持這種狀態，這就是所謂的作意。』（《修習次第》藏文本，本書〔附錄二〕頁16，行10～頁17，行5）

在修習奢摩他的階段，心專一地集中在教法的要點及總結上面。如上所述，佛陀的教法有十二個部分（即「十二分教」），其內容非常廣泛，而且涵蓋了色心二蘊（即「五蘊」）、界

---

❶噶舉派，藏傳佛教主要宗派之一。藏語 bka'brgyud pa 的音譯。噶舉，意為口傳。此派特別著重密法的修習，而這些密法又全靠師長口授，故稱為噶舉派。十一世紀時，由瑪爾巴傳予密勒日巴，因兩人修法時皆穿白布裙，亦稱為白教。後發展成四大八小，教義差別不大，主要是月稱派的中觀見，強調瑜伽苦修，以證得大手印為圓滿。

❷寧瑪派，西藏佛教的一支宗派。為藏語 rnying ma pa 的音譯。寧瑪意譯為舊的，即指其所弘傳的佛法是前弘期的密教。奉印度金剛乘大師蓮華生為祖師。注重金剛乘密法的修持，其中以大圓滿教授最重要。此派修行人戴紅帽，所以亦稱為紅教。

（即「十八界」）、處（即「十二處」）等許多主題。在奢摩他的階段，不必殫精竭慮地思索每一個細節，而只要將心專注在基本性質或教法——不論是空性或無常的重點上，並思惟其本質即可。另一方面，由於毘婆舍那的修習是屬於分析式的，因此這時禪修者必須仔細思索禪修所緣境，例如：蘊、界、處等的自性、起因及其他種種特性。

「當內心能一再地進入並安住在這些教法的重點上，而且也產生身、心的輕安，這時的心就是所謂的奢摩他。」（《修習次第》藏文本，本書〔附錄二〕頁17，行5～7）

禪修時的身心狀態

透過禪修的過程，修行者會先得到心理的輕安，在這之前，頭部會有重重的感覺，事實上這是內心的過患已經去除的一種徵兆。心理的輕安產生之後，身體的輕安接著產生，而身體的輕安則是身體過患的正對治。接著產生的身體安樂，是身體輕安的結果；然後由身體的安樂再產生心理的安樂。

「當菩薩得到身、心輕安，並安住在這種狀態時，他已經斷除心的散逸。然後，他應將禪修的所緣境——上述那些教法視爲心中的影像，個別去思惟並理解它們。如上將禪修的所緣境——心中的影像視爲認識的對象，然後作全面地觀察，徹底地檢視、修習安忍、生起希求，透過正確的分析、觀察，然後了解它們，這就是所謂的毘婆舍那。因此，這也就是菩薩對於毘婆舍那已得善巧。」（《修習次第》藏文本，本書〔附錄二〕頁17，行7～17）

不斷地提起正確的動機

產生一個正確的動機是重要的，修行者在整個修行過程中應該不斷重新產生這種正確的態度。要思惟：我應該爲了證得無上的佛果位而聽聞蓮華戒大師所造的這部聖典，以便利益一切量等虛空的有情。了解人身的稀有及珍貴這點，對我們來說是非常重要的；有他（人身）爲基礎，我們才能達成暫時（增上生）及究竟的目標（決定勝）。得到暇（八暇）❸滿（十圓滿）❹人身的這一期生命中，我們應該充分地利用這個暇滿人身。證得無上正等正覺（即「佛果位」）這個目標的根本及基礎，在於發菩提心；而菩提心的產生，又來自於大悲心。有關這方面的其他重要的輔助修習還有：布施及其他的善行，以及禪修——主要是止、觀雙運的訓練。

輪迴是痛苦的根源

在對其他有情產生悲心之前，修行者必須思惟輪迴的總苦，以及輪迴當中不同趣眾生的別苦。透過思惟的過程，修行者開始會去重視輪迴當中種種不堪忍受的痛苦本質，而這自然會引導他去找出如何斷除這些痛苦的方法。我們有機會完全免於痛苦嗎？必須採取什麼方法，才能斷除痛苦？當我們認眞去探索並好好檢視這個問題時，將會了解到讓我們產生痛苦的原因是什麼。痛苦的來源，就是根源於業及煩惱的「內心的染污」。這種內心的染污只是暫時的，我們的心是可以完全與它分離的。當一個修行者了解到：透過「苦」及「苦因」的止息或斷除，是可以證得「滅聖諦」時，他自然而然就會產生「出離心」，亦即希望自己從苦及苦因當中解脫的想法。當他進一步希望其他有情也能從苦及苦因中獲得解脫時，那他正朝向生起「大悲心」跨出重要的一步。

一個修行者首先應該修習「共通的道次第」（即與下士道——人天乘及中士道——聲聞、緣覺二乘共通的修道次第），然後逐漸進入上士道——菩薩乘次第的修習。這是實現神聖生涯（爲利眾生誓願成佛）的一種健全且正確的模式。

---

❸八暇，免於再投胎至地獄道、餓鬼道、畜生道和天道；免於再投胎至沒有佛法和不喜歡佛法的蠻荒之地；免於身心無自主能力；免於在極度扭曲的態度和信念下，過盲目生活。

❹十圓滿，有完善人身；生於具有強烈心識文化的地域；具備應有的能力；免於進入五種不可化解的輪迴道；對心識之道產生興趣；生於證悟者已經出現的時代；證悟者已經教導正道；教義蓬勃發展；傳承的修行者很多；自己在修行佛法時，一直保持對他人的慈悲心。

菩提心的萌發

完成前行（此處是指共通的道次第）的準備之後，修行者應該進行二種「發菩提心」的訓練。這二種菩提心，就是「世俗菩提心」及「勝義菩提心」。當發起世俗菩提心時，修行者就會去實踐包含六度在內的菩薩行。而當現觀空性的智慧產生之時，就已生起勝義菩提心了。這種智慧存在於止觀雙運的禪定中；這意味著：在心專注（止）於空性的同時，還可以分析（觀）空性的本質。

一個修行者最初必須收集各種必備的事物，以及其他有利於修習奢摩他的條件。

對於成就奢摩他有興趣的瑜伽行者，他的心首先應該緊密地專注在「所有的十二分教——修多羅、祇夜……等，均可以歸結而正導入到眞如、它們將導入眞如以及它們已導入眞如」這個事實。（《修習次第》藏文本，本書〔附錄二〕頁17，行18～頁18，行3）

從究竟的分析來看，佛陀的教法不是直接，就是間接和眞如有關。那些很明顯在探討無常、苦……等等的佛典，最終仍舊是要處理眞如這個問題。因爲雖然它們說明「粗品的無我」，例如主體與客體並不是二元的（即「無能、所二取」，意即「沒有離開心識之外的獨立外境」），但是它們可以直接導入佛陀在第二轉法輪當中直接教導的「細品無我」（即「空性」）當中。

修習奢摩他的其中一種方式是將心安住在涵蓋一切法的「色、心二蘊」的這個對境上，另一種方式則是將心安住在佛像上。《三摩地王經》有云：「佛身如金色，相好最端嚴，菩薩應緣彼，心轉修正定。」①（《修習次第》藏文本，本書〔附錄二〕頁18，行3～10）

①引自：《廣論》，頁357。

奢摩他的修習對境

有許多種修習奢摩他的對境：密續系統以觀修的本尊或種子字作爲所緣境，這點是滿獨特的。此處則是依顯教系統所教導的，以佛像作爲所緣境。禪定的修習，對於佛教徒及非佛教徒而言是共通的；因此，建議佛教徒以佛陀的形象作爲禪修的所緣境，因爲這樣一來，將可以獲得許多附帶的利益，例如累積功德及憶念佛陀。觀想佛陀的形象坐在珍寶製成的座位上，與自己之間大約是自己身體全長的距離，坐落在與自己前額等高的虛空當中，且要想像這個形象是密實而明亮的。

智慧較高的修行者則先對見解（此處指空性的見解）獲致正確了解，然後才藉此去修習奢摩他。這類人以空性作爲禪修的對境，並試圖以這種方式成就奢摩他，但這實在是很困難。另一類人在追求奢摩他的過程中，則是以心本身作爲所緣境。禪修者事實上是專注在「清晰」及「明了」這二個部分（此二即是心的定義），這是心專注於心本身的一種方式，而這種修習方式也不是一件容易的事。首先，修行者必須從現實經驗中去辨認什麼是「清晰」、「明了」，然後透過正念的輔助，將心安住在這種感受當中。由於心本身是神秘難解，且具有各種面貌的，因此無法像外境那樣被確認。它沒有輪廓、固定的形狀或顏色，「清晰」、「明了」二者，完全是經驗及感受的本質。這就好像摻有顏料的水，雖然水和顏料二者的本質不同，但只要這二者是處在混合的狀態，水的眞正的顏色就無法顯示出來。同樣地，心（此指第六意識）雖然不具有外境的本質，例如物質的形狀……等，但是由於心已經非常習慣於跟隨在五種根識（眼識、耳識、鼻識、舌識、身識）之後，以致於它（心）和它所經歷過的這些物質的形狀、輪廓、顏色……等經驗，二者（心和經驗）幾乎無法分辨。從這個角度來說，其禪修方式就是要刻意停止所有形式的想法和感覺（知覺），也就是開始不讓心（第六意識）跟著感覺（根識）跑。接著停止心反映苦樂的感官經驗及感受，而將心專注在它目前及原本的狀態，不讓它被過去的記憶及未來的計畫所盤據。透過這樣的過程，修行者將可以逐漸了解心的眞實顏色。當心完全遠離一切的思想及分別時，一種空靈的狀態會突然出現。禪修者若設法去熟悉這種空靈的狀態，心的清晰程度會變得愈來愈明顯。

修習過程中的五種過失和八對治法門

在修習奢摩他的整個過程中，我們應該十分清楚「五種過失」②及「八種對治」（即「八斷行」）③。「五種過失」，就是：一、懈怠（懶惰）；二、忘記禪修的所緣境（忘教授）；三、內心的昏沉及掉舉（沉、掉）；四、當內心被昏沉及掉舉所干擾時，不去行對治（不作行）；五、當內心已無昏沉及掉舉時，反而行不必要的對治（作行）。而「八種對治」則是：一、信心（信）；二、希求（欲）；三、精進（勤）；四、輕安（安）；五、正念（念）；六、正知（知）；七、對治內心產生的沉、掉（作行）；八、捨棄不必要的對治（不作行）。此處的信心，是指由於知道成就奢摩他會有那些利益，因此喜歡或樂於禪修（信）。而這自然會對修行產生希求（欲），並有助於精進（勤）。前四個對治——信心、希求、精進、輕安，可以對治「懈怠」；第五對治——正念則要對治「忘記禪修的所緣境」；第六對治——正知，則是昏沉及掉舉的對治；當心受到昏沉干擾時，應設法讓心清醒並令心振奮，而當心有掉舉產生時，應透過對治而讓激動的心平靜，是為第七對治——作行；透過不斷地練習，禪修者得到心的穩定，而且經由修習奢摩他的次第（即「九心住」❺）逐漸往上昇進，在第八及第九心住的階段時，心是處在一種甚深的專注當中，那時若行對治，會讓心離開所緣境，反而是一種散逸，故應避免，此爲第八對治——不作行。

以如上方式將心安住在自己選定的所緣境上之後，應重複並不斷地置心在這個所緣境上。當心已經完全安住在這個所緣境之後，應如下這樣去觀察心，亦即應觀察：心仍然好好地緣著所緣境嗎？還是產生昏沉或掉舉，心已離開禪修的所緣境而散逸到外境？（《修習次第》藏文本，本書〔附錄二〕頁18，行11～15）

在修習奢摩他時，修行者可以隨意選擇他自己覺得適合並舒服的禪修對境。他應集中心力

②參考：《廣論》，頁374。
③引自：《廣論》，頁374。
❺九心住，又作九住心、九種心住。為成就奢摩他之前的九個階段，即：一、內住；二、續住；三、安住；四、近住；五、調伏；六、寂靜；七、最極寂靜；八、專注一境；九、平等住。

在這個對境上，而不要讓心被外境所吸引，或讓它掉入昏沉的陷阱當中，他應力求達到所緣境極爲清晰的心一境性的禪定。

謹防昏沈的生起

昏沉的產生是由於心被懈怠所控制，而且心已失去警覺及敏銳的狀態。即使在日常生活中，我們也經常會說我們的心是不清楚的或者呆滯的。當昏沉存在的時候，禪修者的心無法緊緊地緣著所緣境，因此這個禪修就沒有什麼效果。

> 假如心由於神志模糊或睡眠而產生昏沉，或是擔心昏沉將會產生，這時候心應該去注意會讓心感到歡喜的事物，例如佛像等或作光明想。在止息了昏沉之後，應該設法讓心非常清楚地看見對境。（《修習次第》藏文本，本書〔附錄二〕頁18，行15～頁19，行1）

神志模糊及昏沉的發生，二者互爲因果關係。當一位禪修者的心被模糊所籠罩時，他的心和身會覺得沉重。當修行者的心失去清晰度時，心在功能上會變得沒有效率，並且沒有結果。昏沉是內心沮喪的一種表現方式，因此，若要對治它，則必須使用能振奮內心的技巧。一些比較有效的方法是去想想令人愉快的對境，例如佛不可思議的特質，或者去想想我們所得到的這個稀有、珍貴的人身，以及這個人身所提供的修行機會。我們應該從這些想法當中獲得激勵，而去從事一個有結果的禪修。

妨礙禪修的掉舉之障

在修習奢摩他時，另外一個應該克服的主要障礙是掉舉，這通常發生在心是處在一種激動的狀態時、追求貪著境，並回想過去歡喜及愉快的經驗。粗分的掉舉會讓心完全喪失對所緣境的專注力，而細分的掉舉則會讓心只剩一部分仍待在所緣境。解決這個問題的方法，就是去觀修無常、苦……等，這些能幫助我們的心安定下來。

當自己感覺像失明一般或身處黑暗當中，或彷彿閉眼一般，心無法非常清楚地看見對境之時，應當知道這時候就是昏沉產生了。在禪修之時，假如你的心去追逐外境的特性，例如形狀……等，或將它（心）的注意力朝向其他現象，或是被以前所經歷過的貪欲境吸引，或懷疑心將散逸，這時應去思惟：「一切有為法，均是無常」，思惟「苦等」那些會令心產生厭離的主題。（《修習次第》藏文本，本書〔附錄二〕頁19，行2～頁19，行9）

假如去思惟經常掉舉的過患或任何其他會令心平抑的對境，將可以減少掉舉。當心忘失禪修的所緣境，並被以前經歷過的想法所吸引，特別是與貪著境有關的想法時，就是「掉舉」。當心完全失去禪修的所緣境，而被眞正的外境所吸引時，就是「粗分的掉舉」；假如心沒有失去禪修的所緣境，但有一部分的心停留在會令心起貪著的對境上，這就是「細分的掉舉」。掉舉會產生，是因為心太興奮了。當心處在太快樂且過於亢奮的狀態下，就容易散逸。要對治這種情況，就是讓心的高昂情緒受挫；首先，降低心的高亢狀態，然後觀修那些可以平伏我們對內外境分神及貪著的所緣境，這個方法是很有用的。在這樣的觀修內容當中，觀修無常、苦等，再一次證明非常有效。

以正念、正知對治昏沉、掉舉

昏沉及掉舉的對治，是正知。正知的功能，在觀察心是否穩定地安住在禪修的所緣境上？正念是要保持心安住在所緣境上，而一旦這點做到之後，正知就必須去注意心是否仍繼續安住在這個所緣境上，正念愈強，相對地，正知也就愈強。例如，假如你經常提醒自己「做這件事是不好的」、「這是沒有利益的」……，你就是在維持正知。留意自己每天的負面想法是很重要的，並應去覺察它們是否出現？因此，正知的特質及功能之一，就是評估我們的身心狀況，判斷我們的心是否仍穩固地安住在所緣境上。

與此同時，記住「假如自己的情緒過於低落，心就會產生昏沉的現象」，這也是很重要。在心剛開始產生昏沉時，就應設法振奮自己的心。在一天中，你的情緒是低或高，與你的健康、飲食，或一天中的特定的時段，都有相當的關係。因此，你自己應該是最清楚，什麼時候可以降伏自己高昂的情緒，以及什麼時候可以振奮自己過於低落的情緒。

在這個過程中，藉由正念及正知的繩索，將如同大象的心，固定在如樹一般的禪修所緣境上，將可以去除散逸。當發現自己的心已遠離昏沉及掉舉，並任運自然地安住在所緣境上時，應放鬆注意力並保持不鬆不緊（平等捨）的狀態，順其自然地隨自己的意願將這種狀態持續下去。（《修習次第》藏文本，本書〈附錄二〉頁19，行9～13）

最初，心幾乎不能安住在禪修的所緣境上，但藉由昏沉及掉舉的對治，並經過不斷地練習之後，這些粗分形式的障礙（粗分的昏沉及掉舉）其強度會降低，而細分形式的障礙（細分的昏沉及掉舉）則會變得比較明顯。假如再持續修習，並增加正念及正知的力量，則終有一天，連細分形式的障礙也無法干擾我們的禪修。產生一個想從事正確禪修的堅強意志，並排除所有的障礙，這會對自己產生一個很正面的影響。最後，將可以毫不費力地禪坐一小時以上。

如實修習，身心輕安

要實現心一境性的禪定，並不是一件容易的事，我們必須耐心地修習一段很長的時間，藉由不斷地練習，我們將可以逐漸去除身心的過患。此處的過患，是指昏沉的狀態及「身心的粗重」，亦即「身心對於禪修不感興趣或身心的狀態無益於禪修」。這些過患在禪修者完成修習奢摩他的九個階段（即「九心住」）時，將可以徹底去除。在達到第九心住的階段之後，禪修者會產生心輕安，然後是身輕安。

我們應該了解：如上那樣修習奢摩他並引發身心輕安，而且我們的心可以如自己所願、自在地安住在所緣境上時，就是成就奢摩他了。（《修習次第》藏文本，本書〔附錄二〕頁19，行13～16）

奢摩他的修習對於佛教徒及非佛教徒而言，是屬於共通之道。因此，僅就其本質來說，並沒有什麼深奧或特別之處；然而，當我們要去考察某個對境的本質，無論是世俗或勝義時，奢摩他的修習就顯得非常重要了。修習奢摩他的主要目的，就是開發心一境性的禪定。不論我們念誦祈請文或從事密續的修學，總是會面對一個問題，就是這些修學是否有效率？沒有效率的主因，就是缺乏專注；因此，我們應該開發一個可以專一地安住在所緣境的心。在最初的階段，即使我們無法產生一個眞正的奢摩他的心，但開發一個穩定度高的心，以便去行六度（六波羅蜜多）、利他行……，是非常重要的。修習奢摩他的最終目的，則是爲了成就毘婆舍那。

9

成就毘婆舍那

本論主要討論菩薩所修的六度行。而在目前的內容當中，修習奢摩他的目的則是爲了開發一個出世間的毘婆舍那。因此，在證得奢摩他之後，我們應該努力去成就毘婆舍那。

在證得奢摩他之後，應該修習毘婆舍那，並做如下的思惟：佛陀所有的教法，均是圓滿的教法，而且這些教法均是以最清楚的方式直接或間接顯示或導入眞如（即「空性」）。假如你了解眞如，你將可以去除一切惡見之網，就像當光明出現之時，黑暗就被掃除一般。僅僅修習奢摩他，並不能淨化聖智，也不能去除諸障礙的黑暗。當我們以智慧正確地觀修眞如之時，聖智將會被淨化，唯有透過智慧，我們才能了解眞如；唯有透過智慧，我們才能有效地去除諸障礙。因此，在證得奢摩他時，我們應以智慧尋求眞如（即「修習毘婆舍那」），而不應該只滿足於奢摩他的修習。（《修習次第》藏文本，本書〔附錄二〕頁19，行17～頁20，行9）

「爲利眾生願成佛」的菩提心的產生，是以大悲心爲基礎，在堅定地確立了這種利他的動機之後，修行者從事包含修習奢摩他及毘婆舍那在內的種種善行。

毘婆舍那的修習法

以下，讓我們來討論毘婆舍那的修習。為了修習「了解勝義諦的毘婆舍那」（即「出世間的毘婆舍那」），我們必須開發「了解無我的智慧」。在我們能這樣做之前，我們必須尋求並辨認這個不存在的「我」。我們不能只是滿足於相信它不存在。我們必須從我們內心深處確認：沒有這種「我」可以存在的基礎。就像我們確定任何其他世俗或宗教的現象一般；前述這種確定，透過現量（直接的認識）及比量（間接的推論）是可以做到的。假如一個對境是可以碰觸而得知的，那我們就不需要去證明它的存在，因為我們可以看見並觸摸它。但是對於晦暗不明的現象（即「隱蔽分」），我們就必須使用邏輯及論式去建立它的存在。

無我的本質

「無我」有二種：「補特伽羅無我」（即「人無我」）及「法無我」。因此，所要否定的「我」也有二種：「補特伽羅我」（即「人我」）與「法我」。「補特伽羅」（人）的定義，和心理及物質的諸蘊（五蘊）有關，但對於一般人的感覺來說，「我」或「補特伽羅」似乎是身、心二者的主宰。因此，補特伽羅似乎具有「獨立自主的實體」或「不需依賴心理及物質的諸蘊、諸蘊的相續、諸蘊的一部分……等等的我」。我們平常強烈執著的「獨立自主的補特伽羅」的概念，就是我們要尋求並辨認的「補特伽羅我」，它就是我們所要否定的「我」。透過理智的過程，修行者可以了解這樣的「我」並不存在；那時，他就開發了「了解補特伽羅無我的智慧」。

「法無我」是指「所認知的對境」及「能認知的心」二者均無「實有」。所認知的對境與能認知的心二者，本質是相同的（所認知的對境是能認知的心的本質）；但在正常情況下，它們（所認知的對境）看起來好像存在於心之外。當我們去執著所認知的對境是離開心之外而存在時，這種執著就形成我們起貪及瞋的基礎。反過來說，一旦我們認清「所認知的對境不是實有的，它們只是能認知的心的本質」這個事實時，則貪欲及憎惡的力量自然就會減少。所認知的對境不是離開心外而存在，以及能認知的心與所認知的對境二者不是毫不相關的體性或本質（即「能取與所取異質空」或「主體與客體二者的本質不是不相同的」），這就構成了「粗品的法無我」。

能認知的心也不是實有的。當我們說事物不是實有時，意思是：事物的存在是受到心——事物顯現其中所支配的，以及對境（事物）從它們自己方面來說，並無唯一或眞實的存在。對於我們錯亂的心而言，事物彷佛是從它們自己方面成立起來的，而我們就緊抓著這種假象不放；然而，事實上事物根本沒有這種存在。這就是這個學派（瑜伽行中觀自續派）所說的「細品的空性」。因此，藉由否定事物這種表面上的實有，我們便可以得知事物虛幻的本質。當我們了解「事物就如同幻象一般」這個事實時，就可以遏阻貪及瞋等負面情緒的產生。

此處，蓮華戒阿闍黎非常清楚地解釋了「佛陀的所有教法，究竟來說，均可以作爲引導修行者朝向成佛的教授」這點。爲了達成這個目標，對於眞如的了解就扮演了極關鍵的角色，因爲佛陀本身也是藉由對勝義諦的了解而覺悟成佛的。世上有無數的哲學見解，假如我們跟隨正確的見解，在心靈的道上就能獲得進步，甚至洞悉勝義諦。相反地，跟隨不正確的見解，則會引導我們步入歧途，並招致我們不願見到的後果（即「苦果」）。正確洞悉眞如見解的修行者，能夠從根本完全地去除他們所有的錯誤見解。

眞如長什麼樣子呢？它是一切現象——它們在勝義中無「補特伽羅我」及「法我」的本質。要了解這個（眞如），除了透過般若波羅蜜多外，別無他法。《解深密經》有云：「如來啊！菩薩要透過哪一個波羅蜜多，才能了解法無自性（即「法無我」或「空性」）？觀自在！要透過般若波羅蜜多，才能了解它。」因此，在成就奢摩他時，應該觀修智慧。（《修習次第》藏文本，本書〔附錄二〕頁20，行10～17）

眞如的形貌

「眞如」，是補特伽羅及法這二者的無我，但主要是指法無我。當對法無我作詳細說明時，學者之間的解釋便各有不同。若依據本論的描述，法無我則要比補特伽羅無我來得細微。補特伽羅的安立，有賴於心理及物質的諸蘊（即「五蘊」）。當我們談到補特伽羅無我時，這個補特伽羅指的是「不須依賴諸蘊，而從它自己方面存在、獨立自主的補特伽羅」。然而，這樣的補特伽羅，即使從世俗的層面來看，都不存在。因此，當這種自性（即「不須依賴諸蘊，而從它自己方面存在、獨立自主的補特伽羅」）不存在時，就是所謂的「補特伽羅無我」。

蓮華戒大師，是受人尊重的寂護大師的著名弟子，他的思想是屬於瑜伽行中觀自續派。這個學派主張有「粗品」及「細品」這二種層次的法無我。主體——能認知的心，及客體——所認知的對境的非二元性（即「能取與所取異質空」），就是「粗品的眞如」（粗品法無我）。而了解一切的現象均非實有，則是「細品的眞如」（細品法無我）。在佛陀開示的所有經典當中，《般若波羅蜜多經》對於這個主題有最深入的探討。

徹底地詳察「我」、「補特伽羅無我」及「法無我」的概念，是非常重要的。我們每一個人對於「我」都有與生俱來而且自然的感覺。這種感覺讓我們經驗到苦與樂，而且也讓我們產生苦與樂。自古以來，就有許多不同的學派思想，朝「我存在」這個方面，提出各種見解。古代印度的哲學學派當中，有一派認爲「自我」或「我」是「受用者」，而「心理及物質的諸蘊」則是「所受用的對境」。因此，「自我」及「諸蘊」被視爲是不同體性。（離蘊之我）

其他學派的學者則認爲「自我」是一個「常、一、自在的實體」。「自我」從前世來到此世，而當此世生命結束、心理與物質的諸蘊瓦解之時，它（自我）又繼續前往後世（來世）。我有一個印象，就是其他宗教，例如基督教也相信有一個「常、一、自在的自我」，這暗示這樣的自我是不需要依靠或憑藉它（自我）的諸蘊的。佛教的四個學派的思想，均不相信有這樣的自我，他們對於「離開心理及物質的諸蘊之外有任何眞實存在的自我」的這種看法，是抱持否定的態度。

自我存在的本質

儘管如此，依照佛教哲學來看，自我的確是有的。假如我們要爭辯說：「自我完全不存在！」那我們很明顯地將會和一般共通的認知相牴觸。我們應該檢視並分析自我究竟是以哪一種方式存在？透過邏輯的分析，我們可以確定：自我的存在，有賴於心理與物質的諸蘊。雖然不同學派對於諸蘊，會提出不同層次的解釋，但一般均同意：自我認知的形成，有賴於對諸蘊的認知。換句話說，自我的存在，只是依於諸蘊而假名安立的。

爲什麼我們要花那麼多功夫尋找「自我」或「我」，並且去探究它存在的本質呢？大體而言，我們會把人分成二部分：屬於我們這邊的與不屬於我們這邊的。對於屬於我們這邊的，我們會起貪著；而對於不屬我們這邊的，則採取敵對的態度。以貪及瞋爲動機，我們造作種種身、語、意的負面行爲（惡業）；而所有這些毫無益處、不健康的思想及行爲的根源，均來自於「我」或「自我」的這種感覺。我們負面行爲的強度及範圍，端賴於我們對於自我錯誤認知的執著強烈到什麼程度。「雖然對於『我』的這種執著，是與生俱來的，然而當我們去尋找並試圖指出這個『我』時，我們卻會發現根本找不到這樣一個能主宰心理及物質諸蘊的獨立自主的『我』」，了解上述這點是很重要的。

由於這種對「我」的與生俱來的錯誤認知，因此我們有永無止盡、一個接著一個的慾望。甚至有些慾望還特別奇怪：有人認爲別人的身材好、智力高，就起了想要將自己較差的特質與之交換的念頭。自我的眞正存在的方式，是和它的因及其他因素有關的。我們並不是要試圖否定「自我」或「我」本身的感覺，但是我們應該可以確定我們對於獨立自主之「自我」感覺的力量及強度是能夠降低的。

人無我的觀修

瑜伽行者應該以如下的方式〔對補特伽羅無我〕進行分析：在心理及物質的

諸蘊、界、處之外無法找到補特伽羅（無離蘊之我），而且補特伽羅的體性也不是諸蘊等（無即蘊之我）。這是因爲諸蘊等具有「多」及「無常」的本質，而補特伽羅的體性則被人們認爲是「常」及「唯一」之故。與諸蘊等不一不異的補特伽羅這種事物不容許存在，因爲事物除了一或異之外，沒有其他種存在的方式。因此，我們可以得到一個結論如下：世間人認爲的「我」及「我所」這種主張，完全是錯亂的。（《修習次第》藏文本，本書〔附錄二〕頁20，行18～頁21，行7）

「離開心理及物質的諸蘊之外，並無自我或補特伽羅存在」，這是說：補特伽羅的存在有賴於諸蘊。這點我們可以從日常生活的習慣中觀察而獲得了解，例如，當某個人的身體及其他諸蘊是年輕的話，我們會說這個人是年輕的；而當他們（某個人的身體及其他諸蘊）老化時，我們則會說這個人老了。一般習慣的表達也同意「補特伽羅是依於諸蘊而存在的」這個事實。

觀修「法無我」應以如下的方式進行：簡言之，一切法均可以用五蘊、十二處及十八界來涵蓋。諸蘊、處、界的「物質狀態」，就勝義的層面來說，並非不同於「心的狀態」，這是因為將它們（物質狀態）粉碎為微細粒子，而且個別地檢視這些微細粒子的部分的本質時，並無法發現明確的自性。〔因此，他（瑜伽行者）應該觀察「雖然心與外境二者看起來似乎是分離的，但在勝義當中，色等並非離開心外而存在。然而從無始以來，凡夫們卻將不是實有的色等，如同夢中所見的色等顯現執為實有。」他（瑜伽行者）應該思惟：「此三界唯心」，而且當他了解到「一切所觀察的法，唯是心」之後，應以「對它（心）的個別思惟，也就是對一切法的體性的個別思惟」這種方式，去個別思惟心的體性。〕①（《修習次第》藏文本，本書〔附錄二〕頁21，行8～頁22，行4）

法無我的觀修

這裡的「法」（現象）是指補特伽羅所享受或使用的每一種事物，例如：五蘊、十二處、

① 《修習次第》中篇的這段文字在英譯本缺譯，今依藏文本（見本書〔附錄二〕頁21，行14～頁22，行4）補上。

十八界。所有這些外境，就像物質的形式（色法）均顯現有離開能認知之心以外的自性，但事實上並不是這種情況。假如這些外境具有離開能認知之心以外的自性，那麼現象和能認知之心這二者，依定義而言，應該是毫無相關的二個體性，而這也會和「事物是由能認知之心來斷定的」這個概念相牴觸。所認知的對境並無與能認知它的心分離的自性，假如事物——例如物質的形式（色法）是存在於心之外，則即使我們將這個物質的成分一點一點地移除之後（亦即分析至最後），仍應能發現它才是。然而情況並非如此，因此我們可以得到一個結論就是：事物並非離開心外而存在。而這也暗示了：所認知的對境及能認知的心二者，並非以分離的體性存在。因此，支持這個學派思想的人就主張：外境與心是同一個本質，並無離開心外的對境。

從無始以來，一般人均對物質形式有錯誤的認知，因此物質形式等相對於心而言，均顯現為「與心分離」且「存在於心之外」，就像物質形式出現在夢境當中一般。就勝義的層面而言，物質形式等並非不同於心的狀態（亦即物質形式的本質與心是相同的）。

因此，眞如或空性是指：在「主體的心」（即「能認知之心」）及「為心所認知的對境」二者之間，並無眞實的分離。這是因為當物質的事物分析至極小的粒子，並且當我們尋求那些粒子的自性時，並無法指出確定的自性或自我。唯識宗的這個見解，除了細微的差異外，非常類似於瑜伽行中觀自續派的論點。但是這個觀點則不被稍後的中觀派所接受。因此，下面的內容主要從中觀派的角度來解釋其哲學觀點。

就勝義的層面而言，心也不可以是眞實的。只能認知物質形式等的虛假本質且顯現爲各種狀態的心，怎麼會是眞實的呢？就像物質形式等是虛假的，又因爲心與物質形式等並非分離而存在的，因此心也是虛假的。就像物質形式等具有各種狀態，而且它們的體性既非一也非多，同樣地，由於心並非異於它們（物質形式等），因此他（心）的體性也既非一又非多。因此，心就本質而言，猶如幻化。（《修習次第》藏文本，本書〔附錄二〕頁22，行5～12）

中觀派的空觀

即使在佛教學派的思想當中，關於空性義的解釋亦有所不同。唯識宗的解釋不被主張中觀哲學者所認同；同樣地，唯識宗的支持者也自有一套反駁中觀派觀點的邏輯。我們必須發展一個開闊的視野，以便能夠看出佛教哲學的完整性，而非只是它的片斷。佛教下部宗派所提出的見解，對於想要了解上部宗派見解的修行者而言，應該直接或間接有所幫助。上面這段討論法無我的觀點完全是由中觀宗所提出的。依據此宗，每一個現象（每一法）均是由心假名安立的。不只外境非實有，甚至能認知各種範疇之虛假現象的心也是非實有的。依據這種方式，中觀宗主張一切現象（法），無論外在或內在，均非實有，或者說不存在於勝義當中。當事物顯現於心中之時，看起來似乎是眞實的，但實際上它們並無自性。在「事物顯現的方式」（顯相）及「事物存在的方式」（實相）二者之間，存在一種矛盾時，我們不能將此種矛盾視爲是現象（法）的究竟本質；因此，所有的現象並非實有。

他觀察到「就像心一樣，一切現象（一切法）的本質也是如同幻化的」，他（瑜伽行者）以如上的方式，透過智慧個別地去檢視心的本質：在勝義當中，心不在內、不在外亦不在中間（內外二者以外之處）；過去心不可得、未來心不可得、現在心亦不可得；心產生之時，無所從來；心滅謝之時，亦無所去；因爲心是無法被認知的、無法顯示的、非物質的。如果有人問：這種無法被認知、無法顯示、非物質的心，其本質是什麼？則就像《寶積經》所說的：「迦葉啊！當我們去尋找這個心時，他是找不到的。找不到的東西，是無法被認知的。無法被認知的東西，就沒有過去、未來或現在。」透過這樣的分析，在勝義當中，我們無法見到心的開始、心的結束以及心的中間過程。

我們應該了解：就像心沒有邊際及中央部分一般，所有的現象也沒有邊際及中央部分。當他了解到「心沒有邊際及中央部分」之後，心的體性完全無法被認知。從而了解到：「心認知的對境，其本質也是空的。」因為了解上述的道理，所以形成心的種類的色等本質，在勝義當中，也是不可見的。在勝義當中，他（瑜伽行者）透過如上的方式，並無法以智慧看見一切法的自性；因此，不能將「色」執為「常或無常，空或不空，有漏或無漏，生或不生，有或無」，就像「色」不能去分別執著，同樣地，「受」、「想」、「行」、「識」等也不能這樣分別執著。對境若不能成立的話，其別相（即「常或無常，空或不空，有漏或無漏，生或不生，有或無」）也無法成立，因此怎會產生上述的種種分別執著呢？

（《修習次第》藏文本，本書〔附錄二〕頁22，行13～頁23，行3）

破斥自我，實現無我

上述內容主要在探討「勝義諦」的問題；它的意思是：在勝義當中，假名安立（遍計所執）的事物是無法被找到的。這段文義就像《心經》所說的：「無色、聲、香、味、觸。」同樣地，心在勝義當中也是不可得的。因爲在勝義當中，這些事物是不存在的，因此無法分別執著它們是常或者無常？在勝義當中，一切現象包含諸蘊等在內，均非實有。在勝義諦的概念當中，一切事物是無自性的；同樣地，屬於一切法的屬性之一的眞如（＝空性＝勝義諦），也是非實有的。這點非常重要，因爲即使我們了解一切現象，就像物質形式等爲非實有，仍有可能落入「勝義諦應該是實有的」這種想法的陷阱當中。

瑜伽行者以如上的方式，透過智慧觀察之後，當他在勝義當中無法找到任何事物的自性時，就是進入「無分別的三昧」當中了。這時他也了解到：一切法是無自性的。（《修習次第》藏文本，本書〔附錄二〕頁24，行3～6）

上述內容傳達了它所要說明的，就是「了解無我」。了解無我的智慧，必須要能「確定無我」，而不只是對「自我」不再有錯誤的認知而已。例如：就像物質形式一樣，心以種種不同的方式認知事物。一個心認爲物質形式是實有的，另一個心則認爲它（物質形式）有實有的屬性；然而另一個心則認爲它（物質形式）的屬性是非實有的，而再另一個心則不會給予它（物質形式）任何實有或非實有的屬性。因此，分析的智慧必須要能辨識這個所要破斥的自我。唯有在破斥這個自我之後，自我的反面——無我才能找出來（實現）。

那些不用智慧去思擇事物本質，而僅是停止作意（心理活動）而修習的人，是無法去除妄想分別（錯誤認知）的，而且他也無法了解無自性；理由是因爲他沒有智慧的光明。如下一般，「若從正確地思擇當中產生如實了解眞實的火，那就像摩擦燧木所生的火一般，可以將妄想分別（錯誤認知）的燧木燒盡。」上述這段內容是世尊❶所開示的。（《修習次第》藏文本，本書〔附錄二〕頁24，行7～13）

❶世尊，佛陀的尊號之一。意為世間及出世間共同尊重的人。

以智慧觀修無我

爲了了解事物的眞實本質，修行者在檢視的過程中運用理智及智慧是非常重要的。正如蓮華戒阿闍黎清楚說明的：僅僅停止心理的活動，並不能構成（並不等於）觀修眞如。當心理不活動時，一個人對於「自我」或許不會有錯誤的認知，但是他（她）對於分辨什麼是「無我」，仍然不會有任何概念；這種停止心理活動的修習，不會產生任何智慧的光明，而這樣去修行的人仍然無法擺脫錯誤認知的糾纏（虛構、捏造）。因此，我們必須產生智慧的火花以便我們能徹底明白無我。

《寶雲經》當中也開示如下：「一位善於分辨過失的修行者，他從事觀修空性的瑜伽，是爲了去除一切戲論（虛妄分別）。由於他不斷反覆地觀修空性，因此當他全面地尋求吸引心且令心歡喜的對境及對境的自性時，了解它們（吸引心且令心歡喜的對境及對境的自性）是空的；而進一步檢視心時，他會發現他（心）也是空的。當全面尋求心認知之對境的自性時，知道這也是空的。當他以這種方式獲得了解時，我們可以說此人進入了無相瑜伽。」上述內容說明了：唯有透過全面的分析，修行者才能夠進入無相瑜伽。

上述內容已非常清楚地說明了：僅僅停止「心理的活動」（即「作意」），而不用智慧去檢視事物的本質，是不可能進入無分別的禪定的。因此，如上一般，修行者是透過智慧如實地觀察色等事物的本質，然後修習靜慮；而不是僅將心安住在色等之上而修靜慮，而且也不是將心安住在世間及出世間之間而修靜慮，因爲那些色等不可緣得之故。因此，我們稱這種靜慮爲「無住靜慮」。

因爲修行者是以智慧思擇一切事物的本質，而在〔色等〕不可緣得的情況下修習靜慮，因此可以稱之爲「智慧殊勝的靜慮者」。這就像《虛空藏經》及《寶髻經》當中所開示的一般。（《修習次第》藏文本，本書〔附錄二〕頁24，行14～頁25，行16）

當我們檢視能認知的心時，可以了解它是空（非實有）的；而且，心的對境也是非實有的。當一位修行者具備這樣的認識時，就是進入了所謂的「無相瑜伽」。就勝義的層面來說，一切的遍計所執性（由分別心所執著的一切現象），包含所認知的對境——物質形式等及能認知的心在內，都是無自性的。特別值得注意的是：一位修行者如果要進入無分別的禪定，在這之前必須先對所緣境作全面的檢視、分析。當這些遍計所執的對境，透過分辨的智慧去尋求時，是無法找到任何事物的。「了解無我」的眞正意義，是必須以正確的眼光來辨別的；僅僅停止心理的活動，並不代表「了解無我」。暫時沒有對我的錯誤認知，並不表示了解無我；唯有透過智慧發現「能認知的心及所認知的對境二者，在勝義中，均無任何自性」時，才算眞正了解無我。唯有在全面的辨認、詳察及分析之後，修行者才能體認到這點。

如上所述，那位已進入補特伽羅無我及法無我之眞如狀態的修行者，由於沒有其他需要全面檢視及觀察的對象，因此他已無尋思及伺察；離戲論（虛妄分別）及專一的作意，能任運地進行，而不需刻意造作，此時可以非常清楚地觀修眞如且安住其上。安住其上之後，應令心相續不散逸。某一段時間，心由於貪欲等而散逸至外面時，在覺察到散逸之後，立即藉由修習不淨觀等止息散逸，然後迅速將心再拉回到眞如並安住其上。當覺察到內心不歡喜時，則藉由觀看三昧的功德，而對那個三昧修歡喜；透過觀察散逸的過患，而止息不歡喜。若覺察心相續因爲神志模糊及睡眠的影響而變得不清醒，心落入沉沒或擔心其落入沉沒之時，如上一般，作意令人感到非常歡喜的事物而止息，然後應非常緊密地執持眞如這個所緣境。某段時間，若覺察由於憶念起往昔歡笑及遊戲的情景，心變得亢奮或擔心其落入掉舉，那時如上一般作意無常等令心厭離的事物，而止息散逸，然後令心不造作地進入眞如。（《修習次第》藏文本，本書〔附錄二〕頁25，行17～頁26，行18）

以勝義諦為所緣境的修習法

上述這些內容在說明以勝義諦爲所緣境之修習毘婆舍那的方法。專一地安住在眞如的心，在斷除了所破的對象（實有）之後，除了空的狀態外，無法見到任何事物。除了空的狀態外，心中不會顯現任何事物。專注在無我的這個心，它可以斷除產生錯誤分別的基礎（即「實有」）；因此，可以稱這種心爲「已無尋思及伺察、離戲論及專一的心」。當這樣的心專一地觀修眞如時，我們可以稱這種情況爲「全神貫注於眞如」及「進入眞如」。透過不斷反覆練習，當心中的眞如清晰顯現時，應該讓這個禪修不散逸地持續下去。僅見到一次無我是不夠的，我們應該努力去保持這種了解的動力。毘婆舍那的修習必須透過思擇的慧力而達成的，而這種思擇力會讓我們的身、心產生喜樂。

如同前面〈第八章奢摩他的修習〉中所討論的，修行者應該對於沉沒及掉舉的干擾力量時時保持警覺。同樣地，在思擇修的過程中，一但所緣境的清晰度喪失，心就會散逸到其他對境。當心的敏銳度及強度減弱時，就會產生沉沒。當妨礙禪修的障礙（即「沉、掉」）產生時，應該採取必要的對治措施。關於這點，蓮華戒大師清楚地說明了：當心由於貪欲而散逸至外境時，這時修行者應該觀修這個對境的不淨相，並觀修無常。當修行者的心受到神志模糊及睡眠的影響，而令所緣境變得不清晰時，這時他應觀修諸如佛像等令人非常愉悅的對境。採取這些對治之後，將可以止息干擾的力量，同時禪修的品質也將提昇。

當已離沉沒及掉舉，心能平等、任運地進入眞如之時，應放鬆用功，而保持不鬆不緊的中庸狀態。假如心已平等進入眞如，仍努力作對治的話，心將會散逸。反之，假如心將沉沒，卻沒有努力對治的話，則如同盲人一般，心會由於極度沉沒而失去毘婆舍那（意即無法作觀察）。因此，心若沉沒的話，應努力對治；而心若已達平等的狀態，則不需刻意對治。由於修習毘婆舍那而智慧增長之時，相對地，奢摩他會減弱，就像置於風中的酥油燈一般，此時心將動搖，而無法清楚地看見眞如；因此，應該修習奢摩他。反之，若奢摩他的力量過強，則應該修習智慧（即「毘婆舍那」）。（《修習次第》藏文本，本書〔附錄二〕頁26，行19～頁27，行11）

此處，蓮華戒大師以清楚、易懂的措辭說明了當修行者能專一地將其心安置在眞如，而無內在的沉沒及掉舉時，那他應該繼續禪修。透過智慧的分析、了解眞如之後，如果安放在眞如的心能繼續保持，就讓禪修順著他自然的趨勢下去。當禪修的過程已無沉沒及掉舉，這時如果還去行對治，將只會產生反效果而已。

當修行者已成就了悟眞如的毘婆舍那時，從這時開始，如何保持「分析修」及「專注修」二者之間的平衡，是極爲重要的。透過分析修，修行者可以得到對無我的了解，而這種認識的程度則可以藉由專一的禪定（即「專注修」）予以增強。過度的分析會傷害專注，而過度的專注則會減損分析的智慧；因此，應該練習如何調合這二種類型的禪修方式，慢慢地，修行者將會證得止觀雙運（即「奢摩他」及「毘婆舍那」二者結合）的三摩地。

10

方便與智慧的結合

當奢摩他（止）及毘婆舍那（觀）二者能同時運作時，只要身、心沒有不適，就繼續以不造作的方式保持在那種狀態當中。假如身、心覺得不舒服，那時應觀察一切世間就如同幻化、海市蜃樓（陽焰）、夢境、水中月及光影，然後思惟：「這些有情由於不了解如此深奧的法，因此在輪迴當中產生種種煩惱而枉受痛苦。」接著，生起大悲心及菩提心，並且思惟：「我無論如何也要努力地幫助他們了解法性（即「眞如」）。」休息一下，然後以如上的方式修習「一切法不顯現之三摩地」。假如內心感到疲倦，就再休息。以上就是以「有分別影像」及「無分別影像」作爲所緣境的止觀雙運道。（《修習次第》藏文本，本書〔附錄二〕頁27，行12～頁28，行6）

止觀雙運的修習之道

上述這段內容說明了：在證得奢摩他之後，如何成就毘婆舍那。而從成就毘婆舍那那時開始，修行者就進入「止觀雙運」的修習。換句話說，他可以同時進行「專注修」及「分析修」這二種修習。在練習這些禪修之時，切忌過度狂熱，必須注意身、心二方面的健康，禪坐的時間不宜過長。在坐下來開始禪修之前，應先收集一些可以保護身體免於過熱或過冷的必備用品。當修行者由於長時間的禪坐而感到疲倦時，應停止專注修而稍事休息，然後思惟諸法猶如幻化或影像等。他也可以思惟不忍眾生在輪迴中，由於迷惑而枉受痛苦的大悲心。透過這些有益的思惟，可以引發他想要幫助眾生了解實相本質的動機。

稍事休息，然後重新開始專注於「一切法不顯現」的修習，亦即觀修無我。這是由於當修行者專注地觀修無我之時，世俗的一切現象將停止顯現在他的心中。假如修行者這樣禪修之後仍感到疲倦，應再休息。接著再進行止觀雙運的修習，而這也就是同時以有分別及無分別的二種方式，專注於所緣影像的修習。

透過上述的過程，修行者應該可以觀修眞如一小時、夜間的半座或一座❶，

❶佛教將一天二十四小時稱為「晝夜六時」，亦即將一天分為六個時段，一個時段為四小時。夜晚的三個時段，分別稱為「初夜」（晚上六至十點）、「中夜」（晚上十至凌晨二點）及「後夜」（凌晨二至六點）；瑜伽行者睡眠的時間只有中夜的四個小時。此處「夜間的半座」是初夜或後夜的一半，所以是二小時；「夜間的一座」是整個初夜或後夜，所以是四小時。

或甚至只要沒有不舒服均可以持續下去。就像《入楞伽經》當中所說的，這就是「全面辨別勝義的靜慮」。接著，假如修行者想從三摩地當中出來，則在不解開跏趺坐（盤腿坐姿）的情況下，思惟如下：「雖然在勝義當中，一切法均無自性；但是在世俗中，它們的確是存在的。如果不是這樣的話，怎麼會有業、果等等的關係呢？佛陀也曾經開示過：『事物在世俗當中產生，而在勝義當中則無自性。』如孩童般蒙昧無知的有情因爲將無自性的那些事物增益爲有（自性），而產生顚倒，於是長期在輪迴中到處漂泊。基於這些理由，自己無論如何也應該藉由完全圓滿無上的福德及智慧這二種資糧而證得一切種智的果位，以便幫助有情了解法性。」

這樣思惟了之後，緩緩地解開跏趺坐，然後向住於十方的諸佛、菩薩禮拜，獻上供養並歌頌功德。然後如《華嚴經．普賢行願品》等等一般，發廣大願。接著，應精進於具有空性及大悲之內涵的布施等，以圓滿福德及智慧這二種資糧。

（《修習次第》藏文本，本書〔附錄二〕頁28，行7～頁29，行9）

當修行者從「根本定❷」出來之後，要做適當的迴向發願。在「後得位❸」階段，修行者應同等重視布施及其他的修習（即「六度的修習」）。在這個時候，修行者必須了解緣起和空性是彼此可以互通的（緣起和空性是一體兩面）。空性，在本論當中是指「事物沒有固有的自性」，而不是「事物不存在」的意思；因此，它不會導致落入斷滅邊。一個能正確、徹底了解中觀哲學的中道正見者，他自然能去除斷、常二邊。這意味著：當一個人了解空性（屬於勝義諦層面）的哲學時，他會發現這（空性）和世俗諦層面的因果法則是沒有牴觸的。相反地，當一個人對空性的認識愈深刻時，他對因果法則的運作方式也就愈確定。空性不是一無所有，而是指事物並無固有的存在（非實有）。因此，在後得位的階段，修行者應該積聚福德，而這對禪修當中洞察力的練習極有幫助。

如果這樣去實踐的話，修行者將證得「具有一切殊勝特質之空性的靜慮」。

❷根本定，一心專注於人法二無我的空性所引生的禪定。
❸後得位，此處指出了根本定之後的階段。

就如《寶髻經》當中廣說的：「修行者穿上慈心的鎧甲之後，住於大悲心的住處，然後成就具有一切殊勝特質的空性。什麼是具有一切殊勝特質的空性呢？就是不離布施、不離戒律、不離安忍、不離精進、不離靜慮、不離智慧、不離方便等等的空性。」菩薩若要完全成熟一切有情，而且希望圓滿國土、身體、眾多僕眷等等的話，則必須有賴於布施等等善行作爲方便。（《修習次第》藏文本，本書〔附錄二〕頁29，行10～頁30，行3）

以六度為方便修

「究竟的空性」是指由「善巧方便」的實踐所輔助的「智慧」，他所現觀的空性而言。必須注意的是，布施及其他度（波羅蜜多）的修習是非常重要的。這是因爲正等正覺的佛果位必須藉由了解有利〔於產生佛果〕的因緣條件所產生的，而「無因」及「相違因❹」是無法產生任何結果的。一位菩薩有許多不可思議的優勢可用以幫助增加一切有情的福祉；由這樣的聖者所做的每一種善行均非常強而有力且有效率。因此，爲了迅速證得佛果位，菩薩會認眞地投入善巧方便道，包含六度的修習。

如果不是這樣，則佛陀所開示的國土——諸佛國土又是什麼因產生的呢？具有一切殊勝特質的一切種智，唯有透過布施及其他善巧方便才能成就。因此，佛說：「一切種智是藉由善巧方便而臻於圓滿的。」所以，菩薩也應修習布施及其他善巧方便，而不應只修習空性。《廣攝一切法經》當中也開示過：「佛說：『慈氏啊！諸菩薩爲了證得最終的佛果，所以全面地圓滿六度。但對於這點，愚人則說：諸菩薩只需修習般若波羅蜜多，修習其他的波羅蜜多，有什麼必要呢？於是他們捨棄了其他的波羅蜜多。不敗❺啊！對此，你有什麼看法？嘎施噶王爲了解救鴿子，而將自己身上的肉布施給老鷹，他是否沒有智慧呢？』慈氏菩薩回

❹相違因，為唯識宗所主張形成一切法的十因之一。指三界之諸法中，能障礙某一法之生、住、成、得等狀態，均為該法的相違因。
❺不敗，彌勒菩薩的別名。

答：『他不是沒有智慧。』佛又問：『慈氏！菩薩在行菩薩行時，透過六波羅蜜多所累積的善根，是否有害呢？』慈氏菩薩回答：『佛陀！那些善根並非有害。』佛又進一步開示：『不敗！你也是在六十劫當中正確成就布施波羅蜜多、在六十劫當中正確成就持戒波羅蜜多、在六十劫當中正確成就安忍波羅蜜多、在六十劫當中正確成就精進波羅蜜多、在六十劫當中正確成就靜慮波羅蜜多、在六十劫當中正確成就般若波羅蜜多。因此，主張只要藉由空性的道理，就能夠成就無上菩提的那些愚人，他們的修習完全是錯誤的。』」（《修習次第》藏文本，本書〔附錄二〕頁30，行4～頁31，行13）

菩薩以方便、智慧成就無上正等正覺

這段文字清楚地說明了善巧方便及智慧二者結合修習的重要性。對於空性獲得廣泛的了解之後，仍應繼續禪修，以便更深刻地洞悉它。而在實踐包含六度的方便時，應平等重視每一種方便。一位菩薩的最終目標，是要達到超越輪迴及獨善其身的寂靜涅槃（聲聞及獨覺二乘的涅槃）這二種窠臼的無上正等正覺。爲了達到這個目的，他們必須修習善巧方便及智慧二者結合之道。

一位菩薩若只具有智慧而無善巧方便，則會像聲聞一樣，無法成辦佛的事業；但若有善巧方便來輔助，就能成辦。這就像《寶積經》當中所說的：「迦葉啊！就像這樣，例如：有大臣輔佐的那些國王，能夠完成他們想要達到的目的；同樣地，菩薩的智慧若有善巧方便當作後盾，他就能實踐一切的佛事業。」諸菩薩的道的哲學見解與非佛教徒、聲聞的道的哲學見解不同。例如：非佛教徒因爲錯誤地執著「我是實有」等等，因此他們的道完全偏離了智慧，也就無法證得解脫。

諸聲聞的道欠缺大悲心及善巧方便，因此他們一心只想從輪迴解脫，以達到寂靜的涅槃狀態。

而諸菩薩則時時將智慧及善巧方便謹記在心，因此他們致力於達成「無住涅槃」。菩薩道包含了智慧及善巧方便，因此，諸菩薩可以證得無住涅槃。由於智慧之力，他們不會墮於隨業流轉的輪迴當中；而由於善巧方便之力，他們不會墮入諸聲聞獨善其身的涅槃當中。

《迦耶山頂經》開示云：「諸菩薩之道，如果加以歸納的話，有以下二種。是那二種？亦即：方便及智慧。」《勝吉祥初續》亦云：「智慧度是母，方便度爲父。」《維摩詰所說經》中也詳細開示：「什麼是諸菩薩的束縛及解脫呢？如果缺少善巧方便，而在輪迴中到處流轉，這對於菩薩而言，就是束縛；反之，若藉由善巧方便而行於三有❻（即「輪迴」）的諸趣中，這就是〔菩薩的〕解脫。如果缺少智慧，而在輪迴中到處流轉，這對於菩薩而言，就是束縛；反之，若藉由智慧而行於三有的諸趣中，這就是〔菩薩的〕解脫。沒有善巧方便所輔助的智慧，就是〔菩薩的〕束縛；有善巧方便所輔助的智慧，就是〔菩薩的〕解脫。沒有智慧所輔助的善巧方便，就是〔菩薩的〕束縛；有智慧所輔助的善巧方便，就是〔菩薩的〕解脫。」

如果菩薩只依智慧的話，則會墮入聲聞所希求的涅槃當中，這就像束縛一般，將無法以無住涅槃而解脫，所以說：「與善巧方便分離的智慧，是諸菩薩的束縛。」因此，就像被寒風所苦之人必須找火取暖一般，菩薩爲了斷除猶如寒風的顚倒見解，則必須以具有方便的智慧，去尋求空性；然而，菩薩不會像諸聲聞那樣現證涅槃。如《十法經》云：「善男子！就像這樣，例如有一個人，他雖然非常喜愛火、尊敬火，視火爲上師，但是他也絕不會這樣想：因爲我尊敬火、視之爲上師並且禮拜它，所以我要用我的雙手緊緊握住它。這是什麼緣故呢？因爲如果這樣做的話，會導致這個人的身體受到痛苦、心理覺得不舒服。同樣地，菩薩雖然通曉〔聲聞、獨覺二乘的〕涅槃，但卻不會現證涅槃，這是因爲他知道，如果這樣做的話，他將會從無上菩提當中退轉。」

假如僅依賴方便的話，則菩薩無法超越凡夫的層次，而將唯有束縛；因此，必須依賴具有智慧的方便。就像咒加持過的毒藥一般，諸菩薩藉由智慧之力，甚至也可以轉煩惱爲甘露；更何況還有布施等爲助伴，來生自然能獲得增上生的果

❻三有，有，梵語 bhava，其義有如下三類：一、欲有、色有、無色有，義同三界；二、有情一生之始終分為生有、本有、死有；三、有漏的異名：「漏」，則為煩惱的異名。

報。（《修習次第》藏文本，本書頁258，行14～頁261，行16）

菩薩非常善巧而且有智慧；由於他們的這些特質，因此有些在聲聞及獨覺來做，被認爲是有害的行爲，由菩薩來做，卻反而有助於他們去利益有情。爲了利益其他有情，他們不會非常執著身、語行爲方面的一些戒律規定。

《寶積經》中開示云：「迦葉啊！就像這樣，例如用咒語及藥物加持過的毒藥，不會致人於死地；同樣地，諸菩薩的煩惱，由於完全被智慧之力所降伏，所以也不會讓他墮入惡趣。因此，由於善巧方便之力，諸菩薩不捨輪迴（當中的諸有情），故不會進入涅槃；而藉由智慧之力斷除執一切所緣境爲實有，故不會墮入輪迴；因此，他們將證得無住涅槃的佛果位。」而《虛空藏經》亦云：「由於具有智慧，諸菩薩斷除一切煩惱；而由於具有善巧方便，所以他們不會捨棄一切有情。」《解深密經》亦云：「我（佛陀）從沒教導過：『一個不關心有情的利益，而且不想了解一切有爲法的本質（爲非實有）的人，可以證得無上正等正覺。』這樣的內容。」因此，想要成佛者，應該雙修智慧及善巧方便二者。（《修習次第》藏文本，本書〔附錄二〕頁34，行16～頁35，行14）

菩薩具有高度的智慧，相對地，他們的煩惱便不容易現行，因此不會迫使他們墮入惡趣。由於這些聖者努力等量地修習善巧方便及智慧二者，因此他們不會隨業在生死輪迴當中流轉，也不會墮入聲聞、獨覺二乘所自滿的涅槃狀態當中。他們常常提醒自己要利益有情，而且爲了達成這個目的，不斷地朝成佛這個目標邁進。

當修行者在修習「出世間智」或「甚深的根本定」階段，雖然無法修習布施等方便；但在入定前的「前行階段」及出定之後的「後得位階段」，則可以修習伴隨智慧的善巧方便；而這就是智慧及方便雙修的方法。（《修習次第》藏文本，本書〔附錄二〕頁35，行15～頁35，行19）

現觀空慧

現觀空性的智慧，完全沒有主、客觀二元的對立，而且心充分地專注於空性當中，就像將水（喻心）倒入水（喻空性）中一般。很明顯地，在這個時候（以空性爲所緣的根本定）是無法實踐善巧方便之道的。儘管如此，仍應從正確的觀點來了解智慧及方便二者均衡修習的重要性。在禪修（即「根本定」）的前、後這二個階段（未入根本定之前的前行階段及出了根本定之後的後得位這二個階段），修行者可以修習悲心、利他心及布施等方便，以提昇慧力。

此外，諸菩薩所修的智慧與善巧方便雙運之道如下：亦即在修習出世間道（即「緣空性的根本定」）時，結合以一切有情爲所緣的大悲；而在出了根本定之後，這時去修習布施等善巧方便的菩薩，就像魔術師一樣，不會有顚倒執著。如同《無盡慧菩薩所說經》當中廣說的：「什麼是菩薩的善巧方便？所要成就的智慧又是什麼？菩薩的善巧方便就是：在根本定當中，思惟一切有情，並將心安住在這個讓我們產生大悲的所緣境——一切有情上，而進入寂靜及非常寂靜的禪定當中，這就是菩薩的智慧。」〈伏魔品〉當中亦云：「其次，諸菩薩的正確行爲，是藉由有智慧的想法努力精進而來的；而藉由善巧方便的想法，則可以累積一切的善法。有智慧的想法可以讓菩薩了解：無（實有的）我、無（實有的）有情、無（實有的）壽者、無（實有的）生者、無（實有的）補特伽羅；而善巧方便的想法，則可以讓菩薩完全成熟一切有情。」《正攝法經》亦云：「就像魔術師努力解救他所變現的囚犯一般，因爲他早就知道這個幻化（的囚犯，其本質是虛假的），因此不會產生貪著。同樣地，三有（即「輪迴」）也猶如幻化，已證得圓滿菩提的智者（佛），早就知道眾生的本質猶如幻化，然仍披著鎧甲在如幻的三有中利益有情。」又云：「若單從諸菩薩成就智慧及善巧方便的方式來看，菩薩的行爲是示現住在輪迴當中，然而他的想法卻是住於涅槃當中。」（《修習次第》藏文本，本書〔附錄二〕頁35，行19～頁37，行8）

例如：一位魔術師製造出某人被關在監獄當中的投影，然後他試圖將此人從囚禁的狀態中解救出來，因爲他知道他所投影出來的囚犯，只是一種假象，因此他對於這個假象不會有絲毫貪著的感受。同樣地，諸佛也了知三界當中的有情猶如幻化，他們具有了解事物是自性空猶如幻化的智慧，因此不會將事物執爲實有。而與此同時，他們不斷地從事利益一切有情的事業。

如上一般，串習了布施及其他善巧方便，並將功德完全迴向於以空性及大悲心爲內涵的無上正等正覺之後，爲了生起「勝義菩提心」，則如前一般，在平常的禪坐當中，盡自己所能地修習奢摩他及毘婆舍那。就像《所行境遍淨經》中所說的：「在任何情況下，均應憶念經典當中所說的諸菩薩利益有情的功德，不論什麼時候，均應修習善巧方便。」

那些以如上的方式不斷串習大悲心、善巧方便及菩提心的人，在這一世當中，無疑地將會變得與眾不同。他們將經常可以在夢中見到諸佛、菩薩，也可以見到其他好的夢境。他們將會得到隨喜的善神的守護，而且將可以在每一刹那當中累積無數的福德及智慧二種資糧，煩惱障及其他粗重將可以淨化，在任何時候均會感受到極大的喜悅及內心的寧靜，爲許多人所喜愛。身體也不會受到疾病的侵擾，心也能夠獲得極大的堪能性，因此可以證得神通等特殊功德。（《修習次

第》藏文本，本書〔附錄二〕頁37，行8～頁38，行9〕

當我們在修習教法之時，總是試圖對於空性正見獲致一些理性的認識，就像前面所討論的，事物並不是實有的，它們並非從它們自己方面獨立存在的。當我們在念誦祈願文或進行禮拜時，應該對事物的虛幻本質產生些許感受；在作功德迴向時，也應該在無我的哲學內涵中進行。了解及憶念無我的意義，與在密續當中的修習是一致的。所修習的善行若能與空性的認識相聯繫，則對於我們內在之道的提昇有極大的幫助。與此同時，當悲心、利他心、善巧方便以及其他善行增強之時，煩惱及其他過患相對會逐漸減少，甚至斷除。

然後，可以藉由神通力，到無量的世間，向佛、世尊作供養，並從他們那裡聽聞佛法；臨終之時，無疑地也將能見到佛、菩薩；未來的生生世世均將生於特別殊勝的家庭及地區，在那兒將不會與諸佛、菩薩分離；因此，可以毫不費力地圓滿成就福德及智慧二種資糧；他的受用豐富、僕從眷屬眾多；智慧極利，可以成熟許多眾生的心相續；在未來生生世世中，均可以憶念宿命。如上所述的無量功德，也可以從其他經典去了解。

假如修行者透過這樣的方式，以極大的恭敬心長期修習大悲心、善巧方便及菩提心，則其心相續將依次完全淨化並成熟，就像摩擦二根燧木所產生的火一般，他所修習的眞實義最終將達到究竟；將證得遠離一切分別網的出世間智，將非常清楚地了知無戲論的法界、無垢染而且不動搖，就像擺在無風處的酥油燈一般，將形成不動搖的量，見道所攝的現證一切法無我性的眞如、勝義菩提心的體性就產生了。它（勝義菩提心）產生之時，就是進入了「事邊際所緣」①，亦即已生於如來種姓當中，就是進入菩薩的無垢狀態，從此不再退轉而漂泊於六趣當中，住於了解菩薩的法性及法界當中，證得菩薩的初地。上述這些功德，應如《十地經》等所說明的詳細去了解。這就是以眞如爲所緣的靜慮，《入楞伽經》中開示如下：「這就是進入諸菩薩之無戲論、無分別的狀態中。」

〔勝解行地的安立方式，是就勝解〔空性〕來說的，而非就現證〔空性〕來說的；一旦〔現證空性的〕聖智產生，則已進入〔菩薩初地〕。〕②（《修習次第》藏文本，本書〔附錄二〕頁38，行10～頁40，行4）

悲心為基礎，智慧為輔行

當我們看到某人處在悲慘的境況時，我們會油然生起悲心，我們必須了解，重視這種態度並且透過其他善巧方便來強化它，這點很重要。我們人類也具有與生俱來的理智，使我們具有分辨是非善惡的能力；而這也應讓它增長，以便引導它認識勝義諦。爲了達到這個目的，累積善行並淨化我們身、語、意三方面的行爲，是非常重要的。基本上，培養思擇慧的能力是極爲重要的；透過這種智慧一再檢視勝義諦，並從理智上去辨別眞如的意義，這將有助於我們對眞如的實相產生深刻的感受；這種分析的能力可藉由專注的禪修予以增強。悲心的修習及空性的認識，將會讓修行者了解到：內心的染污是能夠去除的，而且一切種智的狀態是可以達成的。

透過以悲心爲基礎、智慧爲輔的方式，不斷修習教法之後，修行者對於證得佛果位將會產生強烈的希求。當他從內心深處產生這種急切想要利益一切有情的希求時，他將成爲菩薩，而

①見：《廣論》，頁351。「事邊際所緣」分二：一、盡所有之事邊際所緣（即世俗當中的一切法）及二、如所有之事邊際所緣（即空性）。

②《修習次第》中篇的這段文字在英譯本缺譯，今依藏文本（見本書〔附錄二〕頁40，行2～行4）補上。

且將證得「大乘資糧道」上、中、下三品當中的下品。「大乘資糧道的下品」被稱爲是「如地的菩提心」③；菩提心有二十二種類型。④透過悲心及對空性認識的增強，修行者可以提昇其菩提心的層次。⑤接著修習與空性相聯繫的奢摩他，一旦從那個禪修當中產生了解空性的智慧時，修行者就進入了「加行道」。⑥以充分調合方便和智慧二者的認知持續進行禪修，這點極爲重要。透過這些修習，修行者將能完全專注於眞如，就像將水倒入水中一般，可以除去主、客觀二元對立的垢染。在修行者現觀空性的第一刻算起，他就進入了「見道」。因爲這種證悟是結合菩提心而獲得的，因此這裡所說的「見道」，很明顯地是指「大乘見道」。而從「菩薩十地❼」的角度來看，證得見道位的修行者進入了「菩薩的初地」，也就是「極喜地」。而見道當中還可以分爲二個部分：「無間道」及「解脫道」。在無間道當中，開始進行「見所斷」（見道的所斷）的對治；而一旦見所斷完全對治殆盡之後，就證得了解脫道。透過持續的修習，修行者可以斷除「修所斷」（修道的所斷）而進入「修道」，而在修道的最後階段——金剛喻定❽時，最微細的無明將被從根拔除；這時，修行者將證得殊勝的一切種智而成佛。

如上所述，一位已進入初地（即「見道」）的修行者，他不久便會進入「修

道」的階段，在這個階段，他透過「出世間智❾」及「後得智❿」這二者來修習

③根據《現觀莊嚴論》的說法，「如地的菩提心」為二十二種類型的菩提心當中的第一種。

④英文本原文：「菩提心有二十一種類型」（The awakening mind is of twenty-one types.）。但根據《現觀莊嚴論》的說法，應該是「二十二種類型」才正確。

⑤亦即：從大乘資糧道的下品，進入大乘資糧道的中品，甚至上品。

⑥進入加行道的修行者，尚未能現觀空性，而只能透過「空性的義共相」（即空性在內心當中所呈現的影像）來了解空性。

❼菩薩十地，依菩薩證悟的層次而分的十種境界。即：極喜地、離垢地、發光地、焰慧地、難勝地、現前地、遠行地、不動地、善慧地、法雲地。

❽金剛喻定，梵語 vajropamā-samādhi。指如金剛一般堅利之定，又作金剛三昧、金剛滅定、金剛心、頂三昧。定，其體堅固，其用銳利，可摧毀一切煩惱，故以能破碎諸物之金剛比喻之。此乃三乘學人的末後心，亦即小乘聲聞或大乘菩薩於修行即將完成之階段，欲斷除最後煩惱所起之定；生起此定可斷除極微細的煩惱而各得其極果，於聲聞之最高悟境可達阿羅漢果，於菩薩則得佛果。

❾出世間智，梵語 lokottara-jñāna。指聲聞、緣覺二乘之智。三智之一。二乘之人，以一切智修四諦十二因緣，能出離世間，故稱之為出世間智。

❿後得智，梵語 pṛṣṭha-labdha-jñāna。又作無分別後智、後得無分別智。無分別智之一。與「根本無分別智」（根本智）相對。即根本無分別智後所得之智。乃因為此智為根本智所引生，能了達依他如幻之境，故稱如量智、權智、俗智。又根本智為非能分別、非所分別，此智則為所分別、能分別。於十波羅蜜中，與後之方便善巧等四波羅蜜相配。

「智慧」及「善巧方便」，他甚至可以逐漸淨化以前所累積的最極微細的修所斷障礙（修道這個階段所應斷的煩惱），透過下下諸地的不斷淨化，而不斷證得上上諸地的特殊功德，最終將證得如來的聖智，而進入一切種智的大海，同時也達到目的完全成就的這個目標。依著這樣的次第，心相續可以完全淨化，這在《入楞伽經》當中也有開示。而在《解深密經》當中亦云：「如同提煉純金一般，修行者的心在上上諸地當中逐漸淨化，直到證得無上正等正覺的圓滿佛位爲止。」

當修行者進入一切種智的大海時，他將具有像如意寶一般供應一切有情需求的功德；他能讓往昔所發的願望均開花結果；他的本質是大悲心；他具有種種任運成就的善巧方便；他能以無量的化身，對一切有情，做一切究竟的利益；他的功德將無餘地究竟圓滿；他可以除去一切帶有習氣的過失垢染；只要有眾生所在之處，他就安住在那裡（利益他們）。當一個有識之士了解上述情況之後，他對於佛世尊是一切功德的來源這點，自然會產生敬信；而爲了完全成就那些功德，自己無論如何也要努力。

因此，世尊開示如下：「一切種智是由悲心這個根本出生的，是從菩提心這

個因出生的，是藉由善巧方便而達到究竟的。」⑦（《修習次第》藏文本，本書〔附錄二〕頁40，行4～頁41，行11）

成就一切種智

總結這部珍貴論著的教法，我們可以了解到：首先，必須建立二諦，因爲它們是「基」礎。而在修習的過程中，應以福、慧二種資糧及方便、智慧二者完美結合的方式，來修習「道」；二種佛身（法身及色身）的證得，則是其結「果」。當修行者證得一切種智的佛果位時，所有的煩惱及障礙將完全斷除，此時他將了悟一切的所知。從此以後，這位覺悟者將有無限的潛能來幫助有情解脫、成佛。

智者已遠離了忌妒等垢染，他們對於學問的渴望，就像大海一樣，永不枯

⑦即：《廣論》，頁247。引《毘盧遮那現證菩提經》之內容。

竭；他們透過辨析之後，將正確的部分保留下來，就像天鵝從水中吸取鵝奶一般。

因此，學者應該保持客觀、中立的態度，不墮入派別的偏執當中，如能這樣，則即使從童言童語當中也能得到嘉言、教誡。

我願將解釋中觀之道的所有功德，完全迴向給一切有情，希望他們也能證得中觀之道！

蓮華戒阿闍黎所造《修習次第》中篇竟。印度親教師般若筏�（prajn

躝 -varma，意爲「慧鎧」）及譯師智軍（Ye shes sde）法師翻譯、校訂並抉擇。

（《修習次第》藏文本，本書〔附錄二〕頁41，行12～頁42，行7）

我們已經將蓮華戒大師所造的這部妙論的教法說明過了。本論的作者及其上師寂護與雪域（西藏）人民有著特殊的業緣關係，而且他們對於雪域人民的恩德是無法估量的。我很高興自己能夠將蓮華戒這部《修習次第》中篇的解釋傳授給你們；我勉勵所有來聽聞或閱讀這部論典的與會大眾，都能去研究這部論。爲了提昇並增加自己對中道的了解，建議你們也要研究由佛護及月稱根據中觀學派思想的究竟觀點，所造的關於中觀的傑出論著。⑧

⑧例如佛護注解龍樹菩薩《中論》的《佛護注》及月稱注解《中論》的《明句論》及《中論》的入門書——《入中論》等。

【附錄一】

參考書目

一、經典、密續

1. 《菩薩藏經》（梵 *Bodhisattva-piṭaka-sūtra*；藏 *Byang chub sems dpa'i sde snod kyi mdo*；英 *Bodhisattva Section Sutra*）

   東北❶，no. 56

   大正❷，nos. 310（12），316

2. 《伏魔品》（梵 *Māra-damana-pariccheda-sūtra*；藏 *bDud btul ba'i le'u*；英 *Chapter on Controlling Evil Forces Sutra*）

   出處不詳

3. 《寶雲經》（梵 *Ratna-megha-sūtra*；藏 *dKon mchog sprin gyi mdo*；英 *Cloud of Jewels Sutra*）

   東北，no. 231

   大正，nos. 220, 489, 658, 659

4.《正攝法經》（梵 *Dharma-saṁgīti-sūtra*；藏 *CHos yang dag par sdud pa'i mdo*；英 *Compendium of Perfect Dharma Sutra*）

東北，no. 238

大正，no. 761

5.《入楞伽經》（梵 *Laṅkâvatāra-sūtra*；藏 *Lang kar gshegs pa'i mdo*；英 *Descent into Lanka Sutra*）

東北，nos. 107, 108（漢文藏譯）

大正，nos. 670, 671, 672

---

❶即：宇井伯壽、鈴木宗忠、金倉圓照、多田等觀合編，《德格版西藏大藏經總目錄及索引》，日本．仙台：東北帝國大學附屬圖書館，一九三四。（此書有彌勒出版社的翻印本，收於現代佛學大系第五十九冊）

❷即：《大正新脩大藏經目錄》，日本東京大藏經刊行會。（台北：世樺印刷公司翻印，一九九〇）

6. 《廣攝一切法經》（梵 *Sarva-dharma-saṁgraha-vaipulya-sūtra*；藏 *Chos thams cad shin tu rgyas pa bsdus pa'i mdo*；英 *Extensive Collection of All Qualities Sutra*）

出處不詳

7. 《勝吉祥初續》（梵 *Śrī-paramâdya*；藏 *dPal mchog dang po*；英 *First Among the Supreme and Glorious*）

東北，no. 487

大正，no. 244

8. 《大寶積十萬品法門經》或《寶積經》（梵 *Mahā-ratna-kūṭa-dharma-paryāya-śata-sāhasrika-grantha-sūtra*；藏 *dKon mchog brtsegs pa chen po'i chos kyi rnam grangs le'u stong phrag brgya pa'i mdo*；英 *Heap of Jewels Sutra*）

東北，nos. 45 ～ 93

大正，no. 310

9. 《迦耶山頂經》（梵 *Gayāśīrṣa-sūtra* ∵藏 *Ga ya mgo'i ri'i mdo* ∵英 *Hill of the Gaya Head Sutra*）

東北，no. 109

大正，nos. 464, 465, 467

10. 《寶髻經》（梵 *Ratna-cūḍa-sūtra* ∵藏 *gTSugs na rin po che'i mdo* ∵英 *Jewel in the Crown Sutra*）

東北，no. 91

大正，no. 310（43）

11. 《三摩地王經》（梵 *Samādhi-rāja-sūtra* ∵藏 *Ting nge 'dzin rgyal po'i mdo* ∵英 *King of Meditative Stabilization Sutra*）

東北，no. 127

大正，nos. 639, 640

12. 《修習信解大乘經》（梵 *Mahāyāna-prasāda-prabhāvanā-sūtra*：藏 *THeg pa chen po la dad pa sgom pa'i mdo*：英 *Meditation on Faith in the Mahayana Sutra*）

東北，no. 144

大正無

13. 《月燈經》（梵 *Candra-pradīpa-sūtra*：藏 *Zla ba sgron me'i mdo*：英 *Moon Lamp Sutra*），與12.為同一部經

東北，no. 127

大正，nos. 639, 640

14. 《華嚴經．普賢行願品》（梵 *BHadra-carī*：藏 *bZang po spyod pa'i smon lam*：英 *Prayer of Noble Conduct*）

東北，nos. 44（part 4）, 1095, 4377

大正，nos. 296, 297

15. 《般若波羅蜜多經》（梵 *Prajñā-pāramitā-sūtra*：藏 *SHes rab kyi pha rol tu phyin pa'i mdo*：英 *Perfection of Wisdom Sutra*）

東北，nos. 8, 9, 10, 11, 12, 13, 14, 15,16, 17, 18, 19, 20, 21, 22, 23, 24

大正，nos. 220, 221, 222, 223, 224, 225, 226, 229, 235, 236, 237, 238, 239, 240, 241, 242, 243, 244, 248, 249, 250, 251, 252, 253, 254, 255, 256, 257, 258, 260, 310（46）

16. 《所行境遍淨經》（梵 *Gocara-pariśuddha-sūtra*：藏 *sPyod yul yongs su dag pa'i le'u*：英 *Pure Field of Engagement Sutra*）

出處不詳

17. 《無愛子所問經》或《耶羅延那請問經》（梵 *Nārāyāṇa-paripṛccha-sūtra*：藏 *Sred med kyi bus zhus pa*：英 *Questions of Narayana*）

東北，no. 684

大正無

18. 《未生怨王（即「阿闍世王」）除懊悔經》（梵 *Ajāta-śatru-kaukṛtya-vinodana-sūtra*：藏 *Ma skyes dgra'i 'gyod pa bsal ba'i mdo*：英 *Sutra on the Elimination of Ajatashatru's Regret*）

東北，no. 216

大正，nos. 626, 627, 628, 629

19. 《大般涅槃經》（梵 *Mahāparinirvāṇa-sūtra*：藏 *Yongs su mya ngan las 'das pa chen po'i mdo*：英 *Sutra of the Great and Complete Transcendence of Suffering*）

東北，no. 120

大正，nos. 374（1~ 6）, 375（1~ 18）, 376

20. 《虛空藏經》（梵 *Gagana-gañja-sūtra*：藏 *Nam mkha' mdzod*：英 *Space Treasure Sutra*）

東北，no. 148

大正，nos. 397（8）, 404

21. 《維摩詰所說經》（梵 *Vimalakīrti-nirdeśa-sūtra*；藏 *Dri ma med par grags pas bstan pa'i mdo*；英 *Teaching of Vimalakirti Sutra*）

東北，no. 176

大正，nos. 474, 475, 476

22. 《無盡慧菩薩所說經》（梵 *Akṣaya-mati-nirdeśa-sūtra*；藏 *Blo gros mi zad pas bstan pa'i mdo*；英 *Teaching of Akshayamati Sutra*）

東北，no. 89

大正，no. 310（45）

23. 《十地經》（梵 *Daśa-bhūmika-sūtra*；藏 *mDo sde sa bcu pa*；英 *Ten Spiritual Levels Sutra*）

東北，no. 44（part）

大正，nos. 278, 297

24. 《十法經》（梵 *Daśa-dharmaka-sūtra*；藏 *CHos bcu pa'i mdo*；英 *Ten Qualities Sutra*）

東北，no. 53

大正，nos. 310（9），314

25. 《解深密經》（梵 *Saṁdhi-nirmocana-sūtra*；藏 *dGongs pa nges par 'grel pa'i mdo*；英 *Unraveling of the Thought Sutra*）

東北，no. 106

大正，nos. 671, 672, 673, 675, 676

二、論典

1. 法稱，《釋量論》（對於陳那的《集量論》所作的注釋）（梵 *Pramāṇa-varttika-kārikā*；藏 *TSHad ma rnam 'grel gyi tshig le'ur byas pa*；英 *Commentary on（Dignaga's）"Compendium of Valid Cognition"*）

東北，no. 4210
大正無（但有：法尊法師編譯，《釋量論略解》，臺北：佛教出版社，民七十三）

2. 無著，《大乘阿毗達磨集論》（梵 *Abhidharma-sam-ucchaya*；藏 *mNGon pa kun btus*；英 *Compendium of Knowledge*）
東北，no. 4049
大正，no. 1605

3. 寂天，《入菩薩行論》（梵 *Bodhisattva-caryâvatāra*；藏 *Byang chub sems dpa'i spyod pa la 'jug pa*；英 *Guide to the Bodhisattva's Way of Life*）
東北，no. 3871
大正，no. 1662（另有現代譯本：寂天造；如石譯，《入菩薩行》，高雄：諦聽文化事業，一九九八）

4. 清辨，《中觀心論本頌》（梵 *Madhyamaka-hṛdaya-kārikā*；藏 *dBu ma snying po'i tshig le'ur byas pa*；英 *Essence of Madhyamaka*）

東北，no. 3855

大正無（可參考日譯：江島惠教，《中觀思想的展開——BHāvaviveka 研究》，東京：春秋社，一九八〇）

5. 蓮華戒，《中觀光明論》（梵 *Madhyamakâloka*；藏 *dBu ma snang ba*；英 *Illumination of the Middle Way*）

東北，no. 3887

大正無

6. 龍樹，《中論》或《中觀根本「般若」論》（梵 *Prajnñā-ṇāma-mūla-madhyamaka-kārikā*；藏 *dBu ma rtsa ba'i tshig le'ur byas pa shes rab ces bya ba*；英 *Nagarjuna's Fundamental Treatise on the Middle Way, called "Wisdom"*）

東北，no. 3824

大正，no. 1564

【附錄二】

《修習次第》中篇

（藏文本）

※ 為便於閱讀，藏文本請由【附錄二】第一頁開始，依頁序左翻閱讀。

༄༅། །བསྒོམ་རིམ་བར་པ།

༄༅། །རྒྱ་གར་སྐད་དུ། བྷཱབནཱཀྲམ། བོད་སྐད་དུ། བསྒོམ་པའི་རིམ་པ། འཇམ་དཔལ་གཞོན་ནུར་གྱུར་པ་ལ་ཕྱག་འཚལ་ལོ།

ཐེག་པ་ཆེན་པོའི་མདོ་སྡེའི་ཚུལ་གྱི་རྗེས་སུ་འཇུག་པ་རྣམས་ཀྱིས་བསྒོམ་པའི་རིམ་པ་མདོར་བཤད་དོ། འདི་ལ་ཐམས་ཅད་མཁྱེན་པ་ཉིད་ཤིན་ཏུ་མྱུར་དུ་ཐོབ་པར་འདོད་པ་རྟོགས་པ་དང་ལྡན་པས་དེ་ཐོབ་པར་བྱེད་པའི་རྒྱུ་རྣམས་དང་རྐྱེན་རྣམས་ལ་མངོན་པར་བརྩོན་པར་བྱའོ།

འདི་ལྟར་ཐམས་ཅད་མཁྱེན་པ་ཉིད་འདི་ནི་རྒྱུ་མེད་པ་ལས་འབྱུང་བར་མི་རུང་སྟེ། ཐམས་ཅད་ཀྱང་དུས་ཐམས་ཅད་དུ་ཐམས་ཅད་མཁྱེན་པ་ཉིད་དུ་འབྱུང་བར་ཐལ་བར་ འགྱུར་བའི་ཕྱིར་རོ། ལྟོས་པ་མེད་པར་འབྱུང་ན་ནི་གང་དུ་ཡང་ཐོགས་པར་མི་རུང་སྟེ། གང་གིས་ན་ཐམས་ཅད་ཀྱང་ཐམས་ཅད་མཁྱེན་པ་ཉིད་དུ་མི་འགྱུར་རོ། དེ་ལྟ་བས་ན་ལ་ལར་བརྒྱ་ལམ་ན་འགའ་ཞིག་འབྱུང་དུ་ཟད་པས་དངོས་པོ་ཐམས་ཅད་ནི་རྒྱུ་ལ་ལྟོས་པ་ཁོ་ན་ཡིན་ནོ། ཐམས་ཅད་མཁྱེན་པ་ཉིད་དུ་ཡང་ལ་ལར་བརྒྱ་ལམ་ན་འགའ་ཞིག་འགྱུར་ཏེ། དུས་ཐམས་ཅད་དུ་མ་ཡིན། གནས་ཐམས་ཅད་དུ་ཡང་མ་ཡིན། ཐམས་ཅད་ཀྱང་མ་ཡིན་པས་དེའི་ཕྱིར་དེ་ནི་རྒྱུ་དང་རྐྱེན་ལ་ལྟོས་པར་ངེས་སོ། རྒྱུ་དང་རྐྱེན་དེ་དག་གི་ནང་ནས་ཀྱང་མ་ནོར་ཅིང་མ་ཚང་བ་མེད་པ་རྣམས་བསྟེན་པར་བྱའོ། རྒྱུ་ནོར་བ་ལ་ནན་ཏན་བྱས་ན་ནི་ཡུན་

ཤིན་ཏུ་རིང་པོ་ཞིག་གིས་ཀྱང་འདོད་པའི་འབྲས་བུ་འགྲོབ་པ་མེད་དོ། དཔེར་ན། རྭ་ལས་འོ་མ་བཞོ་བ་བཞིན་ནོ། རྒྱུ་མཐའ་དག་མ་སྤྲུད་པ་ལས་ཀྱང་འབྲས་བུ་འབྱུང་བ་མེད་དེ། ས་བོན་ལ་སོགས་པ་གང་ཡང་རུང་བ་ཞིག་མེད་ན་མྱུ་གུ་ལ་སོགས་པ་འབྲས་བུ་མི་འབྱུང་བའི་ཕྱིར་རོ། དེ་ལྟ་བས་ན་འབྲས་བུ་དེ་འདོད་པས་རྒྱུ་དང་རྐྱེན་མ་ནོར་བ་དང་མཐའ་དག་ལ་བརྟེན་པར་བྱའོ།

འབྲས་བུ་ཐམས་ཅད་མཁྱེན་པ་ཉིད་ཀྱི་རྒྱུ་དང་རྐྱེན་དེ་དག་གང་ཞེ་ན། སྨྲས་པ། བདག་ལྟ་བུ་དམུས་ལོང་དང་འདྲ་བས་དེ་དག་བསྟན་པར་མི་ནུས་མོད་ཀྱི། འོན་ཀྱང་བཅོམ་ལྡན་འདས་ཉིད་ཀྱིས་མངོན་པར་རྫོགས་པར་སངས་རྒྱས་ནས་གདུལ་བྱ་རྣམས་ལ་ཇི་སྐད་བཤད་པ་དེ་བཞིན་དུ་བདག་གིས་བཅོམ་ལྡན་འདས་ཀྱི་བཀའ་ཉིད་ཀྱིས་བཤད་དོ། བཅོམ་ལྡན་འདས་ཀྱིས་དེར་བཀའ་སྩལ་པ། གསང་བའི་བདག་པོ་ཐམས་ཅད་མཁྱེན་པའི་ཡེ་ཤེས་དེ་ནི་སྙིང་རྗེའི་རྩ་བ་ལས་བྱུང་བ་ཡིན། བྱང་ཆུབ་ཀྱི་སེམས་ཀྱི་རྒྱུ་ལས་བྱུང་བ་ཡིན། ཐབས་ཀྱིས་མཐར་ཕྱིན་པ་ཡིན་ནོ། ཞེས་འབྱུང་ངོ་། དེ་ལྟ་བས་ན་ཐམས་ཅད་མཁྱེན་པ་ཉིད་ཐོབ་པར་འདོད་པས་སྙིང་རྗེ་དང་། བྱང་ཆུབ་ཀྱི་སེམས་དང་། ཐབས་དང་གསུམ་པོ་འདི་དག་ལ་བསླབ་པར་བྱའོ།

སྙིང་རྗེས་བསྐྱོད་ན་བྱང་ཆུབ་སེམས་དཔའ་རྣམས་སེམས་ཅན་ཐམས་ཅད་མངོན་པར་གདོན་པའི་ཕྱིར་ངེས་པར་དམ་འཆའ་བར་འགྱུར་རོ། དེ་ནས་བདག་ཉིད་ལ་ལྟ་བ་བསལ་ནས་ཤིན་ཏུ་བྱ་དཀའ་ཞིང་རྒྱུན་མི་འཆད་ལ་ཡུན་རིང་པོར་བསྒྲུབས་པའི་བསོད་ནམས་དང་ཡེ་ཤེས་ཀྱི་ཚོགས་ལ་གུས་

པར་འཇུག་གོ །དེར་ཞུགས་ནས་ངེས་པར་བསོད་ནམས་དང་ཡེ་ཤེས་ཀྱི་ཚོགས་ཡོངས་སུ་རྫོགས་པར་སྒྲུབ་བོ། ཚོགས་རྣམས་ཡོངས་སུ་རྫོགས་ན་ཐམས་ཅད་མཁྱེན་པ་ཉིད་ལག་མཐིལ་དུ་ཐོབ་པ་དང་འདྲ་བར་འགྱུར་རོ། དེ་བས་ན་ཐམས་ཅད་མཁྱེན་པ་ཉིད་ཀྱི་རྩ་བ་ནི་སྙིང་རྗེ་ཁོ་ན་ཡིན་པས་དེ་ནི་ཐོག་མ་ཁོ་ནར་གོམས་པར་བྱའོ།

ཆོས་ཡང་དག་པར་སྡུད་པ་ལས་ཀྱང་བཀའ་སྩལ་ཏེ། བཅོམ་ལྡན་འདས་བྱང་ཆུབ་སེམས་དཔས་ཆོས་རབ་ཏུ་མང་པོ་ལ་བསླབ་པར་མི་བགྱིའོ། བཅོམ་ལྡན་འདས་བྱང་ཆུབ་སེམས་པས་ཆོས་གཅིག་རབ་ཏུ་གཟུང་ཞིང་རབ་ཏུ་རྟོགས་པར་བགྱིས་ན་སངས་རྒྱས་ཀྱི་ཆོས་ཐམས་ཅད་དེའི་ལག་མཐིལ་དུ་མཆིས་པ་ལགས་སོ། ཆོས་གཅིག་པོ་གང་ཞེ་ན། འདི་ལྟ་སྟེ་སྙིང་རྗེ་ཆེན་པོའོ། ཞེས་འབྱུང་ངོ་།

སྙིང་རྗེ་ཆེན་པོས་ཡོངས་སུ་ཟིན་པས་ན་སངས་རྒྱས་བཅོམ་ལྡན་འདས་རྣམས་རང་གི་དོན་ཕུན་སུམ་ཚོགས་པ་མཐའ་དག་བརྙེས་ཀྱང་སེམས་ཅན་གྱི་ཁམས་མཐར་ཐུག་པའི་བར་དུ་བཞུགས་པར་མཛད་དོ། ཉན་ཐོས་བཞིན་དུ་མྱ་ངན་ལས་འདས་པའི་གྲོང་ཁྱེར་ཤིན་ཏུ་ཞི་བར་ཡང་འཇུག་པར་མི་མཛད་དེ། སེམས་ཅན་ལ་གཟིགས་ནས་མྱ་ངན་ལས་འདས་པའི་གྲོང་ཁྱེར་ཞི་བ་དེ་ལྕགས་ཀྱི་ཁང་པ་འབར་བ་བཞིན་དུ་ཐག་རིང་དུ་སྤོང་བས་བཅོམ་ལྡན་འདས་རྣམས་ཀྱི་མི་གནས་པའི་མྱ་ངན་ལས་འདས་པའི་རྒྱུ་ནི་སྙིང་རྗེ་ཆེན་པོ་དེ་ཉིད་ཡིན་ནོ།

དེ་ལ་སྙིང་རྗེ་བསྒོམ་པའི་རིམ་པ་དེ་དང་པོ་འཇུག་པ་ནས་བརྩམས་ཏེ་བརྗོད་པར་བྱའོ། ཐོག་མར་རེ་ཞིག་བཏང་སྙོམས་བསྒོམས་པས་སེམས་ཅན་ཐམས་ཅད་ལ་རྗེས་སུ་ཆགས་པ་དང་། ཁོང་ཁྲོ་བ་བསལ་ཏེ་སྙོམས་པའི་སེམས་ཉིད་བསྒྲུབ་པར་བྱའོ།

སེམས་ཅན་ཐམས་ཅད་བདེ་བ་ནི་འདོད་སྡུག་བསྔལ་བ་ནི་མི་འདོད་ལ། ཐོག་མ་མེད་པ་ཅན་གྱི་འཁོར་བ་ན་སེམས་ཅན་གང་ལན་བརྒྱར་བདག་གི་གཉེན་དུ་མ་གྱུར་པ་དེ་གང་ཡང་མེད་དོ་སྙམ་དུ་ཡོངས་སུ་བསམ་ཞིང་། འདི་ལ་བྱེ་བྲག་ཅི་ཞིག་ཡོད་ན་ལ་ལ་ལ་ནི་རྗེས་སུ་ཆགས། ལ་ལ་ལ་ནི་ཁོང་ཁྲོ་བར་གྱུར་བས། དེ་ལྟ་བས་ན་བདག་གིས་སེམས་ཅན་ཐམས་ཅད་ལ་སེམས་སྙོམས་པ་ཉིད་དུ་བྱའོ་སྙམ་དུ་དེ་ལྟར་ཡིད་ལ་བྱ་ཞིང་བར་མའི་ཕྱོགས་ནས་བརྩམས་ཏེ། མཛའ་བཤེས་དང་དགྲ་ལ་ཡང་སེམས་སྙོམས་པ་ཉིད་དུ་བསྒོམ་མོ། དེ་ནས་སེམས་ཅན་ཐམས་ཅད་ལ་སེམས་སྙོམས་པ་ཉིད་དུ་བསྒྲུབས་ནས་བྱམས་པ་བསྒོམ་མོ། བྱམས་པའི་ཆུས་སེམས་ཀྱི་རྒྱུད་བརླན་ཏེ་སེར་ཡོད་པའི་ས་གཞི་བཞིན་དུ་བྱས་ལ་སྙིང་རྗེའི་ས་བོན་བཏབ་ན་བདེ་བླག་ཏུ་ཤིན་ཏུ་ཡོངས་སུ་རྒྱས་པར་འགྱུར་རོ། དེ་ནས་སེམས་ཀྱི་རྒྱུད་བྱམས་པས་བསྒོས་ནས་སྙིང་རྗེ་བསྒོམ་པར་བྱའོ།

སྙིང་རྗེ་དེ་ནི་སེམས་ཅན་སྡུག་བསྔལ་བ་ཐམས་ཅད་སྡུག་བསྔལ་དེ་དང་བྲལ་བར་འདོད་པའི་རྣམ་པ་ཡིན་ནོ། ཁམས་གསུམ་པའི་སེམས་ཅན་ཐམས་ཅད་ནི་སྡུག་བསྔལ་ཉིད་རྣམ་པ་གསུམ་གྱིས་ཅི་རིགས་པར་ཤིན་ཏུ་

སྡུག་བསྔལ་བ་དག་ཡིན་པས་དེའི་ཕྱིར་སེམས་ཅན་ཐམས་ཅད་ལ་དེ་བསྒོམ་པར་བྱ་སྟེ། འདི་ལྟར་རེ་ཞིག་སེམས་ཅན་དམྱལ་བ་པའི་སེམས་ཅན་གང་དག་ཡིན་པ་དེ་དག་ནི་རྒྱུན་མི་འཆད་ཅིང་ཡུན་རིང་ལ་ཚ་བ་ལ་སོགས་པའི་སྡུག་བསྔལ་སྣ་ཚོགས་ཀྱི་ཆུ་བོར་བྱིང་བ་ཁོ་ན་ཡིན་ནོ། ཞེས་བཅོམ་ལྡན་འདས་ཀྱིས་བཀའ་སྩལ་ཏོ། དེ་བཞིན་དུ་ཡི་དྭགས་རྣམས་ཀྱང་ཕལ་ཆེར་ཤིན་ཏུ་མི་བཟད་པའི་བཀྲེས་པ་དང་སྐོམ་པའི་སྡུག་བསྔལ་གྱི་མེས་བསྐམས་པའི་ལུས་ཤིན་ཏུ་སྡུག་བསྔལ་མང་པོ་མྱོང་ངོ་། ཞེས་བཀའ་སྩལ་ཏོ། དུད་འགྲོ་རྣམས་ཀྱང་གཅིག་ལ་གཅིག་ཟ་བ་དང་། ཁྲོ་བ་དང་། གསོད་པ་དང་། རྣམ་པར་འཚེ་བ་ལ་སོགས་པའི་སྡུག་བསྔལ་རྣམ་པ་མང་པོ་མྱོང་བ་ཁོ་ནར་སྣང་ངོ་། མི་རྣམས་ཀྱང་འདོད་པ་ཡོངས་སུ་ཚོལ་བས་ཕོངས་ནས་གཅིག་ལ་གཅིག་འཁྲུ་བ་དང་། གནོད་པ་བྱེད་པ་དང་། སྡུག་པ་དང་བྲལ་བ་དང་། མི་སྡུག་པ་དང་ཕྲད་པ་དང་། དབུལ་ཕོངས་ལས་གྱུར་པ་ལ་སོགས་པའི་སྡུག་བསྔལ་དཔག་ཏུ་མེད་པ་ཉམས་སུ་མྱོང་བར་སྣང་ངོ་།

གང་དག་འདོད་ཆགས་ལ་སོགས་པའི་ཉོན་མོངས་པས་ཀུན་ནས་དཀྲིས་པ་སྣ་ཚོགས་ཀྱིས་སེམས་དཀྲིས་པ་དག་དང་། གང་དག་ལྟ་བ་ངན་པ་རྣམ་པ་སྣ་ཚོགས་གཟིང་གཟིང་བར་གྱུར་པ་དེ་ཐམས་ཅད་ཀྱང་སྡུག་བསྔལ་གྱི་རྒྱུ་ཡིན་པས་གད་ཀ་ན་འདུག་པ་བཞིན་དུ་ཤིན་ཏུ་སྡུག་བསྔལ་བ་ཁོ་ན་ཡིན་ནོ། ལྷ་རྣམས་ཀྱང་ཐམས་ཅད་འགྱུར་བའི་སྡུག་བསྔལ་ཉིད་ཀྱིས་སྡུག་བསྔལ་བ་དག་སྟེ། འདོད་པ་ན་སྤྱོད་པའི་ལྷ་གང་དག་ཡིན་པ་དེ་དག་ནི་རྟག་ཏུ་

འཆི་འཕོ་བ་དང་ལྟུང་བ་ལ་སོགས་པའི་འཇིགས་པའི་མྱ་ངན་གྱིས་སེམས་ལ་གནོན་ན་ཇི་ལྟར་བདེ། འདུ་བྱེད་ཀྱི་སྡུག་བསྔལ་ཉིད་ནི་ལས་དང་ཉོན་མོངས་པའི་མཚན་ཉིད་ཀྱི་རྒྱུའི་གཞན་གྱི་དབང་གི་ངོ་བོ་ཉིད་དང་། སྐད་ཅིག་རེ་རེ་ལ་འཇིག་པའི་ངང་ཅན་གྱི་མཚན་ཉིད་དེ། འགྲོ་བ་ཐམས་ཅད་ལ་ཁྱབ་པ་ཡིན་ནོ། དེ་བས་ན་འགྲོ་བ་མཐའ་དག་ནི་སྡུག་བསྔལ་གྱི་མེ་ལྕེ་འབར་བའི་ནང་དུ་ཞུགས་པ་ཡིན་པར་བལྟས་ལ་ཇི་ལྟར་བདག་སྡུག་བསྔལ་མི་འདོད་པ་ལྟར་གཞན་ཐམས་ཅད་ཀྱང་དེ་དང་འདྲའོ་སྙམ་དུ་བསམ་ཞིང་། ཀྱེ་མ་ཀྱེ་ཧུད་བདག་ལ་སྡུག་པའི་སེམས་ཅན་འདི་དག་སྡུག་བསྔལ་ན། སྡུག་བསྔལ་དེ་ལས་ཇི་ལྟར་ཐར་བར་བྱ་ཞེས་བདག་ཉིད་སྡུག་བསྔལ་བ་བཞིན་དུ་བྱེད་ཅིང་དེ་དང་བྲལ་བར་འདོད་པའི་རྣམ་པའི་སྙིང་རྗེ་དེས་ཧྲང་ངེ་འཛིན་ལ་འདུག་ཀྱང་རུང་། སྤྱོད་ལམ་ཐམས་ཅད་དུ་ཡང་རུང་སྟེ། དུས་ཐམས་ཅད་དུ་སེམས་ཅན་ཐམས་ཅད་ལ་བསྒོམ་པར་བྱ་སྟེ། ཐོག་མ་ཁོ་ནར་མཛའ་བཤེས་ཀྱི་ཕྱོགས་རྣམས་ལ་ཇི་སྐད་སྨོས་པའི་སྡུག་བསྔལ་སྣ་ཚོགས་ཉམས་སུ་མྱོང་བར་མཐོང་བས་བསྒོམ་པར་བྱའོ།

དེ་ནས་སེམས་ཅན་མཉམ་པ་ཉིད་ཀྱིས་བྱེ་བྲག་མེད་པར་མཐོང་ནས་སེམས་ཅན་ཐམས་ཅད་ནི་བདག་གི་གཉེན་དུ་གྱུར་པ་ཁོ་ནའོ་སྙམ་དུ་ཡོངས་སུ་བསམ་ཞིང་བར་མའི་ཕྱོགས་རྣམས་ལ་བསྒོམ་པར་བྱའོ། གང་གི་ཚེ་དེ་ལ་མཛའ་བཤེས་ཀྱི་ཕྱོགས་བཞིན་དུ་སྙིང་རྗེ་དེ་མཉམ་པར་ཞུགས་པར་གྱུར་པ་དེའི་ཚེ་ཕྱོགས་བཅུའི་སེམས་ཅན་ཐམས་ཅད་ལ་བསྒོམ་པར་བྱའོ། གང་

གི་ཚེ་བུ་ཆུང་ངུ་སྡིང་དུ་སྡུག་པ་སྡུག་བསྔལ་བར་གྱུར་པའི་མ་བཞིན་དུ་བདག་ཉིད་ཀྱིས་ཤིན་ཏུ་སྡུག་བསྔལ་བ་ལས་འདོན་པར་འདོད་པའི་རྣམ་པ་རང་གི་ངང་གིས་འཇུག་པའི་སྙིང་རྗེ་དེ་སེམས་ཅན་ཐམས་ཅད་ལ་མཉམ་པར་ཞུགས་པར་གྱུར་པ་དེའི་ཚེ་རྫོགས་པ་ཞེས་བྱ་སྟེ། སྙིང་རྗེ་ཆེན་པོའི་མིང་ཡང་འཐོབ་བོ།

བྱམས་པ་བསྒོམ་པ་ནི་མཛའ་བཤེས་ཀྱི་ཕྱོགས་ལ་ཐོག་མར་བྱས་ནས་བདེ་བ་དང་ཕྲད་པར་འདོད་པའི་རྣམ་པ་སྟེ། རིམ་གྱིས་ཐ་མལ་པ་དང་དགྲ་ལ་ཡང་བསྒོམ་པར་བྱའོ། དེ་ལྟར་དེ་སྙིང་རྗེ་གོམས་པར་བྱས་ནས། རིམ་གྱིས་སེམས་ཅན་མཐའ་དག་མངོན་པར་འདོན་པར་འདོད་པ་རང་གི་ངང་གིས་འབྱུང་བ་ཉིད་དུ་འགྱུར་རོ།

དེས་ན་རྩ་བའི་སྙིང་རྗེ་གོམས་པར་བྱས་ནས་བྱང་ཆུབ་ཀྱི་སེམས་བསྒོམ་པར་བྱའོ། བྱང་ཆུབ་ཀྱི་སེམས་དེ་ནི་རྣམ་པ་གཉིས་ཏེ། ཀུན་རྫོབ་དང་། དོན་དམ་པའོ། དེ་ལ་ཀུན་རྫོབ་པ་ནི་སྙིང་རྗེས་སེམས་ཅན་མཐའ་དག་མངོན་པར་འདོན་པར་དམ་བཅས་ནས་འགྲོ་བ་ལ་ཕན་གདགས་པའི་ཕྱིར་སངས་རྒྱས་སུ་གྱུར་ཅིག་སྙམ་དུ་བླ་ན་མེད་པ་ཡང་དག་པར་རྫོགས་པའི་བྱང་ཆུབ་འདོད་པའི་རྣམ་པས་སེམས་དང་པོ་བསྐྱེད་པའོ། དེ་ཡང་ཚུལ་ཁྲིམས་ཀྱི་ལེའུ་ལས་བསྟན་པའི་ཚོ་ག་བཞིན་དུ་བྱང་ཆུབ་སེམས་དཔའི་སྡོམ་པ་ལ་གནས་པ་མཁས་པ་པ་ཕ་རོལ་པོ་ལས་སེམས་བསྐྱེད་པར་བྱའོ།

དེ་ལྟར་ཀུན་རྫོབ་པའི་བྱང་ཆུབ་ཀྱི་སེམས་བསྐྱེད་ནས་དོན་དམ་པའི

བྱང་ཆུབ་ཀྱི་སེམས་བསྐྱེད་པའི་ཕྱིར་འབད་པར་བྱའོ། དོན་དམ་པའི་བྱང་ཆུབ་ཀྱི་སེམས་དེ་ནི་འཇིག་རྟེན་ལས་འདས་པ་སྤྲོས་པ་མཐའ་དག་དང་བྲལ་བ། ཤིན་ཏུ་གསལ་བ། དོན་དམ་པའི་སྤྱོད་ཡུལ། དྲི་མ་མེད་པ། མི་གཡོ་བ། རླུང་མེད་པའི་མར་མེའི་རྒྱུན་ལྟར་མི་གཡོ་བའོ། དེ་འགྲུབ་པ་ནི་རྟག་ཏུ་གུས་པར་ཡུན་རིང་དུ་ཞི་གནས་དང་ལྷག་མཐོང་གི་རྣལ་འབྱོར་གོམས་པར་བྱས་པ་ལས་འགྱུར་ཏེ། འཕགས་པ་དགོངས་པ་ངེས་པར་འགྲེལ་པ་ལས། ཇི་སྐད་དུ། བྱམས་པ་གང་ཡང་ཉན་ཐོས་རྣམས་ཀྱིའམ། བྱང་ཆུབ་སེམས་དཔའ་རྣམས་ཀྱིའམ། དེ་བཞིན་གཤེགས་པ་རྣམས་ཀྱི་དགེ་བའི་ཆོས་འཇིག་རྟེན་པ་དང་འཇིག་རྟེན་ལས་འདས་པ་ཐམས་ཅད་ཀྱང་ཞི་གནས་དང་ལྷག་མཐོང་གི་འབྲས་བུ་ཡིན་པར་རིག་པར་བྱའོ། ཞེས་གསུངས་པ་ལྟ་བུའོ། དེ་གཉིས་ཀྱིས་ཏིང་ངེ་འཛིན་ཐམས་ཅད་བསྡུས་པའི་ཕྱིར་རྣལ་འབྱོར་པ་ཐམས་ཅད་ཀྱིས་དུས་ཐམས་ཅད་དུ་ངེས་པར་ཞི་གནས་དང་ལྷག་མཐོང་བསྟེན་པར་བྱ་སྟེ། འཕགས་པ་དགོངས་པ་ངེས་པར་འགྲེལ་པ་དེ་ཉིད་ལས། བཅོམ་ལྡན་འདས་ཀྱིས་ཇི་སྐད་དུ་ངས་ཉན་ཐོས་རྣམས་དང་། བྱང་ཆུབ་སེམས་དཔའ་རྣམས་དང་། དེ་བཞིན་གཤེགས་པ་རྣམས་ཀྱི་ཏིང་ངེ་འཛིན་རྣམ་པ་དུ་མ་བསྟན་པ་གང་དག་ཡིན་པ་དེ་དག་ཐམས་ཅད་ཞི་གནས་དང་ལྷག་མཐོང་གིས་བསྡུས་པར་རིག་པར་བྱའོ། ཞེས་གསུངས་པ་ལྟ་བུའོ།

ཞི་གནས་ཙམ་འབའ་ཞིག་གོམས་པར་བྱས་པས་ནི་རྣལ་འབྱོར་པ་རྣམས་ཀྱི་སྒྲིབ་པ་མི་སྤོང་གི །རེ་ཞིག་ཉོན་མོངས་པ་རྣམ་པར་གནོན་པ་ཙམ་དུ་

ཟད་དེ། ཤེས་རབ་ཀྱི་སྣང་བ་བྱུང་བ་མེད་པར་བག་ལ་ཉལ་ལེགས་པར་ཆོམས་མི་སྲིད་པའི་ཕྱིར་བག་ལ་ཉལ་ལེགས་པར་ཆོམས་པར་མི་འགྱུར་རོ། དེ་བས་ན་འཕགས་པ་དགོངས་པ་ངེས་པར་འགྲེལ་པ་དེ་ཉིད་ལས། བསམ་གཏན་གྱིས་ནི་ཉོན་མོངས་པ་རྣམས་རྣམ་པར་གནོན་ཏོ། ཤེས་རབ་ཀྱིས་ནི་བག་ལ་ཉལ་ལེགས་པར་འཇོམས་པར་བྱེད་དོ། ཞེས་བཀའ་བསྩལ་ཏོ། འཕགས་པ་ཏིང་ངེ་འཛིན་རྒྱལ་པོ་ལས་ཀྱང་། ཏིང་ངེ་འཛིན་དེ་སྒོམ་པར་བྱེད་མོད་ཀྱི། །དེ་ནི་བདག་ཏུ་འདུ་ཤེས་འཇིག་མི་བྱེད། །དེ་ནི་ཉོན་མོངས་ཕྱིར་ཞིང་རབ་ཏུ་འཁྲུགས། །ལྷག་སྤྱོད་འདི་ན་ཏིང་འཛིན་བསྒོམ་པ་བཞིན། །གལ་ཏེ་ཆོས་ལ་བདག་མེད་སོ་སོར་རྟོག །སོ་སོར་དེ་བརྟགས་གལ་ཏེ་བསྒོམ་པ་ནི། །དེ་ཉིད་མྱ་ངན་འདས་ཐོབ་འབྲས་བུའི་རྒྱུ། །རྒྱུ་གཞན་གང་ཡིན་དེས་ནི་ཞི་མི་འགྱུར། ཞེས་གསུངས་སོ། བྱང་ཆུབ་སེམས་པའི་སྡེ་སྣོད་ལས་ཀྱང་། གང་དག་བྱང་ཆུབ་སེམས་དཔའི་སྡེ་སྣོད་ཀྱི་ཆོས་ཀྱི་རྣམ་གྲངས་འདི་མ་ཐོས། འཕགས་པའི་ཆོས་འདུལ་བ་མ་ཐོས་པར་ཏིང་ངེ་འཛིན་ཙམ་གྱིས་ཆོག་པར་འཛིན་པ་ནི་ང་རྒྱལ་གྱི་དབང་གིས་མངོན་པའི་ང་རྒྱལ་དུ་ལྷུང་ཞིང་། སྐྱེ་བ་དང་། ཀ་བ་དང་། ན་བ་དང་། འཆི་བ་དང་། མྱ་ངན་དང་། སྨྲེ་སྔགས་འདོན་པ་དང་། སྡུག་བསྔལ་བ་དང་། ཡིད་མི་བདེ་བ་དང་། འཁྲུག་པ་ལས་ཡོངས་སུ་མི་གྲོལ། འགྲོ་བ་དྲུག་གི་འཁོར་བ་ལས་ཡོངས་སུ་མི་གྲོལ། སྡུག་བསྔལ་གྱི་ཕུང་པོ་ལས་ཀྱང་ཡོངས་སུ་མི་གྲོལ་ཏེ། དེ་ལ་དགོངས་ནས་དེ་བཞིན་གཤེགས་པས་འདི་སྐད་ཅེས། གཞན་ལས་རྗེས་སུ་མཐུན་པ་ཐོས་

པ་ནི་ཆ་ཤེ་ལས་གྲོལ་བར་འགྱུར་རོ། ཞེས་བཀའ་བསྩལ་ཏོ། ཞེས་གསུངས་སོ།

དེ་ལྟ་བས་ན་སྒྲིབ་པ་མཐའ་དག་སྤྱངས་ནས་ཡོངས་སུ་དག་པའི་ཡེ་ཤེས་འབྱུང་བར་འདོད་པས་ཞི་གནས་ལ་གནས་ཤིང་ཤེས་རབ་ བསྒོམ་པར་བྱའོ། དེ་སྐད་དུ། འཕགས་པ་དཀོན་མཆོག་བརྩེགས་པ་ལས་ཀྱང་བཀའ་སྩལ་ཏེ།

ཚུལ་ཁྲིམས་ལ་ནི་གནས་ནས་ཏིང་ངེ་འཛིན་ཐོབ་སྟེ། ཏིང་ངེ་འཛིན་ཐོབ་ནས་ཀྱང་ཤེས་རབ་སྒོམ་པར་བྱེད། ཤེས་རབ་ཀྱིས་ནི་ཡེ་ཤེས་རྣམ་པར་དག་པ་འཐོབ། ཡེ་ཤེས་རྣམ་པར་དག་པས་ཚུལ་ཁྲིམས་ཕུན་སུམ་ཚོགས། ཞེས་བཀའ་བསྩལ་ཏོ།

འཕགས་པ་ཐེག་པ་ཆེན་པོ་ལ་དད་པ་བསྒོམ་པའི་མདོ་ལས་ཀྱང་། རིགས་ཀྱི་བུ་ཤེས་རབ་ལ་ཉེ་བར་མི་གནས་ན་བྱང་ཆུབ་སེམས་དཔའ་རྣམས་ཀྱི་ཐེག་པ་ཆེན་པོ་ལ་དད་པ་ཐེག་པ་ཆེན་པོ་ལ་ཇི་ལྟར་ཡང་འབྱུང་བར་ང་མི་སྨྲའོ། རིགས་ཀྱི་བུ་རྣམ་གྲངས་འདིས་ཀྱང་འདི་ལྟར་བྱང་ཆུབ་སེམས་དཔའ་རྣམས་ཀྱི་ཐེག་པ་ཆེན་པོ་ལ་དད་པ་ཐེག་པ་ཆེན་པོ་ལ་འབྱུང་བ་གང་ཅི་ཡང་རུང་། དེ་ཐམས་ཅད་ནི་རྣམ་པར་མི་གཡེངས་པའི་སེམས་ཀྱིས་དོན་དང་ཆོས་ཡང་དག་པར་བསམས་པ་ལས་བྱུང་བར་རིག་པར་བྱའོ། ཞེས་བཀའ་བསྩལ་ཏོ།

ཞི་གནས་དང་བྲལ་བའི་ལྷག་མཐོང་འབའ་ཞིག་གིས་ནི་རྣལ་འབྱོར་པའི་སེམས་ཡུལ་རྣམས་ལ་རྣམ་པར་གཡེང་བར་འགྱུར་གྱི། རླུང་གི་ནང་

ན་འདུག་པའི་མར་མེ་བཞིན་དུ་བརྟན་པར་མི་འགྱུར་རོ། དེ་བས་ན་ཡེ་ཤེས་ཀྱི་སྣང་བ་ཤིན་ཏུ་གསལ་བར་མི་འབྱུང་སྟེ། དེ་ལྟ་བས་ན་གཉིས་ཀ་དང་འདྲ་བར་བསྟེན་པར་བྱའོ། དེའི་ཕྱིར་འཕགས་པ་ཡོངས་སུ་མྱ་ངན་ལས་འདས་པ་ཆེན་པོའི་མདོ་ལས་ཀྱང་། ཉན་ཐོས་རྣམས་ཀྱིས་ནི་དེ་བཞིན་གཤེགས་པའི་རིགས་མི་མཐོང་སྟེ། ཏིང་ངེ་འཛིན་གྱི་ཤས་ཆེ་བའི་ཕྱིར་དང་། ཤེས་རབ་ཆུང་བའི་ཕྱིར་རོ། བྱང་ཆུབ་སེམས་དཔའ་རྣམས་ཀྱིས་ནི་མཐོང་མོད་ཀྱི་མི་གསལ་ཏེ། ཤེས་རབ་ཀྱི་ཤས་ཆེ་བའི་ཕྱིར་དང་། ཏིང་ངེ་འཛིན་ཆུང་བའི་ཕྱིར་རོ། དེ་བཞིན་གཤེགས་པས་ནི་ཐམས་ཅད་གཟིགས་ཏེ། ཞི་གནས་དང་ལྷག་མཐོང་མཚུངས་པར་ལྡན་པའི་ཕྱིར་རོ་ཞེས་བཀའ་བསྩལ་ཏེ་ཞི་གནས་ཀྱི་སྟོབས་ཀྱིས་ནི་མར་མེ་རླུང་གིས་མ་བསྐྱོད་པ་བཞིན་དུ་རྣམ་པར་རྟོག་པའི་རླུང་རྣམས་ཀྱིས་སེམས་གཡོ་བར་མི་འགྱུར་རོ། ལྷག་མཐོང་གིས་ནི་ལྟ་བ་ངན་པའི་དྲ་མ་མཐའ་དག་སྤངས་པས་གཞན་དག་གིས་མི་ཕྱེད་དེ། ཟླ་བ་སྒྲོན་མེའི་མདོ་ལས་ཇི་སྐད་དུ། ཞི་གནས་སྟོབས་ཀྱིས་གཡོ་བ་མེད་པར་འགྱུར། །ལྷག་མཐོང་གིས་ནི་རི་དང་འདྲ་བར་འགྱུར། ཞེས་གསུངས་པ་ལྟ་བུའོ། དེ་ལྟ་བས་ན་གཉིས་ཀ་ལ་རྣལ་འབྱོར་དུ་བྱས་པར་གནས་སོ།

དེ་ལ་ཐོག་མར་རེ་ཞིག་རྣལ་འབྱོར་པས་གང་གིས་བདེ་བར་མྱུར་དུ་ཞི་གནས་དང་ལྷག་མཐོང་འགྲུབ་པར་འགྱུར་བ་ཞི་གནས་དང་ལྷག་མཐོང་གི་ཚོགས་ལ་བརྟེན་པར་བྱའོ། དེ་ལ་ཞི་གནས་ཀྱི་ཚོགས་གང་ཞེ་ན། མཐུན་པའི་ཡུལ་ན་གནས་པ་དང་། འདོད་པ་ཆུང་བ་དང་། ཆོག་ཤེས་པ་དང་།

བྱ་བ་མང་པོ་ཡོངས་སུ་སྤྱངས་པ་དང་། ཚུལ་ཁྲིམས་རྣམ་པར་དག་པ་དང་། འདོད་པ་ལ་སོགས་པའི་རྣམ་པར་རྟོག་པ་ཡོངས་སུ་སྤྱངས་པའོ།

དེ་ལ་ཡོན་ཏན་ལྔ་དག་དང་ལྡན་པ་ནི་མཐུན་པའི་ཡུལ་ཡིན་པར་ཤེས་པར་བྱ་སྟེ། གོས་དང་ཟས་ལ་སོགས་པ་ཚེགས་མེད་པར་རྙེད་པའི་ཕྱིར་རྙེད་སླ་བ་དང་། སྐྱེ་བོ་མི་སྲུན་པ་དང་དགྲ་ལ་སོགས་པ་མི་གནས་པའི་ཕྱིར་གནས་བཟང་བ་དང་། ནད་མེད་པའི་ས་ཡིན་པས་ས་བཟང་བ་དང་། གྲོགས་ཚུལ་ཁྲིམས་དང་ལྡན་པ་ལྟ་བ་མཐུངས་པ་ཡིན་པས་གྲོགས་བཟང་བ་དང་། ཉིན་མོ་སྐྱེ་བོ་མང་པོ་དག་གིས་མ་གང་བའི་ཕྱིར་དང་། མཚན་མོ་སྒྲ་ཆུང་བའི་ཕྱིར་ལེགས་པར་ལྡན་པའོ། འདོད་པ་ཆུང་བ་གང་ཞེ་ན། ཆོས་གོས་ལ་སོགས་པ་བཟང་པོའམ་མང་པོ་ལ་ལྷག་པར་ཆགས་པ་མེད་པའོ། ཆོག་ཤེས་པ་གང་ཞེ་ན། ཆོས་གོས་ལ་སོགས་པ་ངན་ངོན་ཙམ་རྙེད་པས་རྟག་ཏུ་ཆོག་ཤེས་པ་གང་ཡིན་པའོ། བྱ་བ་མང་པོ་ཡོངས་སུ་སྤྱང་ས་པ་གང་ཞེ་ན། ཉོ་ཚོང་ལ་སོགས་པ་ལས་ངན་པ་ཡོངས་སུ་སྤྱང་བ་དང་། ཁྱིམ་པ་དང་རབ་ཏུ་བྱུང་བ་གང་དག་ཧ་ཅང་སློམ་འདྲིས་བྱེད་པ་ཡོངས་སུ་སྤང་བ་དང་། སྨན་བྱེད་པ་སྐར་མ་རྩི་བ་ལ་སོགས་པ་ཡོངས་སུ་སྤྱངས་པ་གང་ཡིན་པའོ།

ཚུལ་ཁྲིམས་རྣམ་པར་དག་པ་གང་ཞེ་ན། སྡོམ་པ་གཉིས་ཀ་ལ་ཡང་རང་བཞིན་དང་བཅས་པའི་ཁ་ན་མ་ཐོ་བ་དང་བཅས་པའི་བསླབ་པའི་གཞི་མི་འདའ་བ་དང་། བག་མེད་པར་རལ་ན་ཡང་སྐྱེན་པ་སྐྱེན་པར་འགྱོད་པས་ཆོས་བཞིན་དུ་བྱེད་པ་དང་། ཉན་ཐོས་ཀྱི་སྡོམ་པ་ལ་ཕམ་པ་བཅོས་སུ་མི་

རུང་བར་གསུངས་པ་གང་ཡིན་པ་དེ་ལ་ཡང་འགྱོད་པ་དང་ལྡན་པ་དང་། ཕྱིས་མི་བྱ་བའི་སེམས་དང་ལྡན་པ་དང་། སེམས་གང་གིས་ལས་དེ་བྱས་པའི་སེམས་དེ་ལ་ངོ་བོ་ཉིད་མེད་པར་སོ་སོར་རྟོག་པའི་ཕྱིར་རམ། ཆོས་ཐམས་ཅད་ངོ་བོ་ཉིད་མེད་པར་གོམས་པའི་ཕྱིར་དེའི་ཚུལ་ཁྲིམས་རྣམ་པར་དག་པ་ཁོ་ན་ཡིན་པར་བརྗོད་པར་བྱའོ། དེ་ནི་འཕགས་པ་མ་སྐྱེས་དགྲའི་འགྱོད་པ་བསལ་བ་ལས་ཁོང་དུ་ཆུད་པར་རིག་པར་བྱའོ། དེ་བས་ན་དེ་འགྱོད་པ་མེད་པར་བྱས་ལ་སྒོམ་པ་ལ་མངོན་པར་བརྩོན་པར་བྱའོ།

འདོད་པ་རྣམས་ལ་ཡང་ཚེ་འདི་དང་ཚེ་ཕྱི་མ་ལ་ཉེས་དམིགས་རྣམ་པ་མང་པོར་འགྱུར་བར་ཡིད་ལ་བྱས་ལ་དེ་དག་ལ་རྣམ་པར་རྟོག་པ་སྤང་བར་བྱའོ། རྣམ་པ་གཅིག་ཏུ་ན་འཁོར་བ་པའི་དངོས་པོ་སྡུག་པའམ་མི་སྡུག་པ་ཡང་རུང་སྟེ། དེ་དག་ཐམས་ཅད་ནི་རྣམ་པར་འཇིག་པའི་ཆོས་ཅན་མི་བརྟན་པ་སྟེ། གདོན་མི་ཟ་བར་དེ་དག་ཐམས་ཅད་དང་བདག་རིང་པོར་མི་ཐོགས་པར་འབྲལ་བར་འགྱུར་ན། བདག་དེ་ལ་ཅི་ཞིག་ལྷག་པར་ཆགས་པ་ལ་སོགས་པར་འགྱུར་སྙམ་དུ་བསྒོམས་པས་རྣམ་པར་རྟོག་པ་ཐམས་ཅད་སྤང་བར་བྱའོ།

ལྷག་མཐོང་གི་ཚོགས་གང་ཞེ་ན། སྐྱེས་བུ་དམ་པ་ལ་བརྟེན་པ་དང་། མང་དུ་ཐོས་པ་ཡོངས་སུ་བཙལ་བ་དང་། ཚུལ་བཞིན་སེམས་པའོ། དེ་ལ་སྐྱེས་བུ་དམ་པ་ཇི་ལྟ་བུ་ལ་བརྟེན་པར་བྱ་ཞེ་ན། གང་མང་དུ་ཐོས་པ་དང་། ཚིག་གསལ་བ་དང་། སྙིང་རྗེ་དང་ལྡན་པ་དང་། སྐྱོ་བ་བཟོད་པའོ།

དེ་ལ་མང་དུ་ཐོས་པ་ཡོངས་སུ་བཙལ་བ་གང་ཞེ་ན། གང་བཅོམ་

ལྡན་འདས་ཀྱི་གསུང་རབ་ཡན་ལག་བཅུ་གཉིས་པོ་ངེས་པའི་དོན་དང་དྲང་བའི་དོན་ལ་གྲུབ་པར་བྱས་ཤིང་ཤིན་ཏུ་ཉན་པ་སྟེ། འདི་ལྟར་འཕགས་པ་དགོངས་པ་ངེས་པར་འགྲེལ་བ་ལས། འཕགས་པའི་གཏམ་འདོད་པ་བཞིན་དུ་མ་ཐོས་པ་ནི་ལྷག་མཐོང་གི་གེགས་ཡིན་ནོ། ཞེས་བཀའ་སྩལ་ཏོ། དེ་ཉིད་ལས། ལྷག་མཐོང་ནི་ཐོས་པ་དང་བསམས་པ་ལས་བྱུང་བའི་ལྟ་བ་རྣམ་པར་དག་པའི་རྒྱུ་ལས་བྱུང་བ་ཡིན་ནོ། ཞེས་གསུངས་སོ། འཕགས་པ་སྲིད་མེད་ཀྱི་བུས་ཞུས་པ་ལས་ཀྱང་། ཐོས་པ་དང་ལྡན་པ་ནི་ཤེས་རབ་འབྱུང་བར་འགྱུར་རོ། ཤེས་རབ་དང་ལྡན་པ་ནི་ཉོན་མོངས་པ་རབ་ཏུ་ཞི་བར་འགྱུར་རོ། ཞེས་བཀའ་སྩལ་ཏོ།

ཚུལ་བཞིན་བསམ་པ་གང་ཞེ་ན། གང་ངེས་པའི་དོན་གྱི་མདོ་སྡེ་དང་དྲང་བའི་དོན་གྱི་མདོ་སྡེ་ལ་སོགས་པ་ལེགས་པར་གཏན་ལ་འབེབས་པ་སྟེ། དེ་ལྟར་བྱང་ཆུབ་སེམས་དཔའ་ཐེ་ཚོམ་མེད་ན་བསྒོམ་པ་ལ་གཅིག་ཏུ་ངེས་པར་འགྱུར་རོ། དེ་ལྟ་མ་ཡིན་ན་ཐེ་ཚོམ་གྱི་འཕྱང་མོ་ཅུག་པའི་ཐག་པ་ལ་འདུག་པ་ནི་ལམ་ཁ་དབྲག་གི་མདོར་ཕྱིན་པའི་མི་ལྟར་གང་དུ་ཡང་གཅིག་ཏུ་ངེས་པར་མི་འགྱུར་རོ།

རྣལ་འབྱོར་པས་ནི་དུས་ཐམས་ཅད་དུ་ཉ་དང་ཤ་ལ་སོགས་པ་སྤང་ཞིང་མི་མཐུན་པ་མ་ཡིན་པ་དང་། ཟས་ཚོད་ཟིན་པར་བཟའ་བར་བྱའོ། དེ་ལྟར་བྱང་ཆུབ་སེམས་དཔའ་ཞི་གནས་དང་ལྷག་མཐོང་གི་ཚོགས་མཐའ་དག་བསགས་པ་དེས་བསྒོམ་པ་ལ་འཇུག་པར་བྱའོ།

དེ་ལ་རྣལ་འབྱོར་པས་སྒོམ་པའི་དུས་ན་ཐོག་མར་བྱ་བ་ཅི་ཡོད་པ་ཐམས་ཅད་ཡོངས་སུ་རྫོགས་པར་བྱས་ལ། བཤང་གཅི་བྱས་ནས་སྒྲའི་ཚེར་མ་མེད་པ་ཡིད་དུ་འོང་བའི་ཕྱོགས་སུ་བདག་གིས་སེམས་ཅན་ཐམས་ཅད་བྱང་ཆུབ་ཀྱི་སྙིང་པོ་ལ་དགོད་པར་བྱའོ་སྙམ་དུ་བསམ་ཞིང་། འགྲོ་བ་མཐའ་དག་མངོན་པར་གདོན་པའི་བསམ་པ་ཅན་གྱིས་སྙིང་རྗེ་ཆེན་པོ་མངོན་དུ་བྱས་ལ། ཕྱོགས་བཅུ་ན་བཞུགས་པའི་སངས་རྒྱས་དང་བྱང་ཆུབ་སེམས་དཔའ་ཐམས་ཅད་ལ་ཡན་ལག་ལྔས་ཕྱག་བྱས་ནས། སངས་རྒྱས་དང་བྱང་ཆུབ་སེམས་དཔའི་སྐུ་གཟུགས་རི་མོ་ལ་སོགས་པ་མདུན་དུ་བཞག་གམ་གཞན་དུ་ཡང་རུང་སྟེ། དེ་དག་ལ་ཅི་ནུས་ཀྱིས་མཆོད་པ་དང་བསྟོད་པ་བྱས་ལ་རང་གི་སྡིག་པ་བཤགས་ནས་འགྲོ་བ་མཐའ་དག་གི་བསོད་ནམས་ལ་རྗེས་སུ་ཡི་རང་བར་བྱས་ལ། སྟན་ཤིན་ཏུ་འཇམ་པོ་བདེ་བ་ལ་རྗེ་བཙུན་རྣམ་པར་སྣང་མཛད་ཀྱི་སྐྱིལ་མོ་ཀྲུང་ལྟ་བུའམ། སྐྱིལ་མོ་ཀྲུང་ཕྱེད་དུ་ཡང་རུང་སྟེ། མིག་ཧ་ཅང་ཡང་མི་དབྱེ། ཧ་ཅང་ཡང་མི་གཟུམ་པར་སྣའི་རྩེ་མོར་གཏད་ཅིང་། ལུས་ཧ་ཅང་ཡང་མི་སྒུ། ཧ་ཅང་ཡང་མི་དགྱེ་བར་དྲང་པོར་བསྲངས་ལ་དྲན་པ་ནང་དུ་བཞག་སྟེ་འདུག་པར་བྱའོ། དེ་ནས་ཕྲག་པ་མཉམ་པར་བཞག་ལ་མགོ་མི་མཐོ་མི་དམའ་ཞིང་ཕྱོགས་གཅིག་ཏུ་མ་ཡོ་བར་བཞག་སྟེ། སྣ་ནས་ལྟེ་བའི་བར་དྲང་པོར་གཞག་གོ །སོ་དང་མཆུ་ཡང་ཐ་མལ་པར་བཞག
གོ། །སོ་དང་མཆུ་ཡང་ཐ་མལ་པར་གཞག་གོ ། །ལྕེ་ཡང་
ཡ་སོའི་རྡུང་དུ་གཞར་རོ། དབུགས་ཕྱི་ནང་དུ་རྒྱུ་བ་ཡང་སྒྲ་
ཅན་དང་། རྔམས་པ་ཅན་དང་། དབུགས་ཚོད་པ་ཅན་དུ་མི་བཏང་གི །ཅི་

ནས་ཀྱང་མི་ཆོར་བར་དལ་བུ་དལ་བུས་ལྷུན་གྱིས་གྲུབ་པའི་ཚུལ་གྱིས་དབུགས་ནང་དུ་རྔུབ་པ་དང་ཕྱིར་འབྱུང་བ་དེ་ལྟར་བྱའོ།

དེ་ལ་ཐོག་མར་རེ་ཞིག་ཞི་གནས་བསྒྲུབ་པར་བྱ་སྟེ། ཕྱི་རོལ་གྱི་ཡུལ་ལ་རྣམ་པར་གཡེང་བ་ཞི་ནས་ནང་དུ་དམིགས་པ་ལ་རྒྱུན་དུ་རང་གི་ངང་གིས་འཇུག་ལ། དགའ་བ་དང་ཤིན་ཏུ་སྦྱངས་པ་དང་ལྡན་པའི་སེམས་ཉིད་ལ་གནས་པ་ནི་ཞི་གནས་ཞེས་བྱའོ། ཞི་གནས་དེ་ཉིད་ལ་དམིགས་པའི་ཚེ་དེ་ཁོ་ན་ལ་རྣམ་པར་དཔྱོད་པ་གང་ཡིན་པ་དེ་ནི་ལྷག་མཐོང་ཡིན་ཏེ། འཕགས་པ་དཀོན་མཆོག་སྤྲིན་ལས་ཇི་སྐད་དུ། ཞི་གནས་ནི་སེམས་རྩེ་གཅིག་པ་ཉིད་དོ། ལྷག་མཐོང་ནི་ཡང་དག་པར་སོ་སོར་རྟོག་པའོ། ཞེས་གསུངས་པ་ལྟ་བུའོ།

འཕགས་པ་དགོངས་པ་ངེས་པར་འགྲེལ་པ་ལས་ཀྱང་། བཅོམ་ལྡན་འདས། ཇི་ལྟར་ཞི་གནས་ཡོངས་སུ་ཚོལ་བར་བགྱིད་པ་དང་། ལྷག་མཐོང་ལ་མཁས་པ་ལགས། བཀའ་སྩལ་པ། བྱམས་པ་ངས་ཆོས་གདགས་པ་རྣམ་པར་གཞག་པ་འདི་ལྟ་སྟེ། མདོའི་སྡེ་དང་། དབྱངས་ཀྱིས་བསྙད་པའི་སྡེ་དང་། ལུང་དུ་བསྟན་པའི་སྡེ་དང་། ཚིགས་སུ་བཅད་པའི་སྡེ་དང་། ཆེད་དུ་བརྗོད་པའི་སྡེ་དང་། གླེང་གཞིའི་སྡེ་དང་། རྟོགས་པ་བརྗོད་པའི་སྡེ་དང་། དེ་ལྟ་བུ་བྱུང་བའི་སྡེ་དང་། སྐྱེས་པ་རབས་ཀྱི་སྡེ་དང་། ཤིན་ཏུ་རྒྱས་པའི་སྡེ་དང་། རྨད་དུ་བྱུང་བའི་ཆོས་ཀྱི་སྡེ་དང་། གཏན་ལ་ཕབ་པར་བསྟན་པའི་སྡེ་གང་དག་བྱང་ཆུབ་སེམས་དཔའ་རྣམས་ལ་བཤད་པ་དེ་དག་བྱང་ཆུབ་སེམས་དཔས་ལེགས་པར་ཐོས། ལེགས་པར་གཟུང་། ཁ་ཏོན་བྱང་བར་

བྱས། ཡིད་ཀྱིས་ལེགས་པར་བརྟགས། མཐོང་བས་ཤིན་ཏུ་རྟོགས་པར་བྱས་ནས་དེ་གཅིག་པུ་དབེན་པར་འདུག་སྟེ་ནང་དུ་ཡང་དག་བཞག་ནས་ཇི་ལྟར་ལེགས་པར་བསམས་པའི་ཆོས་དེ་དག་ཉིད་ཡིད་ལ་བྱེད་ཅིང་སེམས་གང་གིས་ཡིད་ལ་བྱེད་པའི་སེམས་དེ་ནང་དུ་རྒྱུན་ཆགས་སུ་ཡིད་ལ་བྱེད་པས་ཡིད་ལ་བྱེད་དོ། དེ་ལྟར་ཞུགས་ཤིང་དེ་ལ་ལན་མང་དུ་གནས་པ་དེ་ལ་ལུས་ཤིན་ཏུ་སྦྱངས་པ་དང་སེམས་ཤིན་ཏུ་སྦྱངས་པ་འབྱུང་བ་གང་ཡིན་པ་དེ་ནི་ཞི་གནས་ཞེས་བྱ་སྟེ། དེ་ལྟར་ན་བྱང་ཆུབ་སེམས་དཔའ་ཞི་གནས་ཡོངས་སུ་ཚོལ་བར་བྱེད་པ་ཡིན་ནོ། དེས་ལུས་ཤིན་ཏུ་སྦྱངས་པ་དང་། སེམས་ཤིན་ཏུ་སྦྱངས་པ་དེ་ཐོབ་ནས་དེ་ཉིད་ལ་གནས་ཏེ། སེམས་ཀྱི་རྣམ་པར་གཡེང་བ་སྤངས་ནས་ཇི་ལྟར་བསམས་པའི་ཆོས་དེ་དག་ཉིད་ནང་དུ་ཏིང་ངེ་འཛིན་གྱི་སྤྱོད་ཡུལ་གཟུགས་བརྙན་དུ་སོ་སོར་རྟོག་པར་བྱེད།མོས་པར་བྱེད་དོ། དེ་ལྟར་ཏིང་ངེ་འཛིན་གྱི་སྤྱོད་ཡུལ་གཟུགས་བརྙན་དེ་དག་ལ་ཤེས་བྱའི་དོན་དེ་རྣམ་པར་འབྱེད་པ་དང་། རབ་ཏུ་རྣམ་པར་འབྱེད་པ་དང་། ཡོངས་སུ་རྟོག་པ་དང་། ཡོངས་སུ་དཔྱོད་པ་དང་། བཟོད་པ་དང་། འདོད་པ་དང་། བྱེ་བྲག་འབྱེད་པ་དང་། ལྟ་བ་དང་། རྟོག་པ་གང་ཡིན་པ་དེ་ནི་ལྷག་མཐོང་ཞེས་བྱ་སྟེ། དེ་ལྟར་ན་བྱང་ཆུབ་སེམས་དཔའ་ལྷག་མཐོང་ལ་མཁས་པ་ཡིན་ནོ། ཞེས་གསུངས་སོ།

དེ་ལ་རྣལ་འབྱོར་པ་ཞི་གནས་མངོན་པར་བསྒྲུབ་པར་འདོད་པས་ཐོག་མར་རེ་ཞིག་མདོའི་སྡེ་དང་། དབྱངས་ཀྱིས་བསྡུད་པའི་སྡེ་ལ་སོགས་པ་གསུང་

རབ་མཐའ་དག་ནི་དེ་བཞིན་ཉིད་ལ་གཞོལ་བ། དེ་བཞིན་ཉིད་ལ་བབ་པ། དེ་བཞིན་ཉིད་ལ་འབབ་པའོ་ཞེས་ཐམས་ཅད་བསྡུས་ཏེ་དེ་ལ་སེམས་ཉེ་བར་བཞག་པར་བྱའོ། རྣམ་པ་གཅིག་ཏུ་ན་རྣམ་པ་ཇི་ཙམ་གྱིས་ཆོས་ཐམས་ཅད་བསྡུས་པར་གྱུར་པ་ཕུང་པོ་ལ་སོགས་པ་དེ་ལ་སེམས་ཉེ་བར་གཞག་པར་བྱའོ། རྣམ་པ་གཅིག་ཏུ་ན་ཇི་ལྟར་མཐོང་བ་དང་། ཇི་ལྟར་ཐོས་པའི་སངས་རྒྱས་ཀྱི་སྐུ་གཟུགས་ལ་སེམས་གཞག་པར་བྱ་སྟེ། འཕགས་པ་ཏིང་ངེ་འཛིན་གྱི་རྒྱལ་པོ་ལས་ཇི་སྐད་དུ།

གསེར་གྱི་ཁ་དོག་ལྟ་བུའི་སྐུ་ལུས་ཀྱིས། །འཇིག་རྟེན་མགོན་པོ་ཀུན་ཏུ་མཛེས་པ་སྟེ། །དམིགས་པ་དེ་ལ་གང་གིས་སེམས་འཇུག་པ། །བྱང་ཆུབ་སེམས་དཔའ་དེ་མཉམ་བཞག་ཅེས་བྱ། ཞེས་གསུངས་པ་ལྟ་བུའོ།

དེ་ལྟར་གང་ལ་འདོད་པའི་དམིགས་པ་དེ་ལ་སེམས་བཞག་ནས་དེ་ཉིད་ལ་ཕྱིར་ཞིང་རྒྱུན་དུ་སེམས་གཞག་པར་བྱའོ། དེ་ལ་ཉེ་བར་བཞག་ནས་སེམས་ལ་འདི་ལྟར་དཔྱད་པར་བྱ་སྟེ། ཅི་དམིགས་པ་ལེགས་པར་འཛིན་ཏམ། འོན་ཏེ་བྱིང་ངམ། འོན་ཏེ་ཕྱི་རོལ་གྱི་ཡུལ་ལ་རྣམ་པར་འཕྲོ་བས་རྣམ་པར་གཡེངས་སམ་སྙམ་དུ་བརྟག་པར་བྱའོ། དེ་ལ་གལ་ཏེ་རྨུགས་པ་དང་གཉིད་ཀྱིས་ནོན་ནས་སེམས་བྱིང་ངམ། བྱིང་དུ་དོགས་པ་མཐོང་བ་དེའི་ཚེ། མཆོག་ཏུ་དགའ་བའི་དངོས་པོ་སངས་རྒྱས་ཀྱི་སྐུ་གཟུགས་ལ་སོགས་པའམ། སྣང་བའི་འདུ་ཤེས་ཡིད་ལ་བྱའོ། དེ་ནས་བྱིང་བ་ཞི་བར་བྱས་ནས་ཅི་ནས་ཀྱང་དམིགས་པ་དེ་ཉིད་ལ་སེམས་ཀྱིས་དམིགས་པ་ཤིན་ཏུ་གསལ་

བར་མཐོང་བར་གྱུར་པ་དེ་ལྟར་བྱའོ།

གང་གི་ཚེ་དམུས་ལོང་ལྟ་བུའམ། མི་མུན་པར་ཞུགས་པ་ལྟ་བུའམ། མིག་བཙུམས་པ་ལྟ་བུར་སེམས་ཀྱིས་དམིགས་པ་ཤིན་ཏུ་གསལ་བར་མི་མཐོང་བ་དེའི་ཚེ་བྱིང་བར་གྱུར་པར་རིག་པར་བྱའོ། གང་གི་ཚེ་ཕྱི་རོལ་གྱི་གཟུགས་ལ་སོགས་པ་ལ་དེ་དག་གི་ཡོན་ཏན་རྟོག་པས་རྒྱུག་པའི་ཕྱིར་རམ། གཞན་ཡིད་ལ་བྱེད་པས་སམ། སྔོན་མྱོང་བའི་ཡུལ་ལ་འདོད་པས་སེམས་རྒོད་པའམ་རྒོད་དུ་དོགས་པར་མཐོང་བ་དེའི་ཚེ་འདུ་བྱེད་ཐམས་ཅད་མི་རྟག་པ་དང་། སྡུག་བསྔལ་བ་ལ་སོགས་པ་ཡིད་འབྱུང་བར་འགྱུར་བའི་དངོས་པོ་ཡིད་ལ་བྱའོ། དེ་ནས་རྣམ་པར་གཡེང་བ་ཞི་བར་བྱས་ནས་དྲན་པ་དང་ཤེས་བཞིན་གྱི་ཐག་པས་ཡིད་ཀྱི་གླང་པོ་ཆེ་དམིགས་པའི་སྡོང་པོ་དེ་ཉིད་ལ་གདགས་པར་བྱའོ། གང་གི་ཚེ་བྱིང་བ་དང་རྒོད་པ་མེད་པར་གྱུར་ཏེ། དམིགས་པ་དེ་ལ་སེམས་རྣལ་དུ་འཇུག་པར་མཐོང་བ་དེའི་ཚེ་ནི་རྩོལ་བ་གློད་ལ་བཏང་སྙོམས་སུ་བྱ་ཞིང་། དེའི་ཚེ་ཇི་སྲིད་འདོད་ཀྱི་བར་དུ་འདུག་པར་བྱའོ། དེ་ལྟར་ཞི་གནས་གོམས་པར་བྱས་པ་དེའི་ལུས་དང་སེམས་ཤིན་ཏུ་སྦྱངས་པར་གྱུར་པ་དང་། ཇི་ལྟར་འདོད་པ་བཞིན་དུ་དམིགས་པ་ལ་སེམས་རང་དབང་དུ་གྱུར་པ་དེའི་ཚེ་དེའི་ཞི་གནས་གྲུབ་པ་ཡིན་པར་རིག་པར་བྱའོ།

དེ་ནས་ཞི་གནས་གྲུབ་ནས་ལྷག་མཐོང་བསྒོམ་པར་བྱ་སྟེ། འདི་སྐད་དུ་བསམ་པར་བྱའོ། བཅོམ་ལྡན་འདས་ཀྱི་བཀའ་ཐམས་ཅད་ནི་ལེགས་པར་གསུངས་པ་སྟེ། མངོན་སུམ་མམ་བརྒྱུད་པས་དེ་ཁོ་ན་མངོན་པར་གསལ་

བར་བྱེད་པ་དང་། དེ་ཁོ་ན་ལ་གཞོལ་བ་ཉིད་དོ། དེ་ཁོ་ན་ཤེས་ན་སྣང་བ་བྱུང་བས་མུན་པ་བསལ་བ་བཞིན་དུ་ལྟ་བའི་དྲ་བ་ཐམས་ཅད་དང་བྲལ་བར་འགྱུར་རོ། ཞི་གནས་ཙམ་གྱིས་ནི་ཡེ་ཤེས་དག་པར་མི་འགྱུར་ཞིང་སྒྲིབ་པའི་མུན་པ་ཡང་སེལ་བར་མི་འགྱུར་གྱི། ཤེས་རབ་ཀྱིས་ནི་དེ་ཁོ་ན་ལེགས་པར་བསྒོམས་ན་ཡེ་ཤེས་རྣམ་པར་དག་པར་འགྱུར། ཤེས་རབ་ཁོ་ནས་དེ་ཁོ་ན་ཉིད་རྟོགས་པར་འགྱུར། ཤེས་རབ་ཁོ་ནས་སྒྲིབ་པ་ཡང་དག་པར་སྤོང་བར་འགྱུར་ཏེ། དེ་ལྟ་བས་ན་བདག་གིས་ཞི་གནས་ལ་གནས་ཏེ་ཤེས་རབ་ཀྱིས་དེ་ཁོ་ན་ཡོངས་སུ་བཙལ་བར་བྱའི། ཞི་གནས་ཙམ་གྱིས་ནི་ཚོག་པར་འཛིན་པར་མི་བྱའོ་སྙམ་དུ་བསམ་མོ།

དེ་ཁོ་ན་ཇི་ལྟ་བུ་ཞེ་ན། གང་དོན་དམ་པར་དངོས་པོ་ཐམས་ཅད་གང་ཟག་དང་ཆོས་ཀྱི་བདག་གཉིས་ཀྱིས་སྟོང་པ་ཉིད་དེ། དེ་ཡང་ཤེས་རབ་ཀྱི་ཕ་རོལ་ཏུ་ཕྱིན་པས་རྟོགས་པར་འགྱུར་གྱི། གཞན་གྱིས་ནི་མ་ཡིན་ཏེ། འཕགས་པ་དགོངས་པ་ངེས་པར་འགྲེལ་པ་ལས། བཅོམ་ལྡན་འདས་བྱང་ཆུབ་སེམས་དཔས་ཆོས་རྣམས་ཀྱི་ངོ་བོ་ཉིད་མ་མཆིས་པ་ཉིད་ཕ་རོལ་ཏུ་ཕྱིན་པ་གང་གིས་འཛིན་པ་ལགས། སྤྱན་རས་གཟིགས་དབང་ཕྱུག་ཤེས་རབ་ཀྱི་ཕ་རོལ་ཏུ་ཕྱིན་པས་འཛིན་ཏོ། ཞེས་ཇི་སྐད་གསུངས་པ་ལྟ་བུའོ། དེ་ལྟ་བས་ན་ཞི་གནས་ལ་གནས་ཏེ་ཤེས་རབ་བསྒོམ་པར་བྱའོ།

དེ་ལ་རྣལ་འབྱོར་པས་འདི་ལྟར་རྣམ་པར་དཔྱད་པར་བྱ་སྟེ། གང་ཟག་ནི་ཕུང་པོ་དང་ཁམས་དང་སྐྱེ་མཆེད་ལས་གུད་ན་མི་དམིགས་སོ། གང་

ཟག་ནི་ཕུང་པོ་ལ་སོགས་པའི་ངོ་བོ་ཉིད་ཀྱང་མ་ཡིན་ཏེ། ཕུང་པོ་ལ་སོགས་པ་དེ་དག་ནི་མི་རྟག་པ་དང་དུ་མའི་ངོ་བོ་ཡིན་པའི་ཕྱིར་དང་། གང་ཟག་ནི་རྟག་པ་དང་། གཅིག་པུའི་ངོ་བོ་ཡིན་པར་གཞན་དག་གིས་བརྟགས་པའི་ཕྱིར་རོ། དེ་ཉིད་དམ། གཞན་དུ་བརྗོད་དུ་མི་རུང་བའི་གང་ཟག་གི་དངོས་པོ་ཡོད་པར་མི་རུང་སྟེ། དངོས་པོ་ཡོད་པའི་རྣམ་པ་གཞན་མེད་པའི་ཕྱིར་རོ། དེ་ལྟ་བས་ན་འདི་ལྟ་སྟེ། འཇིག་རྟེན་གྱི་ང་དང་ངའི་ཞེས་བྱ་བ་འདི་ནི་འཁྲུལ་པ་ཁོ་ནའོ་ཞེས་དཔྱད་པར་བྱའོ།

ཆོས་ལ་བདག་མེད་པ་ཡང་འདི་ལྟར་བསྒོམ་པར་བྱ་སྟེ། ཆོས་ཞེས་བྱ་བ་ནི་མདོར་བསྡུ་ན་ཕུང་པོ་ལྔ་དང་། སྐྱེ་མཆེད་བཅུ་གཉིས་དང་། ཁམས་བཅོ་བརྒྱད་དོ། དེ་ལ་ཕུང་པོ་དང་། སྐྱེ་མཆེད་དང་། ཁམས་དང་གཟུགས་ཅན་གང་དག་ཡིན་པ་དེ་དག་ནི་དོན་དམ་པར་ན། སེམས་ཀྱི་རྣམ་པ་ལས་གུད་ན་མེད་དེ། དེ་དག་རྡུལ་ཕྲ་རབ་ཏུ་བཤིག་ལ་རྡུལ་ཕྲ་རབ་རྣམས་ཀྱང་ཆ་ཤས་ཀྱི་ངོ་བོ་ཉིད་སོ་སོར་བརྟགས་ན་ངོ་བོ་ཉིད་ངེས་པར་གཟུང་དུ་མེད་པའི་ཕྱིར་རོ། དེ་ལྟ་བས་ན་ཐོག་མ་མེད་པའི་དུས་ནས་གཟུགས་ལ་སོགས་པ་ཡང་དག་པ་མ་ཡིན་པ་ལ་མངོན་པར་ཞེན་པའི་དབང་གིས་རྨི་ལམ་ན་དམིགས་པའི་གཟུགས་ལ་སོགས་པ་སྣང་བ་བཞིན་དུ་བྱིས་པ་རྣམས་ལ་སེམས་ཉིད་གཟུགས་ལ་སོགས་པ་ཕྱི་རོལ་དུ་ཆད་པ་བཞིན་དུ་སྣང་གི་དོན་དམ་པར་ན་འདི་ལ་གཟུགས་ལ་སོགས་པ་ནི་སེམས་ཀྱི་རྣམ་པ་ལས་གུད་ན་མེད་དོ་ཞེས་དཔྱད་པར་བྱའོ། དེ་འདི་སྙམ་དུ་ཁམས་གསུམ་པ་འདི་ནི་སེམས་ཙམ་མོ་

སྣམ་དུ་སེམས་ཤེང་། དེས་དེ་ལྟར་ཆོས་བརྟགས་པ་མཐའ་དག་ནི་སེམས་ཁོ་ན་ཡིན་པར་རྟོགས་ནས་དེ་ལ་སོ་སོར་བརྟགས་ན་ཆོས་ཐམས་ཅད་ཀྱི་ངོ་བོ་ཉིད་ལ་སོ་སོར་བརྟགས་པ་ཡིན་ནོ་ཞེས་སེམས་ཀྱི་ངོ་བོ་ཉིད་ལ་སོ་སོར་རྟོག་གོ།

དེ་འདི་ལྟར་དཔྱོད་དོ། དོན་དམ་པར་ན་སེམས་ཀྱང་བདེན་པར་མི་རུང་སྟེ། གང་གི་ཚེ་བརྫུན་པའི་ངོ་བོ་ཉིད་གཟུགས་ལ་སོགས་པའི་རྣམ་པ་འཛིན་པའི་སེམས་ཉིད་སྣ་ཚོགས་ཀྱི་རྣམ་པར་སྣང་བ་དེའི་ཚེ་དེ་བདེན་པ་ཉིད་དུ་ག་ལ་འགྱུར། ཇི་ལྟར་གཟུགས་ལ་སོགས་པ་བརྫུན་པ་དེ་བཞིན་དུ་སེམས་ཀྱང་དེ་ལས་གུད་ན་མེད་པས་བརྫུན་པ་ཉིད་དོ། ཇི་ལྟར་གཟུགས་ལ་སོགས་པ་སྣ་ཚོགས་ཀྱི་རྣམ་པ་ཡིན་པས་གཅིག་དང་དུ་མའི་ངོ་བོ་ཉིད་མ་ཡིན་པ་དེ་བཞིན་དུ་སེམས་ཀྱང་དེ་ལས་གུད་ན་མེད་པའི་ཕྱིར་གཅིག་དང་དུ་མའི་ངོ་བོ་ཉིད་མ་ཡིན་ནོ། དེ་ལྟ་བས་ན་སེམས་ནི་སྒྱུ་མ་ལ་སོགས་པའི་ངོ་བོ་ཉིད་ལྟ་བུ་ཁོ་ནའོ།

སེམས་ཇི་ལྟ་བ་དེ་བཞིན་དུ་ཆོས་ཐམས་ཅད་ཀྱང་སྒྱུ་མ་ལ་སོགས་པའི་ངོ་བོ་ཉིད་ལྟ་བུ་ཁོ་ནའོ་ཞེས་དཔྱོད་དོ། དེས་དེ་ལྟར་ཤེས་རབ་ཀྱིས་སེམས་ཀྱི་ངོ་བོ་ཉིད་ལ་སོ་སོར་བརྟགས་ན་དོན་དམ་པར་སེམས་ནི་ནང་དུ་ཡང་མི་དམིགས། ཕྱི་རོལ་དུ་ཡང་མི་དམིགས། གཉིས་ཀ་མེད་པར་ཡང་མི་དམིགས། འདས་པའི་སེམས་ཀྱང་མི་དམིགས། མ་འོངས་པ་ཡང་མི་དམིགས། ད་ལྟར་བྱུང་བ་ཡང་མི་དམིགས་སོ། སེམས་སྐྱེ་བའི་ཚེ་ཡང་གང་ནས་ཀྱང་མི་འོང་། འགག་པའི་ཚེ་ཡང་གང་དུ་ཡང་མི་འགྲོ་སྟེ། སེམས་ནི་གཟུང་དུ་མེད་པ། བསྟན་དུ་མེད་པ།

མེད་ལ་གཟུགས་ཅན་མ་ཡིན་པ་གང་ཡིན་པ་དེའི་ངོ་བོ་ཉིད་ཅི་འདྲ་ཞེ་ན། འཕགས་པ་དཀོན་མཆོག་བརྩེགས་པ་ལས་ཇི་སྐད་གསུངས་པ་ལྟ་བུ་སྟེ། འོད་སྲུངས་སེམས་ནི་ཡོངས་སུ་བཙལ་ན་མི་རྙེད་དོ། གང་མ་རྙེད་པ་དེ་མི་དམིགས་སོ། གང་མི་དམིགས་པ་དེ་འདས་པ་ཡང་མ་ཡིན། མ་འོངས་པ་ཡང་མ་ཡིན། ད་ལྟར་བྱུང་བ་ཡང་མ་ཡིན་ནོ། ཞེས་རྒྱ་ཆེར་འབྱུང་ངོ་། དེས་དེ་ལྟར་བརྟགས་ན་སེམས་ཀྱི་དང་པོ་ཡང་དག་པར་རྗེས་སུ་མི་མཐོང་། ཐ་མ་ཡང་དག་པར་རྗེས་སུ་མི་མཐོང་། བར་མ་ཡང་དག་པར་རྗེས་སུ་མི་མཐོང་ངོ་།

ཇི་ལྟར་སེམས་ལ་མཐའ་དང་དབུས་མེད་པ་དེ་བཞིན་དུ་ཆོས་ཐམས་ཅད་ཀྱང་མཐའ་དང་དབུས་མེད་པར་ཁོང་དུ་ཆུད་དོ། དེས་དེ་ལྟར་སེམས་མཐའ་དང་དབུས་མེད་པར་ཁོང་དུ་ཆུད་ནས་སེམས་ཀྱི་ངོ་བོ་ཉིད་གང་ཡང་མི་དམིགས་སོ། སེམས་གང་གིས་ཡོངས་སུ་རྟོགས་པ་དེ་ཡང་སྟོང་པར་རྟོགས་སོ། དེ་རྟོགས་པས་སེམས་ཀྱི ས་རྣམ་པར་བརྒྱབས་པའི་ངོ་བོ་ཉིད་གཟུགས་ལ་སོགས་པའི་ངོ་བོ་ཉིད་ཀྱང་ཡང་དག་པར་རྗེས་སུ་མི་མཐོང་ངོ་། དེས་དེ་ལྟར་ཤེས་རབ་ཀྱིས་ཆོས་ཐམས་ཅད་ཀྱི་ངོ་བོ་ཉིད་ཡང་དག་པར་རྗེས་སུ་མ་མཐོང་བས་གཟུགས་རྟག་གོ་ཞེའམ། མི་རྟག་གོ་ཞེའམ། སྟོང་ངོ་ཞེའམ། མི་སྟོང་ངོ་ཞེའམ། ཟག་པ་དང་བཅས་པའོ་ཞེའམ། ཟག་པ་མེད་པའོ་ཞེའམ། བྱུང་བའོ་ཞེའམ། མ་བྱུང་བའོ་ཞེའམ། ཡོད་པའོ་ཞེའམ། མེད་པའོ་ཞེས་རྟོག་པར་མི་བྱེད་དོ། ཇི་ལྟར་གཟུགས་ལ་རྟོག་པར་མི་བྱེད་པ་དེ་བཞིན་དུ་

ཚོར་བ་དང་། འདུ་ཤེས་དང་། འདུ་བྱེད་ དང་ རྣམ་པར་ཤེས་པ་རྣམས་ལ་ཡང་རྟོག་པར་མི་བྱེད་དེ། ཆོས་ཅན་མ་གྲུབ་ན་དེའི་བྱེ་བྲག་རྣམས་ཀྱང་མི་འགྲུབ་པས་དེ་ལ་རྟོག་པར་ག་ལ་འགྱུར། དེས་དེ་ལྟར་ཤེས་རབ་ཀྱིས་རྣམ་པར་དཔྱད་དེ་གང་གི་ཚེ་རྣལ་འབྱོར་པས་དངོས་པོ་གང་གི་ངོ་བོ་ཉིད་དོན་དམ་པར་ངེས་པར་མི་འཛིན་པ་དེའི་ཚེ་རྣམ་པར་མི་རྟོག་པའི་ཏིང་ངེ་འཛིན་ལ་འཇུག་གོ །ཆོས་ཐམས་ཅད་ཀྱི་ངོ་བོ་ཉིད་མེད་པ་ཉིད་ཀྱང་རྟོགས་སོ།

གང་ཤེས་རབ་ཀྱིས་དངོས་པོའི་ངོ་བོ་ཉིད་སོ་སོར་བརྟགས་ནས་མི་བསྒོམ་གྱི། ཡིད་ལ་བྱེད་པ་ཡོངས་སུ་སྤོང་བ་ཙམ་འབའ་ཞིག་སྒོམ་པར་བྱེད་པ་དེའི་རྣམ་པར་རྟོག་པ་ནམ་ཡང་མི་ལྡོག་ཅིང་ངོ་བོ་ཉིད་མེད་པ་ཉིད་རྟོགས་པར་ཡང་མི་འགྱུར་ཏེ། ཤེས་རབ་ཀྱི་སྣང་བ་མེད་པའི་ཕྱིར་རོ། འདི་ལྟར་ཡང་དག་པར་སོ་སོར་རྟོག་པ་ཉིད་ལས་ཡང་དག་པ་ཇི་ལྟ་བ་བཞིན་དུ་ཤེས་པའི་མེ་བྱུང་ན་གཙུབ་ཤིང་གཙུབས་པའི་མེ་བཞིན་དུ་རྟོག་པའི་ཤིང་སྲེག་གོ །ཞེས་བཅོམ་ལྡན་འདས་ཀྱིས་བཀའ་སྩལ་ཏོ།

འཕགས་པ་དཀོན་མཆོག་སྤྲིན་ལས་ཀྱང་བཀའ་སྩལ་ཏེ། དེ་ལྟར་སྐྱོན་ལ་མཁས་པ་དེ་སྤྲོས་པ་ཐམས་ཅད་དང་བྲལ་བར་བྱ་བའི་ཕྱིར་སྟོང་པ་ཉིད་བསྒོམ་པ་ལ་རྣལ་འབྱོར་དུ་བྱེད་དོ། དེ་སྟོང་པ་ཉིད་ལ་བསྒོམ་པ་མང་བས་གནས་གང་དང་གང་དུ་སེམས་འཕྲོ་ཞིང་སེམས་མངོན་པར་དགའ་བའི་གནས་དེ་དང་དེ་དག་གི་ངོ་བོ་ཉིད་ཡོངས་སུ་བཙལ་ན་སྟོང་པར་རྟོགས་སོ། སེམས་གང་ཡིན་པ་དེ་ཡང་བརྟགས་ན་སྟོང་པར་རྟོགས་སོ། སེམས་གང་

གིས་རྟོགས་པ་དེ་ཡང་ངོ་བོ་ཉིད་ཀུན་ཏུ་བཙལ་ན་སྟོང་པར་རྟོགས་ཏེ། དེ་དེ་ལྟར་རྟོགས་པས་མཚན་མ་མེད་པའི་རྣལ་འབྱོར་ལ་འཇུག་གོ །ཞེས་འབྱུང་ངོ་། འདིས་ནི་ཡོངས་སུ་རྟོག་པ་སྔོན་དུ་གཏོང་བ་ཉིད་མཚན་མ་མེད་པ་ཉིད་ལ་འཇུག་པར་བསྟན་ཏོ།

ཡིད་ལ་བྱེད་པ་ཡོངས་སུ་སྤོང་བ་ཙམ་དང་། ཤེས་རབ་ཀྱི ས་དངོས་པོའི་ངོ་བོ་ཉིད་མི་དཔྱོད་པར་རྣམ་པར་མི་རྟོག་པ་ཉིད་དུ་འཇུག་པ་མི་སྲིད་པར་ཤིན་ཏུ་གསལ་བར་བསྟན་པ་ཡིན་ནོ། དེ་ལྟར་དེ་ཤེས་རབ་ཀྱིས་གཟུགས་ལ་སོགས་པའི་དངོས་པོའི་ངོ་བོ་ཉིད་ཡང་དག་པ་ཇི་ལྟ་བ་བཞིན་དུ་བརྟགས་ནས་བསམ་གཏན་བྱེད་ཀྱི། གཟུགས་ལ་སོགས་པ་ལ་གནས་ནས་བསམ་གཏན་མི་བྱེད་ཅིང་། འཇིག་རྟེན་འདི་དང་འཇིག་རྟེན་ཕ་རོལ་གྱི་བར་ལ་གནས་ནས་བསམ་གཏན་མི་བྱེད་དེ། གཟུགས་ལ་སོགས་པ་དེ་དག་མི་དམིགས་པའི་ཕྱིར་རོ། དེ་ལྟ་བས་ན་མི་གནས་པའི་བསམ་གཏན་པ་ཞེས་བྱའོ།

ཤེས་རབ་ཀྱིས་དངོས་པོ་མཐའ་དག་གི་ངོ་བོ་ཉིད་ ལ་སོ་སོར་བརྟགས་ནས་གང་གི་ཕྱིར་མི་དམིགས་པར་བསམ་གཏན་བྱེད་པ་དེའི་ཕྱིར་ཤེས་རབ་མཆོག་གི་བསམ་གཏན་པ་ཞེས་བྱ་སྟེ། འཕགས་པ་ནམ་མཁའ་མཛོད་དང་། འཕགས་པ་གཙུག་ན་རིན་པོ་ཆེ་ལ་སོགས་པ་ལས་བསྟན་པ་བཞིན་ནོ།

དེ་ལྟར་གང་ཟག་དང་ཆོས་ལ་བདག་མེད་པའི་དེ་ཁོ་ན་ལ་ཞུགས་པ་དེ་ཡོངས་སུ་བརྟག་པར་བྱ་བ་བལྟ་བར་བྱ་བ་གཞན་མེད་པས་རྟོག་པ་དང་དཔྱོད་པ་དང་བྲལ་བ། བརྗོད་པ་མེད་པ་དང་གཅིག་ཏུ་གྱུར་པའི་ཡིད་ལ་

བྱེད་པ་རང་གི་ངང་གིས་འཇུག་པ་མངོན་པར་འདུ་བྱེད་པ་མེད་པས་དེ་ཁོ་ན་ཉིད་ལ་ཤིན་ཏུ་གསལ་བར་བསྒོམ་ཞིང་འདུག་པར་བྱའོ། དེར་གནས་ནས་སེམས་ཀྱི་རྒྱུན་རྣམ་པར་མི་གཡེང་བར་བྱའོ། གང་གི་ཚེ་བར་སྐབས་སུ་འདོད་ཆགས་ལ་སོགས་པས་སེམས་ཕྱི་རོལ་དུ་རྣམ་པར་གཡེང་བ་དེའི་ཚེ་རྣམ་པར་གཡེངས་པ་ཚོར་བར་བྱས་ལ་མྱུར་དུ་མི་སྡུག་པ་བསྒོམ་པ་ལ་སོགས་པས་རྣམ་པར་གཡེང་བ་ཞི་བར་བྱས་ནས་མྱུར་དུ་དེ་བཞིན་ཉིད་ལ་སེམས་ཕྱིར་ཞིང་འཇུག་པར་བྱའོ། གང་གི་ཚེ་དེ་ལ་སེམས་མངོན་པར་མི་དགའ་བར་མཐོང་བ་དེའི་ཚེ་ཏིང་ ངེ་འཛིན་གྱི་ཡོན་ཏན་མཐོང་བས་དེ་ལ་མངོན་པར་དགའ་བ་བསྒོམ་པར་བྱའོ། རྣམ་པར་གཡེང་བ་ལ་ཉེས་པར་མཐོང་བས་ཀྱང་མི་དགའ་བ་རབ་ཏུ་ཞི་བར་བྱའོ། ཇི་སྟེ་རྨུགས་པ་དང་གཉིད་ཀྱིས་ནོན་ཏེ་ཀྲུ་བ་མི་གསལ་བས་སེམས་བྱིང་ངམ་བྱིང་དུ་དོགས་པར་མཐོང་བ་དེའི་ཚེ་གོང་མ་བཞིན་དུ་མཆོག་ཏུ་དགའ་བའི་དངོས་པོ་ཡིད་ལ་བྱེད་པས་ མྱུར་དུ་ བྱིང་བ་ ཞི་བར་བྱས་ལ། ཡང་དམིགས་པ་དེ་ཁོ་ན་དེ་ཉིད་ཤིན་ཏུ་དམ་པོར་གཟུང་བར་བྱའོ། ཇི་སྟེ་གང་གི་ཚེ་སྔོན་བགད་པ་དང་། རྩེས་པ་རྗེས་སུ་དྲན་པས་བར་སྐབས་སུ་སེམས་འཕྲུར་བའམ་རྒོད་དུ་དོགས་པར་མཐོང་བ་དེའི་ཚེ་གོང་མ་བཞིན་དུ་མི་རྟག་པ་ལ་སོགས་པ་ཡིད་འབྱུང་བར་འགྱུར་བའི་དངོས་པོ་ཡིད་ལ་བྱས་ལ་གཡེང་བ་ཞི་བར་བྱ་ཞིང་། དེ་ནས་ཡང་དེ་ཁོ་ན་ཉིད་ལ་སེམས་མངོན་པར་འདུ་བྱེད་པ་མེད་པར་འཇུག་པར་འབད་པར་བྱའོ།

ཇི་སྟེ་གང་གི་ཚེ་བྱིང་བ་དང་རྒོད་པ་དང་བྲལ་བར་གྱུར་ནས་མཉམ་

པར་ཞུགས་ཏེ་དེ་ཁོ་ན་ཉིད་ལ་སེམས་རང་གི་ངང་གིས་འཇུག་པར་འགྱུར་བ་དེའི་ཚེ་རྩོལ་བ་གློད་དེ་བཏང་སྙོམས་སུ་བྱའོ། གལ་ཏེ་སེམས་མཉམ་པར་ཞུགས་པ་ལ་བརྩལ་བ་བྱས་ན་དེའི་ཚེ་སེམས་རྣམ་པར་གཡེང་བར་འགྱུར་རོ། གལ་ཏེ་སེམས་བྱིང་བར་གྱུར་པ་ལ་བརྩལ་བར་མ་བྱས་ན་དེའི་ཚེ་ཤིན་ཏུ་བྱིང་བས་ལྷག་མཐོང་མེད་དེ། སེམས་དམུས་ལོང་གཞིན་དུ་འགྱུར་རོ། དེ་ལྟ་བས་ན་སེམས་བྱིང་བར་གྱུར་ན་བརྩལ་བར་བྱའོ། མཉམ་པར་གྱུར་ན་བརྩལ་བར་མི་བྱའོ། གང་གི་ཚེ་ལྷག་མཐོང་བསྒོམས་པས་ཤེས་རབ་ཤིན་ཏུ་ཤས་ཆེ་བར་གྱུར་པ་དེའི་ཚེ་ཞི་གནས་ཆུང་བས་མར་མེ་རླུང་ལ་བཞག་པ་བཞིན་དུ་སེམས་གཡོ་བར་འགྱུར་ཏེ། དེའི་ཕྱིར་དེ་ཁོ་ན་ཤིན་ཏུ་གསལ་བར་མཐོང་བར་མི་འགྱུར་ཏེ། དེ་བས་ན་དེའི་ཚེ་ཞི་གནས་བསྒོམ་པར་བྱའོ། ཞི་གནས་ཀྱི་ཤས་ཆེ་བར་གྱུར་ན་ཡང་ཤེས་རབ་བསྒོམ་པར་བྱའོ།

གང་གི་ཚེ་གཉིས་ཀ་མཉམ་དུ་འཇུག་པའི་ཚེ་ལུས་དང་སེམས་ལ་གནོད་པར་མ་གྱུར་གྱི་བར་དུ་མངོན་པར་འདུ་བྱེད་པ་མེད་པར་གནས་པར་བྱའོ། ལུས་ལ་སོགས་པ་ལ་གནོད་པར་གྱུར་ན་དེའི་བར་སྐབས་སུ་འཇིག་རྟེན་མཐའ་དག་སྒྱུ་མ་དང་། སྨིག་རྒྱུ་དང་། རྨི་ལམ་དང་། ཆུ་ཟླ་དང་། མིག་ཡོར་ལྟ་བུར་ལྟ་ཞིང་འདི་སྙམ་དུ་བསམ་པར་བྱ་སྟེ། སེམས་ཅན་འདི་དག་ནི་ཆོས་ཟབ་མོ་འདི་ལྟ་བུ་ཁོང་དུ་མ་ཆུད་པས་འཁོར་བ་ན་ཀུན་ཏུ་ཉོན་མོངས་པར་གྱུར་གྱིས། བདག་གིས་ཅི་ནས་ཀྱང་དེ་དག་ཆོས་ཉིད་དེ་ཁོང་དུ་ཆུད་པར་འགྱུར་བ་དེ་ལྟར་བྱའོ་སྙམ་དུ་བསམ་ཞིང་། སྙིང་རྗེ་ཆེན་པོ་

དང་བྱང་ཆུབ་ཀྱི་སེམས་མངོན་དུ་བྱའོ། དེ་ནས་ངལ་བསོ་ལ། ཡང་དེ་བཞིན་དུ་ཆོས་ཐམས་ཅད་སྣང་བ་མེད་པའི་ཏིང་ངེ་འཛིན་ལ་འཇུག་པར་བྱའོ།

ཡང་སེམས་ཤིན་ཏུ་སྐྱོ་བར་གྱུར་ན་དེ་བཞིན་དུ་ངལ་གསོ་བར་བྱའོ། འདི་ནི་ཞི་གནས་དང་ལྷག་མཐོང་ཟུང་དུ་འབྲེལ་བར་འཇུག་པའི་ལམ་སྟེ་རྣམ་པར་རྟོག་པ་དང་བཅས་པ་དང་། རྣམ་པར་མི་རྟོག་པའི་གཟུགས་བརྙན་ལ་དམིགས་པའོ།

དེ་ལྟར་རྣལ་འབྱོར་པས་རིམ་པ་འདིས་ཆུ་ཚོད་གཅིག་གམ། མེལ་ཚེ་ཐུན་ཕྱེད་དམ། ཐུན་གཅིག་གམ། ཇི་སྲིད་འདོད་ཀྱི་བར་དུ་དེ་ཁོ་ན་བསྒོམ་ཞིང་འདུག་པར་བྱའོ། འདི་ནི་དོན་རབ་ཏུ་རྣམ་པར་འབྱེད་པའི་བསམ་གཏན་ཏེ། འཕགས་པ་ལང་ཀར་གཤེགས་པ་ལས་བསྟན་ཏོ། དེ་ནས་འདོད་ན་ཏིང་ངེ་འཛིན་ལས་ལངས་ཏེ་སྐྱིལ་མོ་ཀྲུང་མ་བཤིག་པར་འདི་སྙམ་དུ་ཆོས་འདི་དག་ཐམས་ཅད་དོན་དམ་པར་ངོ་བོ་ཉིད་མེད་པ་ཉིད་ཡིན་དུ་ཟིན་ཀྱང་། ཀུན་རྫོབ་ཏུ་རྣམ་པར་གནས་པ་ཉིད་དོ། དེ་ལྟ་མ་ཡིན་ན་ལས་དང་འབྲས་བུ་འབྲེལ་བ་ལ་སོགས་པ་ཇི་ལྟར་རྣམ་པར་གནས་པར་འགྱུར། བཅོམ་ལྡན་འདས་ཀྱིས་ཀྱང་། དངོས་པོ་སྐྱེ་བ་ཀུན་རྫོབ་ཏུ། །དམ་པའི་དོན་དུ་རང་བཞིན་མེད། ཅེས་བཀའ་སྩལ་ཏོ།

སེམས་ཅན་བྱིས་པའི་བློ་ཅན་འདི་དག་ནི་ངོ་བོ་ཉིད་མེད་པའི་དངོས་པོ་རྣམས་ལ་ཡོད་པ་ལ་སོགས་པ་སྒྲོ་འདོགས་པས་བློ་ཕྱིན་ཅི་ལོག་ཏུ་གྱུར་ཏེ། ཡུན་རིང་པོར་འཁོར་བའི་འཁོར་ལོ་ན་ཡོངས་སུ་འཁྱམས་པས་བདག་གིས་

ཅི་ནས་ཀྱང་བསོད་ནམས་དང་ཡེ་ཤེས་ཀྱི་ཚོགས་བླ་ན་མེད་པ་ཡོངས་སུ་རྫོགས་པར་བྱ་སྟེ། དེ་ནས་ཐམས་ཅད་མཁྱེན་པའི་གོ་འཕང་ཐོབ་པར་བྱ་ལ། དེ་དག་ཆོས་ཉིད་ཁོང་དུ་ཆུད་པར་བྱའོ་སྙམ་དུ་བསམས་ལ།

དེ་ནས་དལ་བུས་སྐྱིལ་མོ་ཀྲུང་བཤིག་སྟེ་ཕྱོགས་བཅུ་ན་བཞུགས་པའི་སངས་རྒྱས་དང་བྱང་ཆུབ་སེམས་དཔའ་ཐམས་ཅད་ལ་ཕྱག་བྱས་ལ། དེ་དག་ལ་མཆོད་པ་དང་བསྟོད་པ་བྱས་ནས། འཕགས་པ་བཟང་པོ་སྤྱོད་པ་ལ་སོགས་པའི་སྨོན་ལམ་རྒྱ་ཆེན་པོ་གདབ་བོ། དེ་ནས་སྟོང་པ་ཉིད་དང་སྙིང་རྗེ་ཆེན་པོའི་སྙིང་པོ་ཅན་སྦྱིན་པ་ལ་སོགས་པ་བསོད་ནམས་དང་ཡེ་ཤེས་ཀྱི་ཚོགས་མཐའ་དག་བསྒྲུབ་པ་ལ་མངོན་པར་བརྩོན་པར་བྱའོ།

དེ་ལྟར་གྱུར་ན་བསམ་གཏན་དེ་རྣམ་པ་ཐམས་ཅད་ཀྱི་མཆོག་དང་ལྡན་པའི་སྟོང་པ་ཉིད་མངོན་པར་བསྒྲུབས་པ་ཡིན་ཏེ། འཕགས་པ་གཙུག་ན་རིན་པོ་ཆེ་ལས་ཇི་སྐད་དུ། དེ་བྱམས་པའི་གོ་ཆ་བགོས་ཤིང་སྙིང་རྗེ་ཆེན་པོའི་གནས་ལ་གནས་ནས་རྣམ་པ་ཐམས་ཅད་ཀྱི་མཆོག་དང་ལྡན་པའི་སྟོང་པ་ཉིད་མངོན་པར་བསྒྲུབ་པའི་བསམ་གཏན་བྱེད་དོ། དེ་ལ་རྣམ་པ་ཐམས་ཅད་ཀྱི་མཆོག་དང་ལྡན་པའི་སྟོང་པ་ཉིད་གང་ཞེ་ན། གང་སྦྱིན་པ་དང་མ་བྲལ་བ། ཚུལ་ཁྲིམས་དང་མ་བྲལ་བ། བཟོད་པ་དང་མ་བྲལ་བ། བརྩོན་འགྲུས་དང་མ་བྲལ་བ། བསམ་གཏན་དང་མ་བྲལ་བ། ཤེས་རབ་དང་མ་བྲལ་བ། ཐབས་དང་མ་བྲལ་བ། ཞེས་བྱ་བ་ལ་སོགས་པ་རྒྱ་ཆེར་བཀའ་སྩལ་པ་ལྟ་བུའོ། བྱང་ཆུབ་སེམས་དཔའ་ནི་སེམས་ཅན་ཐམས་ཅད་ཡོངས་

སུ་སྨིན་པར་བྱེད་པ་དང་། ཞིང་དང་། ལུས་དང་། གཡོག་འཁོར་མང་པོ་ལ་སོགས་པ་ཕུན་སུམ་ཚོགས་པར་གྱུར་པའི་ཐབས་སྦྱིན་པ་ལ་སོགས་པའི་དགེ་བ་ངེས་པར་བསྟེན་པར་བྱ་དགོས་སོ།

དེ་ལྟ་མ་ཡིན་ན་སངས་རྒྱས་རྣམས་ཀྱི་ཞིང་ལ་སོགས་པ་ཕུན་སུམ་ཚོགས་པ་གང་བཀའ་སྩལ་པ་དེ་གང་གི་འབྲས་བུ་ཡིན་པར་འགྱུར། དེ་ལྟ་བས་ན་རྣམ་པ་ཐམས་ཅད་ཀྱི་མཆོག་དང་ལྡན་པ་ཐམས་ཅད་མཁྱེན་པའི་ཡེ་ཤེས་དེ་ནི་སྦྱིན་པ་ལ་སོགས་པ་ཐབས་ཀྱིས་ཡོངས་སུ་རྫོགས་པར་འགྱུར་བས་བཅོམ་ལྡན་འདས་ཀྱིས་ཐམས་ཅད་མཁྱེན་པའི་ཡེ་ཤེས་དེ་ནི་ཐབས་ཀྱིས་མཐར་ཕྱིན་པ་ཡིན་ནོ། ཞེས་བཀའ་སྩལ་ཏོ། དེའི་ཕྱིར་བྱང་ཆུབ་སེམས་དཔས་སྦྱིན་པ་ལ་སོགས་པ་ཐབས་ལ་ཡང་བསྟེན་པར་བྱའོ། སྟོང་པ་ཉིད་འབའ་ཞིག་ནི་མ་ཡིན་ནོ། དེ་སྐད་དུ་འཕགས་པ་ཆོས་ཐམས་ཅད་ཤིན་ཏུ་རྒྱས་པ་བསྡུས་པ་ལས་ཀྱང་བཀའ་སྩལ་ཏེ། བྱམས་པ་བྱང་ཆུབ་སེམས་དཔའ་རྣམས་ཀྱི་ཕ་རོལ་ཏུ་ཕྱིན་པ་དྲུག་ཡང་དག་པར་བསྒྲུབས་པ་འདི་ནི་རྫོགས་པའི་བྱང་ཆུབ་ཀྱི་ཕྱིར་ཡིན་ན། དེ་ལ་མི་བླུན་པོ་དེ་དག་འདི་སྐད་དུ། བྱང་ཆུབ་སེམས་དཔའ་ཤེས་རབ་ཀྱི་ཕ་རོལ་ཏུ་ཕྱིན་པ་ཁོ་ན་ལ་བསླབ་པར་བྱའི། ཕ་རོལ་ཏུ་ཕྱིན་པ་ལྷག་མ་རྣམས་ཀྱིས་ཅི་ཞིག་བྱ་ཞེས་ཟེར་ཞིང་། དེ་དག་ཕ་རོལ་ཏུ་ཕྱིན་པ་གཞན་དག་ལ་ཡང་སུན་འབྱིན་པར་སེམས་སོ། མ་ཕམ་པ་འདི་ཇི་སྙམ་དུ་སེམས། ཀཱ་ཤི་ཀའི་རྒྱལ་པོར་གྱུར་པ་གང་ཡིན་པ་དེས་ཕུག་རོན་གྱི་ཕྱིར་རང་གི་ཤ་ཁྲ་ལ་བྱིན་པ་དེ་ཤེས་རབ་འཆལ་བ་ཡིན་ནམ།

བྱམས་པས་གསོལ་བ། བཅོམ་ལྡན་འདས་དེ་ནི་མ་ལགས་སོ། བཅོམ་ལྡན་འདས་ཀྱིས་བཀའ་སྩལ་པ། བྱམས་པ་བྱང་ཆུབ་སེམས་དཔའི་སྤྱོད་པ་སྤྱོད་པ་ན་ཕ་རོལ་ཏུ་ཕྱིན་པ་དྲུག་དང་ལྡན་པའི་དགེ་བའི་རྩ་བ་གང་དག་བསགས་པའི་དགེ་བའི་རྩ་བ་དེ་དག་གིས་གནོད་པར་གྱུར་ཏམ། བྱམས་པས་གསོལ་བ། བཅོམ་ལྡན་འདས་དེ་ནི་མ་ལགས་སོ། བཅོམ་ལྡན་འདས་ཀྱིས་བཀའ་སྩལ་པ། མ་ཕམ་པ་ཁྱོད་ཀྱིས་ཀྱང་བསྐལ་པ་དྲུག་ཅུར་སྦྱིན་པའི་ཕ་རོལ་ཏུ་ཕྱིན་པ་ཡང་དག་པར་བསྒྲུབས། བསྐལ་པ་དྲུག་ཅུར་ཚུལ་ཁྲིམས་ཀྱི་ཕ་རོལ་ཏུ་ཕྱིན་པ། བསྐལ་པ་དྲུག་ཅུར་བཟོད་པའི་ཕ་རོལ་ཏུ་ཕྱིན་པ།
བསྐལ་པ་དྲུག་ཅུར་ བརྩོན་ འགྲུས་ ཀྱི་ ཕ་རོལ་ཏུ་ཕྱིན་པ།
བསྐལ་པ་ དྲུག་ཅུར་བསམ་གཏན་གྱི་ཕ་རོལ་ཏུ་ཕྱིན་པ། བསྐལ་པ་དྲུག་ཅུར་ཤེས་རབ་ཀྱི་ཕ་རོལ་ཏུ་ཕྱིན་པ་ཡང་དག་པར་བསྒྲུབས་ན། དེ་ལ་མི་བླུན་པོ་དེ་དག་འདི་སྐད་དུ་ཚུལ་གཅིག་ཁོ་ནས་བྱང་ཆུབ་སྟེ། འདི་ལྟ་སྟེ། སྟོང་པ་ཉིད་ཀྱི་ཚུལ་གྱིས་སོ་ཞེས་ཟེར་ཏེ། དེ་དག་ནི་སྤྱོད་པ་ཡོངས་སུ་མ་དག་པར་འགྱུར་རོ། ཞེས་བྱ་བ་ལ་སོགས་པ་འབྱུང་ངོ་།

ཐབས་དང་བྲལ་ན་བྱང་ཆུབ་སེམས་དཔའི་ཤེས་རབ་འབའ་ཞིག་གིས་ནི་ཉན་ཐོས་བཞིན་དུ་སངས་རྒྱས་ཀྱི་མཛད་པ་བྱེད་མི་ནུས་ཀྱི། ཐབས་ཀྱིས་བསྟངས་ན་ནུས་པར་འགྱུར་ཏེ། འཕགས་པ་དཀོན་མཆོག་བརྩེགས་པ་ལས་ཇི་སྐད་དུ། འོད་སྲུངས་འདི་ལྟ་སྟེ་དཔེར་ན་བློན་པོས་ཟིན་པའི་རྒྱལ་པོ་རྣམས་དགོས་པ་ཐམས་ཅད་བྱེད་པ་དེ་བཞིན་དུ་བྱང་ཆུབ་སེམས་དཔའི་ཤེས་རབ་ཐབས་མཁས་པས་ཡོངས་སུ་ཟིན་པ་དེ་ཡང་སངས་རྒྱས་ཀྱི་མཛད་པ་ཐམས་

ཅན་བྱེད་དོ། ཞེས་གསུངས་པ་ལྟ་བུའོ།

བྱང་ཆུབ་སེམས་དཔའ་རྣམས་ཀྱི་ལམ་གྱི་ལྟ་བ་ཡང་གཞན། མུ་སྟེགས་ཅན་དང་། ཉན་ཐོས་རྣམས་ཀྱི་ལམ་གྱི་ལྟ་བ་ཡང་གཞན་ཏེ། འདི་ལྟར་མུ་སྟེགས་ཅན་རྣམས་ཀྱི་ལམ་གྱི་ལྟ་བ་ནི་བདག་ལ་སོགས་པར་ཕྱིན་ཅི་ལོག་དང་ལྡན་པའི་ཕྱིར་ཐམས་ཅད་ཀྱི་ཐམས་ཅད་དུ་ཤེས་རབ་དང་བྲལ་བའི་ལམ་ཡིན་ཏེ། དེ་བས་ན་དེ་དག་ཐར་པ་མི་ཐོབ་བོ།

ཉན་ཐོས་རྣམས་ཀྱིས་ནི་སྙིང་རྗེ་ཆེན་པོ་དང་བྲལ་བས་ཐབས་དང་མི་ལྡན་པ་ཡིན་ཏེ། དེ་བས་ན་དེ་དག་གཅིག་ཏུ་མྱ་ངན་ལས་འདས་པ་ལ་གཞོལ་བར་འགྱུར་རོ། བྱང་ཆུབ་སེམས་དཔའ་རྣམས་ཀྱི་ལམ་ནི་ཤེས་རབ་དང་ཐབས་དང་ལྡན་པར་འདོད་དེ། དེ་བས་ན་དེ་དག་མི་གནས་པའི་མྱ་ངན་ལས་འདས་པ་ལ་གཞོལ་བར་འགྱུར་རོ། བྱང་ཆུབ་སེམས་དཔའ་རྣམས་ཀྱི་ལམ་ནི་ཤེས་རབ་དང་ཐབས་དང་ལྡན་པར་འདོད་དེ། དེས་ན་མི་གནས་པའི་མྱ་ངན་ལས་འདས་པ་ཐོབ་སྟེ། ཤེས་རབ་ཀྱི་སྟོབས་ཀྱིས་ནི་འཁོར་བར་མི་ལྷུང་ལ། ཐབས་ཀྱི་སྟོབས་ཀྱིས་ནི་མྱ་ངན་ལས་འདས་པར་མི་ལྷུང་བའི་ཕྱིར་རོ།

དེ་བས་ན་འཕགས་པ་ག་ཡཱ་མགོའི་རི་ལས། བྱང་ཆུབ་སེམས་དཔའ་རྣམས་ཀྱི་ལམ་ནི་མདོར་བསྡུ་ན་འདི་གཉིས་ཏེ། གཉིས་གང་ཞེ་ན། འདི་ལྟ་སྟེ། ཐབས་དང་ཤེས་རབ་བོ། ཞེས་བཀའ་སྩལ་ཏོ། འཕགས་པ་དཔལ་མཆོག་དང་པོ་ལས་ཀྱང་། ཤེས་རབ་ཀྱི་ཕ་རོལ་ཏུ་ཕྱིན་པ་ནི་མ་ཡིན་ནོ།

ཐབས་ལ་མཁས་པ་ནི་ཕ་ཡིན་ནོ། ཞེས་བཀའ་སྩལ་ཏོ།

འཕགས་པ་དྲི་མ་མེད་པར་གྲགས་པས་བསྟན་པ་ལས་ཀྱང་། བྱང་ཆུབ་སེམས་དཔའ་རྣམས་ཀྱི་འཆིང་བ་ནི་གང་། ཐར་པ་ནི་གང་ཞེ་ན། ཐབས་མེད་པར་སྲིད་པར་འགྲོ་བ་ཡོངས་སུ་འཛིན་པ་ནི་བྱང་ཆུབ་སེམས་དཔའི་འཆིང་བའོ། ཐབས་ཀྱིས་སྲིད་པའི་འགྲོ་བར་འགྲོ་བ་ནི་ཐར་པའོ། ཤེས་རབ་མེད་པར་སྲིད་པར་འགྲོ་བ་ཡོངས་སུ་འཛིན་པ་ནི་བྱང་ཆུབ་སེམས་དཔའི་འཆིང་བའོ། ཤེས་རབ་ཀྱིས་སྲིད་པའི་འགྲོ་བར་འགྲོ་བ་ནི་ཐར་པའོ། ཐབས་ཀྱིས་མ་ཟིན་པའི་ཤེས་རབ་ནི་འཆིང་བའོ། ཐབས་ཀྱིས་ཟིན་པའི་ཤེས་རབ་ནི་ཐར་པའོ། ཤེས་རབ་ཀྱིས་མ་ཟིན་པའི་ཐབས་ནི་འཆིང་བའོ། ཤེས་རབ་ཀྱིས་ཟིན་པའི་ཐབས་ནི་ཐར་པའོ། ཞེས་རྒྱ་ཆེར་བཀའ་སྩལ་ཏོ།

བྱང་ཆུབ་སེམས་དཔས་ཤེས་རབ་ཙམ་བསྟེན་ན་ནི་ཉན་ཐོས་ཀྱིས་འདོད་པའི་མྱ་ངན་ལས་འདས་པར་ལྷུང་བས་འཆིང་བ་བཞིན་དུ་འགྱུར་ཏེ། མི་གནས་པའི་མྱ་ངན་ལས་འདས་པས་གྲོལ་བར་མི་འགྱུར་རོ། དེ་ལྟ་བས་ན་ཐབས་དང་བྲལ་བའི་ཤེས་རབ་ནི་བྱང་ཆུབ་སེམས་དཔའ་རྣམས་ཀྱི་འཆིང་བའོ། ཞེས་བྱའོ། དེ་ལྟ་བས་ན་ལྷགས་པས་ཉེན་པ་ལ་མེ་བསྟེན་པ་བཞིན་དུ་བྱང་ཆུབ་སེམས་དཔས་ཕྱིན་ཅི་ལོག་གི་ལྷགས་པ་ཙམ་སྤང་པའི་ཕྱིར་ཐབས་དང་བཅས་པའི་ཤེས་རབ་ཀྱིས་སྟོང་པ་ཉིད་བསྟེན་པར་བྱའོ། ཉན་ཐོས་བཞིན་དུ་མངོན་དུ་ནི་མི་བྱ་སྟེ། འཕགས་པ་ཆོས་བཅུ་པའི་མདོ་ལས་ཇི་སྐད་དུ། རིགས་ཀྱི་བུ་འདི་ལྟ་སྟེ། དཔེར་ན་མི་ལ་ལ་ཞིག་མེ་ཡོངས་སུ་སྐྱོད་པར་གྱུར་

ཏེ། དེ་མེ་དེ་ལ་བསྐྱེ་སྐྲང་བྱེད། བླ་མར་བྱེད་ཀྱང་དེ་འདི་སྐམ་དུ་བདག་གིས་མེ་དེ་ལ་བསྐྱེ་སྐྲང་བྱས། བླ་མར་བྱས། རི་མོར་བྱས་ཀྱང་འདི་ལ་ལག་པ་གཉིས་ཀྱིས་ཡོངས་སུ་གཟུང་བར་བྱའོ་སྙམ་དུ་མི་སེམས་སོ། དེ་ཅིའི་ཕྱིར་ཞེ་ན། གཞི་དེ་ལས་བདག་ལ་ལུས་ཀྱི་སྡུག་བསྔལ་བའམ། སེམས་ཀྱི་ཡིད་མི་བདེ་བར་འགྱུར་དུ་འོང་སྙམ་པའི་ཕྱིར་རོ། དེ་བཞིན་དུ་བྱང་ཆུབ་སེམས་དཔའ་ཡང་མྱ་ངན་ལས་འདས་པའི་བསམ་པ་ཅན་ཡང་ཡིན་ལ་མྱ་ངན་ལས་འདས་པ་མངོན་སུམ་དུ་ཡང་མི་བྱེད་དོ། དེ་ཅིའི་ཕྱིར་ཞེ་ན། གཞི་དེ་ལས་བདག་བྱང་ཆུབ་ལས་ཕྱིར་ལྡོག་པར་འགྱུར་དུ་འོང་སྙམ་པའི་ཕྱིར་རོ། ཞེས་བཀའ་སྩལ་པ་ལྟ་བུའོ།

ཐབས་ཙམ་འབའ་ཞིག་བསྟེན་ན་ཡང་བྱང་ཆུབ་སེམས་དཔའ་སོ་སོའི་སྐྱེ་བའི་ས་ལས་མ་འདའ་བས་ཤིན་ཏུ་བཅིངས་པ་ཁོ་ན་ར་འགྱུར་རོ། དེ་ལྟ་བས་ན་ཤེས་རབ་དང་བཅས་པའི་ཐབས་བསྟེན་པར་བྱ་སྟེ། འདི་ལྟར་སྔགས་ཀྱིས་ཡོངས་སུ་ཟིན་པའི་དུག་བཞིན་དུ་བྱང་ཆུབ་སེམས་དཔའ་རྣམས་ཀྱི་ཉོན་མོངས་པ་ཡང་ཤེས་རབ་ཀྱིས་ཡོངས་སུ་ཟིན་པའི་སྟོབས་ཀྱིས་བསྒོམས་ན་བདུད་རྩིར་འགྱུར་ན། རང་བཞིན་གྱིས་མངོན་པར་མཐོ་བའི་འབྲས་བུ་ཅན་སྦྱིན་པ་ལ་སོགས་པ་གང་ཡིན་པ་ལྟ་སྨོས་ཀྱང་ཅི་དགོས་ཏེ། འཕགས་པ་དཀོན་མཆོག་བརྩེགས་པ་ལས་ཇི་སྐད་དུ། འོད་སྲུངས་འདི་ལྟ་སྟེ། དཔེར་ན་སྔགས་དང་སྨན་གྱིས་ཡོངས་སུ་ཟིན་པའི་དུག་གིས་ནི་འཆི་བར་བྱེད་མི་ནུས་སོ། དེ་བཞིན་དུ་བྱང་ཆུབ་སེམས་དཔའ་རྣམས་ཀྱི་ཉོན་མོངས་པ་ཤེས་

རབ་ཀྱིས་ཡོངས་སུ་ཟིན་པས་ཀྱང་ལོག་པར་ལྟུང་བར་བྱེད་མི་ནུས་སོ། ཞེས་བཀའ་སྩལ་ཏོ།

དེ་ལྟ་བས་ན་གང་གི་ཕྱིར་བྱང་ཆུབ་སེམས་དཔའ་ཐབས་ཀྱི་སྟོབས་ཀྱིས་འཁོར་བ་མི་འདོར་བ་དེའི་ཕྱིར་མྱ་ངན་ལས་འདས་པར་མི་ལྟུང་ངོ་། གང་གི་ཕྱིར་ཤེས་རབ་ཀྱི་སྟོབས་ཀྱིས་དམིགས་པ་མཐའ་དག་སྤོང་བ་དེའི་ཕྱིར་འཁོར་བར་མི་ལྟུང་སྟེ། དེ་བས་ན་མི་གནས་པའི་མྱ་ངན་ལས་འདས་པ་སངས་རྒྱས་ཉིད་འཐོབ་བོ། དེ་བས་ན་འཕགས་པ་ནམ་མཁའ་མཛོད་ལས་ཀྱང་། དེ་ཤེས་རབ་ཀྱི་ཤེས་པས་ནི་ཉོན་མོངས་པ་ཐམས་ཅད་ཡོངས་སུ་འདོར་རོ། ཐབས་ཀྱི་ཤེས་པས་ནི་སེམས་ཅན་ཐམས་ཅད་ཡོངས་སུ་མི་གཏོང་ངོ་། ཞེས་བཀའ་སྩལ་ཏོ། འཕགས་པ་དགོངས་པ་ངེས་པར་འགྲེལ་པ་ལས་ཀྱང་། སེམས་ཅན་གྱི་དོན་ལ་ཤིན་ཏུ་མི་ཕྱོགས་པ་དང་། འདུ་བྱེད་མངོན་པར་འདུ་བྱ་བ་ཐམས་ཅད་ལ་ཤིན་ཏུ་མི་ཕྱོགས་པ་ནི་བླ་ན་མེད་པ་ཡང་དག་པར་རྫོགས་པའི་བྱང་ཆུབ་ཏུ་ངས་མ་བསྟན་ཏོ། ཞེས་བཀའ་སྩལ་ཏོ། དེ་ལྟ་བས་ན་སངས་རྒྱས་ཉིད་ཐོབ་པར་འདོད་པས་ཤེས་རབ་དང་ཐབས་གཉིས་ཀ་བསྟེན་པར་བྱའོ།

དེ་ལ་འཇིག་རྟེན་ལས་འདས་པའི་ཤེས་རབ་བསྒོམ་པའི་གནས་སྐབས་སམ། ཤིན་ཏུ་མཉམ་པར་གཞག་པའི་གནས་སྐབས་ན་སྦྱིན་པ་ལ་སོགས་པ་ཐབས་ལ་བསྟེན་པ་མི་འབྱུང་དུ་ཟིན་ཀྱང་། དེ་ལ་སྦྱོར་བ་དང་དེའི་རྗེས་ལས་བྱུང་བའི་ཤེས་རབ་གང་ཡང་བྱུང་བ་དེའི་ཚེ་ཐབས་ལ་བསྟེན་པ་འབྱུང་བ་ཉིད་དེ། དེའི་ཕྱིར་ཤེས་རབ་དང་ཐབས་གཉིས་ཅིག་ཅར་འཇུག་གོ། གཞན་

ཡང་བྱང་ཆུབ་སེམས་དཔའ་རྣམས་ཀྱི་ཤེས་རབ་དང་ཐབས་ཟུང་དུ་འབྲེལ་བར་འཇུག་པའི་ལམ་ནི་འདི་ཡིན་ཏེ། སེམས་ཅན་ཐམས་ཅད་ལ་ལྟ་བའི་སྙིང་རྗེ་ཆེན་པོས་ཡོངས་སུ་ཟིན་པས་འཇིག་རྟེན་ལས་འདས་པའི་ལམ་བསྟེན་པ་དང་། ལངས་པའི་ཐབས་ཀྱི་དུས་ན་ཡང་སྒྱུ་མ་མཁན་བཞིན་དུ་ཕྱིན་ཅི་མ་ལོག་པ་ཁོ་ནའི་སྦྱིན་པ་ལ་སོགས་པ་ལ་བསྟེན་པ་སྟེ། འཕགས་པ་བློ་གྲོས་མི་ཟད་པས་བསྟན་པ་ལས་ཇི་སྐད་དུ། དེ་ལ་བྱང་ཆུབ་སེམས་པའི་ཐབས་ནི་གང་། ཤེས་རབ་མངོན་པར་སྒྲུབ་པ་ནི་གང་ཞེ་ན། གང་གི་ཕྱིར་མཉམ་པར་བཞག་པ་ན་སེམས་ཅན་ལ་ལྟ་བས་ན་སྙིང་རྗེ་ཆེན་པོའི་དམིགས་པ་ལ་སེམས་ཉེ་བར་འཇོག་པ་དེ་ནི་དེའི་ཐབས་སོ། གང་གི་ཕྱིར་ཞི་བ་དང་རབ་ཏུ་ཞི་བར་སྙོམ་པར་འཇུག་པ་དེ་ནི་དེའི་ཤེས་རབ་བོ། ཞེས་རྒྱ་ཆེར་བཀའ་སྩལ་པ་ལྟ་བུའོ། བདུད་བཏུལ་བའི་ལེའུ་ལས་ཀྱང་བཀའ་སྩལ་ཏེ། གཞན་ཡང་བྱང་ཆུབ་སེམས་དཔའ་རྣམས་ཀྱི་སྦྱོར་བ་ཡང་དག་ཕུལ་ནི་ཤེས་རབ་ཀྱི་ཤེས་པས་མངོན་པར་བརྩོན་པར་ཡང་བྱེད་ལ། ཐབས་ཀྱི་ཤེས་པས་དགེ་བའི་ཆོས་ཐམས་ཅད་སྡུད་པར་ཡང་སྦྱོར་བ་དང་། ཤེས་རབ་ཀྱི་ཤེས་པས་བདག་མེད་པ་དང་། སེམས་ཅན་མེད་པ་དང་། སྲོག་མེད་པ་དང་། གསོ་བ་མེད་པ་དང་། གང་ཟག་མེད་པར་ཡང་སྦྱོར་ལ། ཐབས་ཀྱི་ཤེས་པས་སེམས་ཅན་ཐམས་ཅད་ཡོངས་སུ་སྨིན་པར་བྱེད་པ་ཡང་སྦྱོར་བ་གང་ཡིན་པའོ། ཞེས་རྒྱ་ཆེར་འབྱུང་ངོ་།

འཕགས་པ་ཆོས་ཐམས་ཅད་ཡང་དག་པར་སྡུད་པའི་མདོ་ལས་

ཀྱང་། དཔེར་ན་སྒྱུ་མའི་མཁན་པོ་ཞིག །སྤྲུལ་པ་ཐར་བར་བྱ་ཕྱིར་བརྩོན། །དེས་ནི་སྔ་ནས་དེ་ཤེས་པས། །སྤྲུལ་པ་དེ་ལ་ཆགས་པ་མེད། །སྲིད་གསུམ་སྤྲུལ་པ་འདྲ་བར་ནི། རྫོགས་པའི་བྱང་ཆུབ་མཁས་པས་ཤེས། །འགྲོ་བའི་ཆེད་དུ་གོ་བགོས་ཏེ། །འགྲོ་བ་དེ་ལྟར་སྔ་ནས་ཤེས། ཞེས་འབྱུང་ངོ་། བྱང་ཆུབ་སེམས་དཔའ་རྣམས་ཀྱི་ཤེས་རབ་དང་། ཐབས་ཀྱི་ཚུལ་ཁོ་ན་གྲུབ་པའི་དབང་དུ་མཛད་ནས། དེའི་སྦྱོར་བ་འཁོར་བ་ན་གནས་པ་ཡང་ཡིན་པ་ལ། བསམ་པ་མྱ་ངན་ལས་འདས་པ་ལ་གནས་པ་ཡང་ཡིན་ནོ། ཞེས་བཀའ་སྩལ་ཏོ།

དེ་ལྟར་སྟོང་པ་ཉིད་དང་སྙིང་རྗེ་ཆེན་པོའི་སྙིང་པོ་ཅན་བླ་ན་མེད་པ་ཡང་དག་པར་རྫོགས་པའི་བྱང་ཆུབ་ཏུ་ཡོངས་སུ་བསྔོས་པའི་སྦྱིན་པ་ལ་སོགས་པའི་ཐབས་གོམས་པར་བྱས་ལ། དོན་དམ་པའི་བྱང་ཆུབ་ཀྱི་སེམས་བསྐྱེད་པའི་ཕྱིར་སྔ་མ་བཞིན་དུ་རྟག་པར་དུས་དུས་སུ་ཞི་གནས་དང་ལྷག་མཐོང་གི་སྦྱོར་བ་ལ་ཅི་ནུས་སུ་བསྒོམ་པར་བྱ་སྟེ། འཕགས་པ་སྤྱོད་ཡུལ་ཡོངས་སུ་དག་པའི་མདོ་ལས། གནས་སྐབས་ཐམས་ཅད་དུ་སེམས་ཅན་གྱི་དོན་བྱེད་པའི་བྱང་ཆུབ་སེམས་དཔའ་རྣམས་ཀྱི་ཕན་ཡོན་ཇི་སྐད་དུ་བསྟན་པ་དེ་བཞིན་དུ་ཉེ་བར་གནས་པའི་དྲན་པས་དུས་ཐམས་ཅད་དུ་ཐབས་ལ་མཁས་པ་གོམས་པར་བྱའོ།

དེ་ལྟར་སྙིང་རྗེ་དང་། ཐབས་དང་། བྱང་ཆུབ་ཀྱི་སེམས་གོམས་པར་བྱས་པ་དེ་ཚེ་འདི་ལ་གདོན་མི་ཟ་བར་ཁྱད་པར་དུ་འགྱུར་ཏེ། དེས་

ཉེ་རྨི་ལམ་ན་རྟག་ཏུ་སངས་རྒྱས་དང་བྱང་ཆུབ་སེམས་དཔའ་མཐོང་བར་འགྱུར། རྨི་ལམ་བཟང་པོ་གཞན་དག་ཀྱང་རྨི་བར་འགྱུར། ལྷ་རྣམས་ཀྱང་ཡི་རངས་ནས་སྲུང་བ་བྱེད་པར་འགྱུར། སྐད་ཅིག་རེ་རེ་ལ་ཡང་བསོད་ནམས་དང་ཡེ་ཤེས་ཀྱི་ཚོགས་རྒྱ་ཆེན་པོ་སོགས་པར་འགྱུར། ཉོན་མོངས་པའི་སྒྲིབ་པ་དང་། གནས་ངན་ལེན་ཀྱང་བྱང་བར་འགྱུར། དུས་ཐམས་ཅད་དུ་ཡང་བདེ་བ་དང་ཡིད་བདེ་བ་མང་བར་འགྱུར། སྐྱེ་བོ་མང་པོ་ལ་སྡུག་པར་འགྱུར། ལུས་ལ་ཡང་ནད་ཀྱིས་མི་ཐེབས་པར་འགྱུར། སེམས་ལས་སུ་རུང་བ་ཉིད་ཀྱི་མཆོག་ཀྱང་ཐོབ་པར་འགྱུར་ཏེ། དེས་ན་མངོན་པར་ཤེས་པ་ལ་སོགས་པ་ཡོན་ཏན་ཁྱད་པར་ཅན་ཐོབ་བོ།

དེ་ནས་རྫུ་འཕྲུལ་གྱི་སྟོབས་ཀྱིས་འཇིག་རྟེན་གྱི་ཁམས་མཐའ་ཡས་པ་དག་ཏུ་སོང་ནས་སངས་རྒྱས་བཅོམ་ལྡན་འདས་རྣམས་ལ་མཆོད་པ་བྱེད་དོ། དེ་དག་ལ་ཆོས་ཀྱང་ཉན་ཏོ། འཆི་བའི་དུས་ཀྱི་ཚེ་ན་ཡང་གདོན་མི་ཟ་བར་སངས་རྒྱས་དང་བྱང་ཆུབ་སེམས་དཔའ་རྣམས་མཐོང་བར་འགྱུར་རོ། ཚེ་རབས་གཞན་ན་ཡང་སངས་རྒྱས་དང་བྱང་ཆུབ་སེམས་དཔའ་དང་མི་བྲལ་བའི་ཡུལ་དང་། ཁྱད་པར་དུ་འཕགས་པའི་ཁྱིམ་དུ་ཡང་སྐྱེ་བར་འགྱུར་ཏེ། དེས་ན་འབད་མི་དགོས་པར་བསོད་ནམས་དང་ཡེ་ཤེས་ཀྱི་ཚོགས་ཡོངས་སུ་རྫོགས་པར་བྱེད་དོ། ལོངས་སྤྱོད་ཆེ་བ་དང་། གཡོག་འཁོར་མང་བར་འགྱུར་རོ། ཤེས་རབ་རྣོ་བས་སྐྱེ་བོ་མང་པོ་ཡོངས་སུ་སྨིན་པར་ཡང་བྱེད་པར་འགྱུར་རོ། ཚེ་རབས་ཐམས་ཅད་དུ་ཚེ་རབས་དྲན་པར་འགྱུར་

ཏེ། དེ་ལྟར་ཕན་ཡོན་ཚད་མེད་པ་མདོ་གཞན་དག་ལས་བྱུང་བ་ཁོང་དུ་
ཆུད་པར་བྱའོ།

དེས་དེ་ལྟར་སྙིང་རྗེ་དང་། ཐབས་དང་། བྱང་ཆུབ་ཀྱི་སེམས་རྟག་
ཏུ་གུས་པར་ཡུན་རིང་དུ་བསྒོམས་ན་རིམ་གྱིས་སེམས་ཀྱི་རྒྱུད་ཤིན་ཏུ་ཡོངས་
སུ་དག་པའི་སྐད་ཅིག་འབྱུང་བས་ཡོངས་སུ་སྨིན་པར་འགྱུར་བའི་ཕྱིར་གཙུབ་
ཤིང་གཙུབས་པའི་མེ་བཞིན་དུ་ཡང་དག་པའི་དོན་ལ་བསྒོམ་པ་རབ་ཀྱི་མཐར་
ཕྱིན་པར་གྱུར་ནས་འཇིག་རྟེན་ལས་འདས་པའི་ཡེ་ཤེས་རྟོག་པའི་དྲ་བ་མཐའ་
དག་དང་བྲལ་བ། ཆོས་ཀྱི་དབྱིངས་སྤྲོས་པ་མེད་པ་ཤིན་ཏུ་གསལ་བར་རྟོགས་
པ། དྲི་མ་མེད་ཅིང་མི་གཡོ་ལ་མར་མེ་རླུང་མེད་པར་བཞག་པ་བཞིན་དུ་
མི་གཡོ་བ་ཚད་མར་གྱུར་པ། ཆོས་ཐམས་ཅད་བདག་མེད་པའི་ངོ་བོ་
ཀུན་མངོན་དུ་བྱེད་པ་མཐོང་བའི་ལམ་གྱིས་བསྡུས་པ་དོན་དམ་པའི་བྱང་ཆུབ་
ཀྱི་སེམས་ཀྱི་ངོ་བོ་ཉིད་འབྱུང་ངོ་། དེ་བྱུང་ནས་དངོས་པོའི་མཐའ་ལ་དམིགས་
པ་ལ་ཞུགས་པ་ཡིན་ཏེ། དེ་བཞིན་གཤེགས་པའི་རིགས་སུ་སྐྱེས་པ་ཡིན།
བྱང་ཆུབ་སེམས་དཔའི་སྐྱོན་མེད་པ་ལ་ཞུགས་པ་ཡིན། འཇིག་རྟེན་གྱི་འགྲོ་
བ་ཐམས་ཅད་ལས་ལོག་པ་ཡིན། བྱང་ཆུབ་སེམས་དཔའི་ཆོས་ཉིད་དང་
ཆོས་ཀྱི་དབྱིངས་རྟོགས་པ་ལ་གནས་པ་ཡིན། བྱང་ཆུབ་སེམས་དཔའི་ས་
དང་པོ་ཐོབ་པ་ཡིན་ནོ་ཞེས་ཕན་ཡོན་དེ་རྒྱས་པར་ས་བཅུ་པ་ལ་སོགས་པ་ལས་
ཁོང་དུ་ཆུད་པར་བྱའོ། འདི་ནི་དེ་བཞིན་ཉིད་ལ་དམིགས་པའི་བསམ་གཏན་
དེ་འཕགས་པ་ལང་ཀར་གཤེགས་པ་ལས་བསྟན་ཏེ། འདི་ནི་བྱང་ཆུབ་སེམས་

དཔའ་རྣམས་ཀྱི་སྤྲོས་པ་མེད་པ་རྣམ་པར་མི་རྟོག་པ་ཉིད་ལ་འཇུག་པའོ།

མོས་པས་སྤྱོད་པའི་ས་ལ་ནི་མོས་པའི་དབང་གིས་འཇུག་པར་རྣམ་པར་བཞག་གི །མངོན་པར་འདུ་བྱེད་པས་ནི་མ་ཡིན་ནོ། ཡེ་ཤེས་དེ་བྱུང་བར་གྱུར་ན་ནི་མངོན་དུ་ཞུགས་པ་ཡིན་ཏེ། དེ་ལྟར་ས་དང་པོར་ཞུགས་པ་དེ་ཕྱིས་བསྒོམ་པའི་ལམ་ལ་འཇིག་རྟེན་ལས་འདས་པ་དང་། དེའི་རྗེས་ལ་ཐོབ་པའི་ཡེ་ཤེས་གཉིས་ཀྱིས་ཤེས་རབ་དང་། ཐབས་བསྒོམས་པས་རིམ་གྱིས་བསྒོམ་པས་སྤང་བར་བྱ་བའི་སྒྲིབ་པ་བསགས་པ་ཕྲ་བ་བས་ཀྱང་ཆེས་ཕྲ་བ་བྱུང་བའི་ཕྱིར་དང་། ཡོན་ཏན་ཁྱད་པར་ཅན་གོང་མ་གོང་མ་ཐོབ་པའི་ཕྱིར་ས་འོག་མ་རྣམས་ཡོངས་སུ་སྦྱོང་བས་དེ་བཞིན་གཤེགས་པའི་ཡེ་ཤེས་ཀྱི་བར་ལ་ཞུགས་ནས་ཐམས་ཅད་མཁྱེན་པ་ཉིད་ཀྱི་རྒྱ་མཚོར་འཇུག་ཅིང་དགོས་པ་ཡོངས་སུ་འགྲུབ་པའི་དམིགས་པ་ཡང་འཐོབ་སྟེ། འདི་ལྟར་རིམ་པ་ཁོ་ནར་སེམས་ཀྱི་རྒྱུད་ཡོངས་སུ་དག་པར་འཕགས་པ་ལང་ཀར་གཤེགས་པ་ལས་ཀྱང་བཀའ་སྩལ་ཏོ། འཕགས་པ་དགོངས་པ་ངེས་པར་འགྲེལ་པ་ལས་ཀྱང་། རིམ་གྱིས་ས་གོང་མ་གོང་མ་རྣམས་སུ་གསེར་ལྟ་བུར་སེམས་རྣམ་པར་སྦྱོང་ལ་བླ་ན་མེད་པ་ཡང་དག་པར་རྫོགས་པའི་བྱང་ཆུབ་ཀྱི་བར་དུ་མངོན་པར་རྫོགས་པར་འཚང་རྒྱའོ། ཞེས་གསུངས་སོ།

ཐམས་ཅད་མཁྱེན་པ་ཉིད་ཀྱི་རྒྱ་མཚོར་ཞུགས་པ་ན་ཡིད་བཞིན་གྱི་ནོར་བུ་ལྟ་བུར་སེམས་ཅན་མཐའ་དག་ཉེ་བར་འཚོ་བའི་ཡོན་ཏན་གྱི་ཕུང་པོ་དང་ནི་ལྡན། སྔོན་གྱི་སྨོན་ལམ་གྱི་འབྲས་བུ་ཡོད་པར་ནི་མཛད། ཐུགས་

རྗེ་ཆེན་པོའི་རང་བཞིན་དུ་ནི་འགྱུར། ལྷུན་གྱིས་གྲུབ་པའི་ཐབས་སྣ་ཚོགས་དག་དང་ལྡན། སྤྲུལ་པ་དཔག་ཏུ་མེད་པ་དག་གིས་འགྲོ་བ་མ་ལུས་པའི་དོན་རྣམ་པ་ཐམས་ཅད་ནི་མཛད། ཡོན་ཏན་ཕུན་སུམ་ཚོགས་པ་མ་ལུས་པ་རབ་ཀྱི་མཐར་ཕྱིན་པར་ནི་གྱུར། བག་ཆགས་དང་བཅས་པའི་ཉེས་པའི་དྲི་མ་མཐའ་དག་བསལ་ནས། སེམས་ཅན་གྱི་ཁམས་ཀྱི་མཐས་གཏུགས་པར་བཞུགས་པ་ཡིན་པར་རྟོགས་པ་དང་ལྡན་པས་སངས་རྒྱས་བཅོམ་ལྡན་འདས་ཡོན་ཏན་མཐའ་དག་གི་འབྱུང་གནས་ལ་དད་པ་བསྐྱེད་ལ་ཡོན་ཏན་དེ་ཡོངས་སུ་བསྒྲུབ་པའི་ཕྱིར་བདག་ཉིད་ཐམས་ཅད་ཀྱིས་འབད་པར་བྱའོ།

དེ་བས་ན་བཅོམ་ལྡན་འདས་ཀྱིས་འདི་སྐད་དུ། ཐམས་ཅད་མཁྱེན་པའི་ཡེ་ཤེས་དེ་ནི་སྙིང་རྗེའི་རྩ་བ་ལས་བྱུང་བ་ཡིན། བྱང་ཆུབ་སེམས་ཀྱི་རྒྱུ་ལས་བྱུང་བ་ཡིན། ཐབས་ཀྱིས་མཐར་ཕྱིན་པ་ཡིན་ནོ། ཞེས་བཀའ་སྩལ་ཏོ།

།དམ་པ་ཕྲག་དོག་ལ་སོགས་དྲི་མ་ཐག་བསྲིངས་པ།
།ཡོན་ཏན་རྣམས་ཀྱིས་མི་ངོམས་རྒྱ་ཡི་མཚོ་འདྲ་དག
།རྣམ་པར་ཕྱེ་ནས་ལེགས་པར་བཤད་པ་རྣམས་འཛིན་བྱེད་དེ།
།ངང་པ་རབ་དགའ་ཆུ་ལས་འོ་མ་ལེན་པ་བཞིན།།

།དེ་ལྟ་བས་ན་མཁས་རྣམས་ཀྱིས།
།ཕྱོགས་ལྷུང་དཀྲུགས་ཡིད་རིང་སྤོངས་ལ།
།བྱིས་པ་ལས་ཀྱང་ལེགས་བཤད་པ།
།ཐམས་ཅད་བླང་བ་ཁོ་ནར་བྱ།།

།དེ་ལྟར་དབུ་མའི་ལམ་བཤད་པས།
།བདག་གིས་བསོད་ནམས་གང་ཐོབ་པ།
།དེ་ཡིས་སྐྱེ་བོ་མ་ལུས་པ།
།དབུ་མའི་ལམ་ནི་ཐོབ་པར་ཤོག།

བསྒོམ་པའི་རིམ་པ་ཨཱཙཱརྻཀམལཤཱིལས་བར་དུ་མཛད་པ་རྫོགས་སོ། རྒྱ་གར་གྱི་མཁན་པོ་པྲཛྙཱཝརྨ་དང་། ལོ་ཙཱ་བ་བནྡེ་ཡེ་ཤེས་སྡེས་བསྒྱུར་ཅིང་ཞུས་ཏེ་གཏན་ལ་ཕབ་པའོ།། །།

橡樹林文化 ❖❖ 善知識系列 ❖❖ 書目

JB0001	狂喜之後	傑克・康菲爾德◎著	380 元
JB0002	抉擇未來	達賴喇嘛◎著	250 元
JB0003	佛性的遊戲	舒亞・達斯喇嘛◎著	300 元
JB0004	東方大日	邱陽・創巴仁波切◎著	300 元
JB0005	幸福的修煉	達賴喇嘛◎著	230 元
JB0006	與生命相約	一行禪師◎著	240 元
JB0007	森林中的法語	阿姜查◎著	320 元
JB0008	重讀釋迦牟尼	陳兵◎著	320 元
JB0009	你可以不生氣	一行禪師◎著	230 元
JB0010	禪修地圖	達賴喇嘛◎著	280 元
JB0011	你可以不怕死	一行禪師◎著	250 元
JB0012	平靜的第一堂課——觀呼吸	德寶法師 ◎著	260 元
JB0013X	正念的奇蹟	一行禪師◎著	220 元
JB0014X	觀照的奇蹟	一行禪師◎著	220 元
JB0015	阿姜查的禪修世界——戒	阿姜查◎著	220 元
JB0016	阿姜查的禪修世界——定	阿姜查◎著	250 元
JB0017	阿姜查的禪修世界——慧	阿姜查◎著	230 元
JB0018X	遠離四種執著	究給・企千仁波切◎著	280 元
JB0019X	禪者的初心	鈴木俊隆◎著	220 元
JB0020X	心的導引	薩姜・米龐仁波切◎著	240 元
JB0021X	佛陀的聖弟子傳 1	向智長老◎著	240 元
JB0022	佛陀的聖弟子傳 2	向智長老◎著	200 元
JB0023	佛陀的聖弟子傳 3	向智長老◎著	200 元
JB0024	佛陀的聖弟子傳 4	向智長老◎著	260 元
JB0025	正念的四個練習	喜戒禪師◎著	260 元
JB0026	遇見藥師佛	堪千創古仁波切◎著	270 元
JB0027	見佛殺佛	一行禪師◎著	220 元
JB0028	無常	阿姜查◎著	220 元
JB0029	覺悟勇士	邱陽・創巴仁波切◎著	230 元
JB0030	正念之道	向智長老◎著	280 元
JB0031	師父——與阿姜查共處的歲月	保羅・布里特◎著	260 元

JB0032	統御你的世界	薩姜・米龐仁波切◎著	240 元
JB0033	親近釋迦牟尼佛	髻智比丘◎著	430 元
JB0034	藏傳佛教的第一堂課	卡盧仁波切◎著	300 元
JB0035	拙火之樂	圖敦・耶喜喇嘛◎著	280 元
JB0036	心與科學的交會	亞瑟・札炯克◎著	330 元
JB0037	你可以，愛	一行禪師◎著	220 元
JB0038	專注力	B・艾倫・華勒士◎著	250 元
JB0039X	輪迴的故事	堪欽慈誠羅珠◎著	270 元
JB0040	成佛的藍圖	堪千創古仁波切◎著	270 元
JB0041	事情並非總是如此	鈴木俊隆禪師◎著	240 元
JB0042	祈禱的力量	一行禪師◎著	250 元
JB0043	培養慈悲心	圖丹・卻准◎著	320 元
JB0044	當光亮照破黑暗	達賴喇嘛◎著	300 元
JB0045	覺照在當下	優婆夷　紀・那那蓉◎著	300 元
JB0046	大手印暨觀音儀軌修法	卡盧仁波切◎著	340 元
JB0047X	蔣貢康楚閉關手冊	蔣貢康楚羅卓泰耶◎著	260 元
JB0048	開始學習禪修	凱薩琳・麥唐諾◎著	300 元
JB0049	我可以這樣改變人生	堪布慈囊仁波切◎著	250 元
JB0050	不生氣的生活	W. 伐札梅諦◎著	250 元
JB0051	智慧明光：《心經》	堪布慈囊仁波切◎著	250 元
JB0052	一心走路	一行禪師◎著	280 元
JB0054	觀世音菩薩妙明教示	堪布慈囊仁波切◎著	350 元
JB0055	世界心精華寶	貝瑪仁增仁波切◎著	280 元
JB0056	到達心靈的彼岸	堪千・阿貝仁波切◎著	220 元
JB0057	慈心禪	慈濟瓦法師◎著	230 元
JB0058	慈悲與智見	達賴喇嘛◎著	320 元
JB0059	親愛的喇嘛梭巴	喇嘛梭巴仁波切◎著	320 元
JB0060	轉心	蔣康祖古仁波切◎著	260 元
JB0061	遇見上師之後	詹杜固仁波切◎著	320 元
JB0062	白話《菩提道次第廣論》	宗喀巴大師◎著	500 元
JB0063	離死之心	竹慶本樂仁波切◎著	400 元
JB0064	生命真正的力量	一行禪師◎著	280 元
JB0065	夢瑜伽與自然光的修習	南開諾布仁波切◎著	280 元
JB0066	實證佛教導論	呂真觀◎著	500 元

JB0067	最勇敢的女性菩薩——綠度母	堪布慈囊仁波切◎著	350 元
JB0068	建設淨土——《阿彌陀經》禪解	一行禪師◎著	240 元
JB0069	接觸大地—與佛陀的親密對話	一行禪師◎著	220 元
JB0070	安住於清淨自性中	達賴喇嘛◎著	480 元
JB0071/72	菩薩行的祕密【上下冊】	佛子希瓦拉◎著	799 元
JB0073	穿越六道輪迴之旅	德洛達娃多瑪◎著	280 元
JB0074	突破修道上的唯物	邱陽．創巴仁波切◎著	320 元
JB0075	生死的幻覺	白瑪格桑仁波切◎著	380 元
JB0076	如何修觀音	堪布慈囊仁波切◎著	260 元
JB0077	死亡的藝術	波卡仁波切◎著	250 元
JB0078	見之道	根松仁波切◎著	330 元
JB0079	彩虹丹青	祖古．烏金仁波切◎著	340 元
JB0080	我的極樂大願	卓千拉貢仁波切◎著	260 元
JB0081	再捻佛語妙花	祖古．烏金仁波切◎著	250 元
JB0082	進入禪定的第一堂課	德寶法師◎著	300 元
JB0083	藏傳密續的真相	圖敦．耶喜喇嘛◎著	300 元
JB0084	鮮活的覺性	堪千創古仁波切◎著	350 元
JB0085	本智光照	遍智　吉美林巴◎著	380 元
JB0086	普賢王如來祈願文	竹慶本樂仁波切◎著	320 元
JB0087	禪林風雨	果煜法師◎著	360 元
JB0088	不依執修之佛果	敦珠林巴◎著	320 元
JB0089	本智光照—功德寶藏論　密宗分講記	遍智　吉美林巴◎著	340 元
JB0090	三主要道論	堪布慈囊仁波切◎講解	280 元
JB0091	千手千眼觀音齋戒—紐涅的修持法	汪遷仁波切◎著	400 元
JB0092	回到家，我看見真心	一行禪師◎著	220 元
JB0093	愛對了	一行禪師◎著	260 元
JB0094	追求幸福的開始：薩迦法王教你如何修行	尊勝的薩迦法王◎著	300 元
JB0095	次第花開	希阿榮博堪布◎著	350 元
JB0096	楞嚴貫心	果煜法師◎著	380 元
JB0097	心安了，路就開了： 讓《佛說四十二章經》成為你人生的指引	釋悟因◎著	320 元
JB0098	修行不入迷宮	札丘傑仁波切◎著	320 元
JB0099	看自己的心，比看電影精彩	圖敦．耶喜喇嘛◎著	280 元
JB0100	自性光明——法界寶庫論	大遍智　龍欽巴尊者◎著	480 元

JB0101	穿透《心經》：原來，你以為的只是假象	柳道成法師◎著	380 元
JB0102	直顯心之奧秘：大圓滿無二性的殊勝口訣	祖古貝瑪・里沙仁波切◎著	500 元
JB0103	一行禪師講《金剛經》	一行禪師◎著	320 元
JB0104	金錢與權力能帶給你甚麼？ 一行禪師談生命真正的快樂	一行禪師◎著	300 元
JB0105	一行禪師談正念工作的奇蹟	一行禪師◎著	280 元
JB0106	大圓滿如幻休息論	大遍智　龍欽巴尊者◎著	320 元
JB0107	覺悟者的臨終贈言：《定日百法》	帕當巴桑傑大師◎著 堪布慈囊仁波切◎講述	300 元
JB0108	放過自己：揭開我執的騙局，找回心的自在	圖敦・耶喜喇嘛◎著	280 元
JB0109	快樂來自心	喇嘛梭巴仁波切◎著	280 元
JB0110	正覺之道・佛子行廣釋	根讓仁波切◎著	550 元
JB0111	中觀勝義諦	果煜法師◎著	500 元
JB0112	觀修藥師佛——祈請藥師佛，能解決你的 困頓不安，感受身心療癒的奇蹟	堪千創古仁波切◎著	450 元
JB0113	與阿姜查共處的歲月	保羅・布里特◎著	300 元
JB0114	正念的四個練習	喜戒禪師◎著	300 元
JB0115	揭開身心的奧秘：阿毗達摩怎麼說？	善戒禪師◎著	420 元
JB0116	一行禪師講《阿彌陀經》	一行禪師◎著	260 元
JB0117	一生吉祥的三十八個祕訣	四明智廣◎著	350 元
JB0118	狂智	邱陽創巴仁波切◎著	380 元
JB0119	療癒身心的十種想——兼行「止禪」與「觀禪」 的實用指引，醫治無明、洞見無常的妙方	德寶法師◎著	320 元
JB0120	覺醒的明光	堪祖蘇南給稱仁波切◎著	350 元
JB0122	正念的奇蹟（電影封面紀念版）	一行禪師◎著	250 元
JB0123	一行禪師　心如一畝田：唯識 50 頌	一行禪師◎著	360 元
JB0124	一行禪師　你可以不生氣：佛陀的情緒處方	一行禪師◎著	250 元
JB0125	三句擊要： 以三句口訣直指大圓滿見地、觀修與行持	巴珠仁波切◎著	300 元
JB0126	六妙門：禪修入門與進階	果煜法師◎著	360 元
JB0127	生死的幻覺	白瑪桑格仁波切◎著	380 元
JB0128	狂野的覺醒	竹慶本樂仁波切◎著	400 元
JB0129	禪修心經——萬物顯現，卻不真實存在	堪祖蘇南給稱仁波切◎著	350 元

JB0130	頂果欽哲法王：《上師相應法》	頂果欽哲法王◎著	320 元
JB0131	大手印之心：噶舉傳承上師心要教授	堪千創古仁切波◎著	500 元
JB0132	平心靜氣：達賴喇嘛講《入菩薩行論》〈安忍品〉	達賴喇嘛◎著	380 元
JB0133	念住內觀：以直觀智解脫心	班迪達尊者◎著	380 元
JB0134	除障積福最強大之法──山淨煙供	堪祖蘇南給稱仁波切◎著	350 元
JB0135	撥雲見月：禪修與祖師悟道故事	確吉．尼瑪仁波切◎著	350 元
JB0136	醫者慈悲心：對醫護者的佛法指引	確吉．尼瑪仁波切 大衛．施林醫生 ◎著	350 元
JB0137	中陰指引──修習四中陰法教的訣竅	確吉．尼瑪仁波切◎著	350 元
JB0138	佛法的喜悅之道	確吉．尼瑪仁波切◎著	350 元
JB0139	當下了然智慧：無分別智禪修指南	確吉．尼瑪仁波切◎著	360 元
JB0140	生命的實相──以四法印契入金剛乘的本覺修持	確吉．尼瑪仁波切◎著	360 元
JB0141	邱陽創巴仁波切 當野馬遇見上師：修心與慈觀	邱陽創巴仁波切◎著	350 元
JB0142	在家居士修行之道──印光大師教言選講	四明智廣◎著	320 元
JB0143	光在，心自在 〈普門品〉陪您優雅穿渡生命窄門	釋悟因◎著	350 元
JB0144	剎那成佛口訣──三句擊要	堪祖蘇南給稱仁波切◎著	450 元

橡樹林文化 ❖❖ 蓮師文集系列 ❖❖ 書目

JA0001	空行法教	伊喜．措嘉佛母輯錄付藏	260 元
JA0002	蓮師傳	伊喜．措嘉記錄撰寫	380 元
JA0003	蓮師心要建言	艾瑞克．貝瑪．昆桑◎藏譯英	350 元
JA0004	白蓮花	蔣貢米龐仁波切◎著	260 元
JA0005	松嶺寶藏	蓮花生大士◎著	330 元
JA0006	自然解脫	蓮花生大士◎著	400 元
JA0007/8	智慧之光 1/2	根本文◎蓮花生大士／釋論◎蔣貢．康楚	799 元
JA0009	障礙遍除：蓮師心要修持	蓮花生大士◎著	450 元

善知識系列　JB0010X

達賴喇嘛　禪修地圖

Stages of Meditation

作　　者／達賴喇嘛（The Dalai Lama）
譯　　者／項慧齡、廖本聖
審　　定／廖本聖
責任編輯／丁品方
業　　務／顏宏紋

總 編 輯／張嘉芳
出　　版／橡樹林文化
城邦文化事業股份有限公司
104 台北市民生東路二段 141 號 5 樓
電話：(02)2500-7696　傳眞：(02)2500-1951
發　　行／英屬蓋曼群島商家庭傳媒股份有限公司城邦分公司
104 台北市中山區民生東路二段 141 號 2 樓
客服服務專線：(02)25007718；25001991
24 小時傳眞專線：(02)25001990；25001991
服務時間：週一至週五上午 09:30 ～ 12:00；下午 13:30 ～ 17:00
劃撥帳號：19863813　戶名：書虫股份有限公司
讀者服務信箱：service@readingclub.com.tw
香港發行所／城邦（香港）出版集團有限公司
香港灣仔駱克道 193 號東超商業中心 1 樓
電話：(852)25086231　傳眞：(852)25789337
馬新發行所／城邦（馬新）出版集團【Cité (M) Sdn.Bhd. (458372 U)】
41, Jalan Radin Anum, Bandar Baru Sri Petaling,
57000 Kuala Lumpur, Malaysia.
電話：(603) 90578822　傳眞：(603) 90576622
Email：cite@cite.com.my

封面設計／塵世設計
內文排版／歐陽碧智
印　　刷／中原造像股份有限公司

初版一刷／ 2003 年 1 月
初版二刷／ 2021 年 7 月
ISBN ／ 978-986-06555-6-8
定價／ 320 元

城邦讀書花園
www.cite.com.tw

國家圖書館出版品預行編目（CIP）資料

禪修地圖 / 達賴喇嘛 (Dalai Lama) 著；項慧齡，廖本聖譯．-- 二版．-- 臺北市：橡樹林文化，城邦文化事業股份有限公司出版：英屬蓋曼群島商家庭傳媒股份有限公司城邦分公司發行，2021.07
面；　公分．-- (善知識；JB0010X)
譯自：Stages of meditation
ISBN 978-986-06555-6-8(平裝)

1. 藏傳佛教 2. 佛教修持

226.96　　110010696

廣　告　回　函
北區郵政管理局登記證
北台字第10158號

郵資已付　免貼郵票

104台北市中山區民生東路二段141號5樓

城邦文化事業股份有限公司

橡樹林出版事業部　收

請沿虛線剪下對折裝訂寄回，謝謝！

|橡|樹|林|

書名：達賴喇嘛　禪修地圖　書號：JB0010X

橡樹林文化

讀者回函卡

感謝您對橡樹林出版社之支持，請將您的建議提供給我們參考與改進；請別忘了給我們一些鼓勵，我們會更加努力，出版好書與您結緣。

姓名：＿＿＿＿＿＿＿＿ □女 □男 生日：西元＿＿＿＿年

Email：＿＿＿＿＿＿＿＿＿＿＿＿＿＿

●您從何處知道此書？

□書店 □書訊 □書評 □報紙 □廣播 □網路 □廣告 DM □親友介紹

□橡樹林電子報 □其他＿＿＿＿＿＿

●您以何種方式購買本書？

□誠品書店 □誠品網路書店 □金石堂書店 □金石堂網路書店

□博客來網路書店 □其他＿＿＿＿＿＿

●您希望我們未來出版哪一種主題的書？（可複選）

□佛法生活應用 □教理 □實修法門介紹 □大師開示 □大師傳記

□佛教圖解百科 □其他＿＿＿＿＿＿

●您對本書的建議：

＿＿＿＿＿＿＿＿＿＿＿＿＿＿＿＿＿＿＿＿

＿＿＿＿＿＿＿＿＿＿＿＿＿＿＿＿＿＿＿＿

＿＿＿＿＿＿＿＿＿＿＿＿＿＿＿＿＿＿＿＿

＿＿＿＿＿＿＿＿＿＿＿＿＿＿＿＿＿＿＿＿

＿＿＿＿＿＿＿＿＿＿＿＿＿＿＿＿＿＿＿＿

非常感謝您提供基本資料，基於行銷及客戶管理或其他合於營業登記項目或章程所定業務需要之目的，家庭傳媒集團（即英屬蓋曼群商家庭傳媒股份有限公司城邦分公司、城邦文化事業股分有限公司、書虫股分有限公司、墨刻出版股分有限公司、城邦原創股分有限公司）於本集團之營運期間及地區內，將不定期以 MAIL 訊息發送方式，利用您的個人資料於提供讀者產品相關之消費與活動訊息，如您有依照個資法第三條或其他需服務之業務，得致電本公司客服。

我已經完全瞭解左述內容，並同意本人資料依上述範圍內使用。

＿＿＿＿＿＿＿＿＿＿（簽名）

處理佛書的方式

佛書內含佛陀的法教，能令我們免於投生惡道，並且爲我們指出解脫之道。因此，我們應當對佛書恭敬，不將它放置於地上、座位或是走道上，也不應跨過。搬運佛書時，要妥善地包好、保護好。放置佛書時，應放在乾淨的高處，與其他一般的物品區分開來。

若是需要處理掉不用的佛書，就必須小心謹慎地將它們燒掉，而不是丟棄在垃圾堆當中。焚燒佛書前，最好先唸一段祈願文或是咒語，例如唵（OM）、啊（AH）、吽（HUNG），然後觀想被焚燒的佛書中的文字融入「啊」字，接著「啊」字融入你自身，之後才開始焚燒。

這些處理方式也同樣適用於佛教藝術品，以及其他宗教教法的文字記錄與藝術品。

ཡི་གེ་ཉི་ཤུ་རྩ་དྲུག་པ་འདི་དཔེ་ཆའི་ནང་དུ་བཞག་ན་དཔེ་ཆ་དེ་ཅི་འདྲར་
བགོམས་ཀྱང་ཉེས་པ་མི་འབྱུང་བར་འཇམ་དཔལ་རྩ་རྒྱུད་ལས་གསུངས་སོ། །

此咒置經書中　可滅誤跨之罪